第22辑
（2015年·春）

中文社会科学引文索引（CSSCI）来源集刊

文化研究

首都师范大学文化研究院
南京大学人文社会科学高级研究院　主　办

陶东风（执行）　周　宪　主　编
胡疆锋　　　　　周计武　副主编
陈国战　　　　　　　　　编　辑

社会科学文献出版社
SOCIAL SCIENCES ACADEMIC PRESS (CHINA)

主编的话

陶东风

　　《文化研究》2015 年春季卷就要付梓了，国战君提醒我赶快写一个例行的"主编的话"，不能像以前那样拖拖拉拉，因为从这期开始，《文化研究》就要通过邮局发行，交稿时间再也不能像以前那样灵活了。

　　我当然不会为此而感到任何不快。恰好相反，我为《文化研究》感到高兴，也为它的读者感到高兴，希望从此以后《文化研究》能够彻底摆脱一直以来都存在的出版时间错乱问题，定期到达读者手中。

　　本期辑刊的专题之一是"当代中国社会主义实践的书写与阐释"，这是《文化研究》近年来不断关注的一个话题（以前曾经以"文本阐释与历史反思"等不同标题刊出），其所聚焦的是新中国社会主义的文化实践（既包括前 30 年的，也包括后 30 年的）。中国今天在走的由邓小平开启的"中国特色社会主义"道路，与毛泽东领导的社会主义实践之间复杂的继承与超越关系，是当前中国人文社会科学必须回答的最重要和最迫切的问题。我们设置这个专题的目的就是要从文化角度切入这个问题。

　　无论是在前 30 年还是在后 30 年，社会主义文化实践的重要内容之一就是英雄形象的塑造。作为社会主义价值观的集中表达，英雄形象的演变就成为重要的文化症候。吴娱玉的《将否定进行到底：1949～1959 年文学中英雄形象建构的方法》选择新中国成立后第一个十年中文艺界的三次与英雄塑造有关的批判运动——对路翎《洼地上的"战役"》的批判、对郭小川《一个和八个》的批判以及对杨沫《青春之歌》的批判——作为个案进行了分析，指出这一时期英雄形象的建构是通过持续不断、层层递进的否定来完成的（被称为三大"锄草"工程），否定的本质则是英雄的去人性化（如去爱情化、去小资产阶级化、去日常生活化、去个人化等）。与革命样板戏中无产阶级英雄的"成熟"状态相比，这是一个憧憬英雄但还不确知英雄特征为何的时代。虽然如此，但其通过排除来建构英雄身份的原则业已确立，样板戏不过是这个原则的更成熟、更纯粹、更极端的体现。从这个角度看，所谓否定其实也就是肯定。

社会主义文化实践的另一个重要方面是新女性形象的塑造，因为没有什么比改变性别更能突出中国社会主义革命之改天换地或再造自然和人性的本质的了。韩琛的《革命变雌雄：中国社会主义电影的性别政治》指出：从民国时代的"新女性"，到"十七年"时期的"铁姑娘"，再发展为"文革"期间的"女闯将"，中国左翼电影的新女性塑造经历了不断激进化的过程，在此过程中，女性的自然性别意义被逐步消减。新女性形象一方面反映了中国妇女解放的成就，另一方面也通过有效的符号运作，将新女性塑造为一个去性别化的纯粹意识形态符码，掏空了女性作为个体人的意义。从这个角度说，这篇文章讲的也是革命者身份建构中的否定与肯定、排除与容纳的辩证关系。

本专题的其他几篇文章转向了新时期以来的文艺作品。曹莹的《历史的缺位与情感化的"文革"叙事——论电影〈归来〉对小说〈陆犯焉识〉的改编》聚焦于张艺谋 2013 年的电影《归来》对严歌苓小说《陆犯焉识》的改编。文章通过对比分析提出，电影删除了小说的具体社会历史内容，导致苦难叙事的虚化，丧失了原著具体的社会历史批判性。与这种对人物社会身份及社会经历的弱化相反，电影强化了对人物家庭身份的期待，以"丈夫陆焉识"和"父亲陆焉识"取代了右派知识分子陆焉识，试图以亲人间的温情和宽恕缝合政治创伤。这些分析发人深省，但如果能够结合张艺谋电影所处的社会文化语境可能会得出更加公允客观的评价，因为张艺谋或许有不得已的难言之隐（当然，本文作者曹莹或许也有自己不能说出张艺谋难言之隐的难言之隐，那就请他们相互理解吧）。

朱楠的文章不见得多么老练成熟，但绝对让人眼前一亮。因为她捕捉到了一个极好的话题。不少人认为，"80 后"一代不懂也不关心新中国前30 年的历史，他们所热衷的青春文学、玄幻文学总像是飘在历史的真空中。但有一个叫冬筱的"80 后"作家，突然出版了《流放七月》，这让我们刮目相看。小说突破了以往青春文学的"小我"情怀，将视野投向了新中国成立初期的文坛整肃运动，获得张抗抗等作家的高度评价。同样是"80 后"

的朱楠敏锐地抓住了这个文本，指出了特定历史记忆如何通过非亲身经历者而得到传承与书写，这是个极为重要的问题。《流放七月》这部作品的诞生不仅标志着社会灾难的书写向着更为年轻的群体扩展，而且标志着更多的年轻人开始关注曾经发生在父辈甚至祖父辈身上的社会灾难。这其中暴露非亲身经历者的灾难言说存在书写困境（稍觉遗憾的是，作者对后者的分析失之于简单笼统）。

本期的第二个专题同样是我们一直关注的主题，即"城市文化研究"，所收入的几篇文章或指向历史，或立足当下，或同时指向历史和当下，但都避开了空泛之论，聚焦于个案分析。蒋原伦的《后海：空间与文化》把后海视作北京新都市文化的缩影，是生产消费文化并发挥协调各种新都市生活功能的开放空间。作者分析了这个空间的动态变化和混杂构成。在作者看来，"后海一带的仿古建筑在今天的社会语境中虽然仍有中国历史文化的意味，但是从根本上说，它们只是历史文化的某种痕迹或遗迹，更多地提供有关历史文化的想象性功能，或者作为全球化的旅游文化的组成部分而获取其意义"。或许是出于对于后海的厚爱，本文不只是一篇有见地的学术论文，而是一篇散发着强烈意趣和人文情怀的散文。

许苗苗的《作为都市空间的法源寺——空间意义的生产与再创造》同样是一篇娓娓道来、颇具可读性的文章，该篇文章不但通过历史资料追溯了法源寺的演变过程，而且解读了李敖小说里虚构的法源寺形象，以及在新的时代主题和媒体环境中，法源寺被赋予的多重意义。虚虚实实，虚实相间，这样的言说方式和行文脉络，正好可以巧妙传达法源寺在历史上和当代都市环境中的想象性意义创造方式。

鞠熙的《城市景观与文化自觉——清前期（1644～1796）北京城市景观书写方式的转变》，通过大量资料勾勒了从清初到清中期北京城市景观书写方式的重大转变——文人们对当下北京之美的"视而不见"发展到"重新发现"，最后发展成"指导观看"。作者认为，这不仅受官方态度的影响，而且受北京居民兴起的文化自觉意识的影响。如此说来，一个城市的文化自觉意识是该城市能否发现自身之美的关键性因素。

从"东北人都是活雷锋"到"东北人都是黑社会"（难道雷锋和黑社会之间存在什么隐秘的关联？），21世纪大众文化对东北的地域修辞就是如此两极化和戏剧化。也许，这些不过是大众文化的城市"江湖"想象——一种消费文化与老工业基地的社会主义元素的巧妙结合，它与"上海酒吧"式的东部沿海城市想象形成有趣的对比。刘岩的《"东北人不是黑社会"——大众文化的城市江湖想象与社会主义锈带的情感结构》，以《东北往事》小说文本为中心，结合《东北人不是黑社会》等相关作品，深入剖析了这些江湖想象是如何被纳入一种形成于特定历史地理条件下的情感结构中的。

在第三个专题"电视剧研究"中，我们收入了四篇文章。张慧瑜的《国产剧的三种类型与主流价值观》分析了"红剧"（革命历史题材剧）、青春剧以及国共剧三种重要电视剧种类与主流价值观的关系。其中对"红剧"的分析特别具有启发性。在中国的后革命语境中，"红剧"占据着特殊的位置，它既承担着在后革命时代重新讲述革命历史的任务，又具有把红色价值观改造为与改革开放的主流逻辑相契合的功能，而且还须和消费主义、大众文化进行合作。这样的微妙角色定位使得"红剧"不仅须从正面讲述红色革命历史，而且不能违背市场经济的基本价值观。在这个意义上，"红剧"成功的关键在于找到前 30 年革命历史叙述与后 30 年改革开放历史的最大公约数，这就要求"红剧"在重述革命文化的同时要"与时俱进"，同当下社会保持有效互动。因此，"红剧"的 20 世纪八九十年代的失效和 21 世纪以来的重新流行，成为反思新时期主流价值观建构的文化症候。

"公式化""概念化"等概念在中国并不令人陌生，早在制造公式化、概念化文学的 20 世纪 50 年代，就有关于公式化、概念化的"讨论"（加引号是因为"讨论"双方力量对比过于悬殊）。到了 20 世纪 80 年代，学界主导性观点认为，社会主义文学的公式化、概念化症结在于极左政治意识形态对文艺的宰制。然而卢燕娟的《论当下电视剧的公式化与概念化问题》却指出，当下电视剧在远离 1980 年代的政治意识形态之后，仍然普遍存在公式化与概念化问题。而且在某种意义上，新的公式化和概念化正是盲目排斥政治，失去历史整体性视野的结果。因此针对消费时代新的概念化、公式化问题，恰恰应该重新从历史整体性、人的社会属性出发，重视意识形态所能赋予文化作品的历史厚度和现实深度。当然在我看来，当下电视剧普遍存在的公式化、概念化现象（既不是从活生生的、千差万别的人出发，又不是从现实中丰富饱满的生活本身出发，而是从抽象概念出发，来理解"人性""生活""历史"这些基本概念）到底是消费文化这个新恶在作祟，还是原有政治意识形态的旧鬼在消费时代的变形，或许还要做更细致的考辨。

说到前 30 年社会主义实践的书写，当然难以避开从新中国成立初期到

"文革"时期的一些重大历史事件，比如三大改造、"大跃进"、反右、"文革"等。在当代文学艺术书写中，这些事件的承受者大多是学者和艺术家。电视剧《大宅门》的突破就在于其中的受害者是以白景琦为代表的民族资产阶级，此剧受到观众的极大欢迎。李松睿的《社会转型与灵氛的消逝——以〈大宅门〉系列电视剧为中心》对此做出了解读。他认为《大宅门》看似延续了五四以来的家族史叙事，却悄悄改写了这一叙事模式的成规与惯例。第一，民族资产阶级无论是在中国传统文化里，还是在社会主义文化脉络中，都是负面形象，《大宅门》却塑造了一个堂堂正正的正面民族资本家白景琦。为了让这样的形象获得观众认可，编导首先将民族资产阶级与中国传统文化结合在一起（白景琦经营的是中药铺，而不是西洋现代工业），这无疑极大地迎合了当下语境中高涨的民族主义情绪。第二，五四以来的革命历史叙事中，家族史故事是以阶级划分及其所代表的进步—落后、传统—现代的线性进化的价值逻辑为支撑的，而在电视剧《大宅门》中，传统与现代之间难以调和的冲突消失不见了，推动戏剧情节向前发展的，是善与恶之间的矛盾。作者认为，这使得这部作品虽然试图书写民族资产阶级的历史，但在大部分篇幅中，历史其实是被放逐出去的。作者的观察可谓深刻而独特，但我们也可以提出两个问题：难道五四以来的革命文学框架内的家族叙事，就没有放逐真正的历史真实？其中的历史难道不是"缺席的存在"？

本辑中的"其他论文"部分中，如章辉对戴维·莫利的观众理论的评述，张杰对铁路的政治文化意义的分析，等等，都有作者自己的发现，限于篇幅，就不一一介绍。

最后，我要特别指出的是，与前几辑《文化研究》相比，本辑中年轻作者的比例有了进一步的上升，他们中除却一些是活跃在当下文化研究领域的青年才俊外，还有相当一部分人是刚刚出道的博士生或博士后。相信读者看了本辑《文化研究》后一定会有与我相同的感受：中国的文化研究前途无限，因为它是一项年轻人热爱的学术事业。与此同时，我对《文化研究》的未来也更有信心了，因为它是一本受到年轻学者喜爱的刊物。

2015 年 1 月 14 日

目 录

专题一　当代中国社会主义实践的书写与阐释

专题二　城市文化研究

专题三　电视剧研究

其他论文

Contents

Issue Ⅰ   Writings and Interpretations of Socialism
Practice in Modern China

Issue Ⅱ   Urban Culture Study

Issue Ⅲ   TV Dramas Study

Other Articles

专题一

当代中国社会主义
实践的书写与阐释

将否定进行到底：1949~1959年文学中英雄形象建构的方法

吴娱玉[*]

摘要：以革命样板戏中无产阶级英雄的"成熟"状态去反观当代文学的第一个十年（1949~1959），就会发现这是一个憧憬英雄但不知英雄为何物的时代。一个顺理成章的逻辑后果就是，这个时代的英雄形象建构是通过层层否定，逐步剥夺英雄人物的日常生活因素来完成的。落实到具体行动上，所谓的否定便是三大批判——对于路翎《洼地上的"战役"》、郭小川《一个和八个》和杨沫《青春之歌》所进行的批判。面对政治施压，三个作家的反应截然不同。杨沫觉得今是而昨非；郭小川痛苦地做心灵切割；路翎则孤注一掷，做"最后的奋斗"。他们三人不同的文化、政治选择也为他们带来了迥异的命运。

关键词：英雄形象　路翎　郭小川　杨沫

Abstract：The first decade (1949–1959) of contemporary literature is an era that people are dreaming about heroes but knowing nothing about them, if looking through the mature state of typical example of proletariat hero in model opera. As a consequence, during that time, hero image was constructed through layers of denying and depriving the hero's daily life elements. Practically, there were three criticism—Lu Ling's *The Battle on the Swale*, Guo Xiaochuan's *One and Eight* and Yang Mo's *The Song of Youth*. Under the political pressure, the three writers reacted differently. Yang Mo

---

* 吴娱玉，上海交通大学人文学院博士研究生。

accepted and corrected herself; Guo Xiaochuan painfully changed his mind; Lu Ling resisted drastically. Their various cultural and political choices led them to different destinations.

Keywords：Hero Image Lu Ling Guo Xiaochuan Yang Mo

引　言

观察历史，需要一个长的时段。站在长时段的末端来回视来路，一路走来的脉络、规律就能得到清晰的浮现，而要弄清楚末端的形成物的性质，我们也不妨走回到它的形成史中去看个究竟。基于这一道理，我们若要反思当代文学前 30 年的英雄形象的性质和形成机制，它初级的芜杂英雄形象和成熟期的样板戏所体现的纯粹英雄就是同样重要的，它们可以相互阐释和说明。

我把这前 30 年的英雄形象的塑造划分为三个阶段：无名时代、新人时代、英雄时代。所谓无名时代，是指 1949 年到 1959 年，文学界憧憬着、盼望着英雄的降临，但英雄究竟为何物，作家、批评家都不甚了然，奇怪的是，对于英雄一定不是什么，他们却拥有着惊人的一致观点。一个顺理成章的逻辑后果就是，这一时期英雄形象的想象和建构都是通过持续不断、层层递进的否定来完成的。落实到具体行动上，就是三次声势浩大的批判运动——对于路翎《洼地上的"战役"》（以下简称《洼》）、郭小川《一个和八个》（以下简称《一》）和杨沫《青春之歌》（以下简称《青》）所进行的批判。需要说明的是，因为讨论的是无产阶级英雄，就自然排除了对于非无产阶级题材作品（如《武训传》）以及非英雄题材作品（如《我们夫妇之间》）的批判。

在进入正式的论述之前，还要说一下毛泽东那封著名的关于《逼上梁山》的信，这封信对于建构无产阶级英雄来说具有非凡的意义。1950 年，也就是第一次文代会召开后的那一年，此信再现文坛，也是第一次在全国范围内公开发表，其中最引人注目的论述如下：

> 历史是人民创造的，但在旧戏舞台上（在一切离开人民的旧文学旧艺术上）人民却成了渣滓，由老爷太太少爷小姐们统治着舞台，这种历史的颠倒，现在由你们再颠倒过来，恢复了历史的面目，从此旧

剧开了新生面，所以值得庆贺。①

这一论断的本质就是否定，即否定了老爷、太太、少爷、小姐成为舞台主角的权力，把舞台让给劳动人民。当历史的"渣滓"——才子佳人、帝王将相——被清理出舞台的时候，无产阶级英雄就有了登台亮相的机会，所以，可以毫不夸张地说，这封信的公开发表就是在为无产阶级英雄形象的问世催生，于是，文坛立马涌现一大批准英雄。不过，准英雄毕竟还不是完美的英雄，批评家紧跟着做了大量的甄别工作，提醒乃至鞭策作家们千万不能那样写。这样的批评，我们不妨看作一种再否定、持续的否定。批评就是以否定的方式从反方向推进文艺的"进步"，这样的功效，《在延安文艺座谈会上的讲话》已有明确交代："文艺界的主要斗争方法之一，是文艺批评。"② 对于这种意义上的批评，毛泽东还有更形象的比喻："浇花""锄草"。③ 本文就是一次对三大"锄草"工程的回顾。

一　英雄不能"谈情说爱"

《洼》（《人民文学》1954 年 3 月号）是路翎在朝鲜经受七个月的炮火洗礼之后写成的一篇短篇小说，它描述了抗美援朝战场上一位年仅 19 岁战士的英雄事迹。这部崭新的、极具时效性的"当代英雄"题材作品，契合了时代的呼唤，一经发表便引发多方关注。不过，在欢呼声还没有退去的时候，共和国文学的"锄草"机制就开始启动了，批评者未必想象得出英雄究竟长什么样子的，但他们确切地知道，路翎所描述的英雄，身上含有太多的暧昧、湿热、伤感的因子，这样的因子显然不是无产阶级英雄所应该具有的。一时间，巴金、杨朔、宋之的、荒草、刘金、侯金镜等人纷纷

---

① 这原本是 1944 年毛泽东写给杨绍萱、齐燕铭的信，第一次在《人民戏剧》1950 年 5 月创刊号上公开发表，该信于 1967 年 5 月 25 日再次发表在《人民日报》上。当时这封信被说成是写给延安平剧院的。信中"郭沫若在历史话剧方面做了很好的工作，你们则在旧剧方面做了此种工作"一句被删掉。到 1982 年 5 月 23 日重新发表时，又恢复了原件的内容，并将其收入《毛泽东书信选集》。参见毛泽东《毛泽东书信选集》，人民出版社，1983，第 222 页。

② 毛泽东：《在延安文艺座谈会上的讲话》，人民出版社，1975，第 30 页。

③ 毛泽东：《关于正确处理人民内部矛盾的问题》，《毛泽东选集》第五卷，人民出版社，1977，第 388～394 页。

撰写文章，掀起了第一次"锄草"工程的高潮。处在批判高潮中的路翎呆住了："为什么会有这样的批评？"他不明白的是，这哪里只是文学批评而已，这是社会主义"锄草"运动的一部分。

《洼》中有两个世界——革命的阳性世界与日常生活的阴性世界。与革命这个词语连缀在一起的往往是雄壮有力的口号、整齐划一的步伐、坚不可摧的律令，它们一起构成了一个条分缕析、透明整饬的阳性世界，在这里，每一个命令都清晰简短，每一个人的脑中只有"革命"二字。日常生活则与革命相反，它与琐碎繁杂、温情脉脉缀连在一起，仿佛只有女人、孩子才有这样的特质，这是一个含混不清、无可名状的阴性世界，在这里，每一个眼神都意味深长、复杂多质，每一人的内心世界都幽深难测。

《洼》中的英雄人物王应洪，是一个被革命豪情充盈着的年轻战士，他是激昂的、元气充沛的，他仿佛就是革命的阳性世界的骄子。这样的骄子单纯透明、心无旁骛，心里只装着革命事业。当金圣姬问他家里有几口人时，他回答："四口，父亲、母亲、哥哥、嫂嫂。"她羞涩了，他却什么都没有觉察，唱着歌跑出去了——无产阶级英雄心中充满了祖国、人民、革命、献身之类的阳性词语，怎么可能觉察出姑娘的话语中的含义——问他是否单身？如此曲里拐弯、婆婆妈妈的情感与英雄的世界相隔甚远。所以，当他被怀疑与姑娘产生感情的时候，他真的痛心和愤怒了，因为对于一个英雄来说，这是莫大的、无法洗刷的耻辱。于是，他大叫："班长，你就这样看我么？"

不过，阳性世界的英雄时时存在被日常生活即阴性世界软化的危险。他是那么自然地融入于姑娘的家庭啊。"他一早一晚都要帮她家挑水，午饭后有一点时间还要去抢着帮老大娘劈柴……参与着这日常的家庭劳动，老大娘有时就递口水，递块毛巾给他，对待他像对儿子一样。"如此温馨的家庭生活场景，当然会有百炼钢化为绕指柔的伟大力量。更严重的是姑娘的凝望和守候，引起一种他从未经历过的"甜蜜的惊慌的感情"，这种感情的出现，表明日常生活的情愫已经在他的心中不可阻挡地萌发了，人之常情在一步步地侵蚀着革命世界，革命与日常生活的伦理剧烈地纠缠着，搏斗着。

这样的纠缠和搏斗剧烈到连他自己都不敢直视的程度，唯有在梦中，他才敢稍稍释放自己的紧张——他梦到与这位美丽而动人的朝鲜姑娘载歌载舞。"但在清醒的时候他却对这个很冷淡；他觉得他心里很坚强。"他更试图抹去这种"幼稚心情"，姑娘送袜套，他"没有什么犹豫"就向班长汇报了。姑娘送绣花手帕，他又要汇报，可他犹豫了：任务完成以后再说？犹豫正是思想搏斗的外部表征，可惜这只是片刻的犹豫而已。她的"建立一个和平生活的热望"，他根本无法体会，甚至避之如仇敌，阳性的革命伦理很快又压倒了阴性的日常生活伦理，他悔恨自己没有及时向班长汇报手帕的事，他平静地报告了。就这样，他完成了他人生中的第一次有点浮皮潦草实则非常重大的"战役"，他成了一位成功镇压了自己心中不断翻腾着的日常生活冲动的英雄。

值得说明的是，手帕看起来只是一件小事，其实是日常生活伦理招安、腐蚀革命伦理的一桩大事，或者说，在革命事业的忠诚度上，一条手帕就是天大的事，它就是一块试金石，值得作家一说再说的。如此一来，当代文学前30年历史中到处充塞着一条手帕、一块麻辣牛肉、一分钱、一根螺丝钉之类的大得不得了的小事了，就不足奇怪——在革命的逻辑里，小大之辨是可以随时随地翻转的。

所以，路翎所想象洼地上同时发生了两场"战役"：一场是志愿军和美帝国主义的战役，一场是革命世界和日常生活的战役。我军从来都是战无不胜的，第一场"战役"的结局就毫无悬念，难以引人入胜，而第二场"战役"则是初开的情窦与严明冷峻的纪律的搏斗，而且情窦还被无情镇压了，自然是忧伤的、缭绕的，打动了许多读者。更关键的是，路翎对于这样的忧伤好像很是迷恋。比如，他会写到王应洪匍匐在"春天的金达莱花丛"中，"在这个不知不觉的动作里，他却摘下了一个花枝，把它衔在嘴里"，又"不知不觉地拿下来塞在衣袋里。他没有意识到这个，也不知道这是为什么。也许他的头脑是曾经闪过什么念头"。尽管路翎一再强调这些动作都是"不知不觉""没有意识""也许"的，可是，正是这种无意识的沉迷才是最致命的，因为意识的世界可以抵抗、批判、修正，无意识的幽暗、混沌却令人束手无策，我们只能眼看着这样一位原本应该是绝对纯粹、透明的英雄朝着晦暗、毛茸茸的世界不由自主地滑下去。

当然，路翎不能容忍王应洪真的被阴性世界所俘获，他的英雄还是时时克制着自己的冲动的，可是，谁知道以后呢？于是，路翎似乎一定要把这个挣扎中的矛盾体推向死亡，只有死亡才能够一劳永逸地终止英雄朝着阴性世界的滑下去。不过，还是晚了，路翎已经让他的英雄挣扎得太久。要知道，欧阳海临死前四秒钟仍然在向祖国致敬，他只用了0.01秒闪过母亲的苦难和死亡的恐怖，就是这 0.01 秒的软弱都是不可原谅的严重错误，它被江青敏锐地发现，并指出这是对"死亡的惧怕"和对"生命的留恋"，需要修改。而王应洪的想入非非前前后后有多少次，内心挣扎了那么久，这样一个"光在家庭骨肉间翻筋斗"的人物，哪有资格被写入无产阶级的英雄谱？

于是，劈头盖脸的批判几乎是注定的。比如，巴金认为《洼》写了一个类似于中古骑士的"不能实现的爱情"的爱情故事，从而"打动一般把'爱情'看得比什么都重要，或者对爱情充满幻想的小资产阶级知识分子的心"。[1] 那些嗅觉灵敏的职业批评家做出了更精准的批判，据路翎总结，他们批评这篇小说"是'纪律与爱情的冲突'，是'宣扬个人主义'、'攻击工人阶级集体主义'的（侯金镜）。这些批评的一个共同的基本观点是：朝鲜姑娘金圣姬对志愿军战士的感情，战士们对这个感情所反映的人民的愿望的同情，以及战士和家乡、亲人的感情联系等等，都是'个人主义''渺小的甚至是庸俗的个人幸福的憧憬''决不能成为集体主义和爱国主义的出发点'（侯金镜）"。[2] 也就是说，在这些职业批评家看来，只有革命的、公共的、透明的世界才是志愿军战士所应该追求的，对于家乡、亲人乃至爱人的感情则属于朦胧、复杂、说不清道不明的私人领域，眷恋于它们，就是个人主义的，新的英雄应该把它们剪除干净。从这场批判开始，这样一种英雄想象的趋向愈演愈烈，到了样板戏中，英雄气与儿女情发展到了水火不容的程度，《红灯记》甚至要用一家三代不同姓的方式彻底驱逐掉骨肉情、儿女情——红灯照彻的堂皇世界其实是没有一点血肉的。

二 英雄不能脱离组织

《一》是在"双百方针"的鼓舞下写成的叙事长诗，相对宽松的政治环境让郭小川的创作更接近他的灵魂，长诗的主人公王金便是诗人忠于自己内心本真的理想英雄形象。王金是一个特立孤行的英雄人物，他以超人式

---

[1] 巴金：《谈〈洼地上的"战役"〉的反动性》，《巴金全集》第 14 卷，人民文学出版社，1990，第 448 页。

[2] 路翎：《为什么会有这样的批评？——关于对〈洼地上的'战役'〉等小说的批评》，《文艺报》1955 年第 1、2 期。

的非组织行为向组织证明自己的忠诚，以极端个人化的英勇善战向组织逼宫，意图证明自己是正当的，组织却错怪了好人。这个特异的英雄人物必然饱受争议，由于此诗之前并未刊发，[①]所以批判活动只在党内进行。批判的火力集中在个人主义的问题上。据我的理解，《一》所体现出来的个人有两个层面：一是在叙事层面，在与庸众的对比时所体现的个人；二是在意蕴层面，在与革命组织的脱离时所体现的个人。无论是哪一个层面的个人，都是无产阶级英雄形象所要坚决否定的。

（一）个人和庸众

《一》写抗战时期的一座随军监狱，八个作奸犯科的死囚犯正在等待死亡："八张发绿的脸冒出油汗，十六只手被紧紧地倒绑。"此时，共产党员王金也被投入其中，于是，封闭的空间一下子形成激烈的对峙。王金大声说，"我偏不进去，我没有犯罪，不要侮辱我的共产党员的称号"，又"对着犯人们厉声叫喊，'滚出去！你们这帮土匪汉奸！你们有什么资格跟我住在一起，跟你们这帮人不共戴天'"。而这八个人则"射进来嫌恶和鄙夷的目光"，"咬牙切齿的诅咒和辱骂，充满了这小小的房间"。

这个场景多么像鲁迅笔下的个人与庸众的对峙啊。也是在监狱里，夏瑜说，这大清的天下是我们大家的，红眼睛阿义甩手就是一巴掌，庸众对夏瑜充满了厌恶和仇恨。不过，夏瑜怎么可能因为庸众的仇视而仇视他们呢，同样，王金也"忽然为一个巨大的声音唤醒，他想：是呀，这是最后的机会，我为什么不可以起些作用？""一个巨大的声音"在此意义非凡，要知道，鲁迅的过客就是在一个声音的召唤之下，才无论多么困顿都要朝前走去的，胡适《上山》中的登山者也始终听从"努力！努力"声音的召唤，而他们的声音都可以归结为苏格拉底的声音。在柏拉图《申辩篇》中，苏格拉底一再强调："我听到有某种声音，他总是禁止我去做我本来要去做的事情。"[②]苏格拉底之所以能够拒绝世俗生活的诱惑，献身于神圣事业，

---

① 郭小川在交代材料中说，1957 年 11 月 20 日，他改定长诗并打算发表。他先将《一个和八个》交给《人民文学》，《人民文学》迟迟未登；又寄给《收获》，《收获》来了一封信，提出了尖锐的意见。这时，他才觉得没有把握了，"《诗刊》要过几次，人民文学出版社也来过信要出版，我均未答应"。参见郭小川《郭小川全集》第 12 卷（外编），广西师范大学出版社，1999，第 30 页。作者去世后，此文首刊于《长江文艺》1979 年第 1 期。

② 柏拉图：《柏拉图全集·申辩篇》第 1 卷，王晓朝译，人民出版社，2002，第 20 页。

就是因为他始终在听从声音的召唤和引领，也正是这个声音把他和庸众区别开来，他是一个"个人"，一个赋有神力的先知。所以，在一定程度上，听从一个声音召唤的王金就是早期鲁迅所谓"任个人而排众数"①"大张个人之人格"②的个人。

这样的认定并非牵强附会，而是有充分的事理依据的，因为虽然郭小川是党培养起来的政治抒情诗人，在内心深处，他却还是认同尼采式的超人的。在"交代材料"中，他这样交了底："（王金）可以敌我不分，向敌人诉苦，对于党的审查，暴跳如雷，把个人看成'超人'，强调自己的所谓'人格力量'和'主观战斗精神'……由于个人主义的发展，便自动地投到尼采哲学、胡风思想和甘地哲学的门下。"他还主动把自己的创作与五四的个人挂上了钩：五四式地彰显"个人的精神力量（人格力量），把自己想象成为非凡的高大形象。不是教育青年做党阶级的驯服的儿女，在斗争中踏实工作，改造自己"。③诗人的忏悔在一定程度上验证了洪子诚的论断，这一批政治抒情诗人的思想来源有一脉是"'立意在反抗，旨归在动作'的'摩罗诗人'"。④不过，郭小川自己说了，党要的是"驯服的儿女"，哪里容得下个人和"摩罗诗人"？他的个人英雄主义激情与彼时的政治语境格格不入，必然会招致批判和弃绝。

作为个人的王金，身上还有着强烈的启蒙大众的意愿，这也是鲁迅所说的"扶弱者而平不平"。⑤他主动对那八个说："老乡们，咱们好好谈谈吧，如果能活，你们做些什么？"众人们怀疑："你还想从这里逃出去吗？哼，就是插上翅膀也飞不脱。"王金接着说："我们怎能逃避人民的法律，可是我总觉得人还是活着的好，只要我们活的有用和有意义。"当犯人们不以为然地"轻微的讽讪"时，他开始声色俱厉地教训他们："你们这帮土匪、汉奸、逃兵，这辈子真是枉生为人！""只想让你们结束这一生的时候，真正了解一个人的意义，我记得孔夫子说过一句话'朝闻道，夕死可矣'！"在这启蒙的庄严时刻，"没有人敢把他的话打断，王金现在仿佛有了无上的威严"。就这样，八个庸人的心中被注入了向善、向上的愿景，他们一下子

---

① 鲁迅：《文化偏至论》，《鲁迅全集》第 1 卷，人民文学出版社，2005，第 47 页。
② 鲁迅：《文化偏至论》，《鲁迅全集》第 1 卷，第 55 页。
③ 《郭小川全集》第 12 卷（外编），第 58～59 页。
④ 洪子诚：《中国当代文学史》，北京大学出版社，1999，第 75 页。
⑤ 鲁迅：《摩罗诗力说》，《鲁迅全集》第 1 卷，第 82 页。

转变成我们的革命事业所依靠的群众，此时，长诗第一次出现"九个精壮的大汉"的身影——"一个"和"八个"终于合为了"九个"。

就是在这里，郭小川显示他与尼采本质上的不同，他不单单是尼采式的"颂强者"，还有着浓厚的济世、助人的人道主义情怀，他自己也说"人性论在这首诗中达到了极点"。[①]郭小川所想象的英雄的人格，原来是个人主义和人道主义的结合体。可是，人性论意味着"不管什么人（什么阶级，有什么罪不容诛的罪行），都有'人'的'心肝'，能懂得'人的意义'"，[②]那么，肯定人性论不就是对于阶级论的否定？于是，郭小川又因为宣扬基督、武训、甘地等人的"虚伪"的人道主义而受到猛烈的批判。

（二）革命伦理和个人伦理的纠缠

其实，听从一个声音的召唤而拥有崇高的信仰，热忱地启蒙大众，如此诸种品质未必不能容于革命事业，革命事业在意的是，这些英雄品质是否处于组织的领导之下，它们是否就是组织的化身，如果答案是否定的，这些品质就成了脱离组织的个人主义的罪状。所以，在批判者看来，《一》的更大的问题在于个人与组织的疏离，本文把它命名为个人伦理和革命伦理的纠缠。之所以称之为伦理，是因为相较于王应洪的个人情感的无意识流露，王金对于个人人格力量的坚守，对于革命和组织的信仰，都是一种价值自觉。

王金曾是一个"意态轩昂的教导员"。在他心里，共产党员是一种神圣的、不容玷污的荣誉，他这样向党宣誓："我活着的一生值得我死后欢愉，因为我没辜负作为战士的声誉。"在这样的志士心中，生死事小，革命的名节才是大事，所以，当他遭敌人逮捕时，他当然不会屈服，对党的无限忠诚支撑着他战斗到底。但是，当王金在承受了敌人的严刑拷打，又历尽千辛万苦回到组织的怀抱的时候，组织却不是信赖他，而是怀疑、审查乃至惩罚他，那些冤枉他的话"像刀子般割着"他的心，他的"每条神经都感到疼痛"。于是，他不得不对组织产生了怀疑，他只能相信自己，只能用自己"独特的道路"向组织证明自己的清白。这条"独特的道路"就是"个

---

① 郭小川：《郭小川全集》第 12 卷（外编），第 40 页。
② 郭小川：《郭小川全集》第 12 卷（外编），第 31 页。

人奋斗，唯我主义"①。王金的"唯我主义"有如下表征。

（1）对组织有所保留。王金收到王世臣的信后，隐藏起来不向组织汇报，由此可见，王金并没有将自己的全部都交给组织的觉悟。

（2）向组织逼宫。王金把他所遭遇的"怪诞的案情"讲给八个狱友听，党不相信的离奇情景狱友却相信了，并一同向锄奸科长求情、作证，用批评家的话说，这是把矛盾交由反革命来解决，"内部由外部去解决"。②

（3）个人拯救组织。敌人向我军进攻，有组织的革命力量纷纷倒下，群龙无首，王金挺身而出，指挥战斗，并最终挽救了组织，这样的桥段在"有心"的批评家看来就是"刻骨的讽刺"，因为王金是在"以德报怨""是王金把党改造了"。③

（4）个人凌驾于组织。经历过这场战役，犯人们洗心革面，有了向善的意愿，却无意加入党组织，这表明在犯人们心里，他们的救世主是王金而不是党组织。

以上四点足以说明王金的心灵与党组织若即若离，在他心里，个人伦理和革命伦理各有千秋、纠结缠绕，而缠绕的根子则是隐藏于郭小川内心深处的一道深刻的伤痕——那段延安时期所遭受的不白之冤。诗还可以"怨"？对于革命阵营中的文学家来说，"怨"是一个多么陌生、多么邪恶的词语啊！向党组织抱怨？向党组织抱怨的人，当然会受到党组织的清算，其后的文坛大抵都发"正音"而没有了怨声。

有趣的是，个人与庸众、个人与组织之间持续的、激烈的紧张，使得《一》在写作的当年不可能得到问世的机会，但是，当这样的时代一过去，它就得以发表，并被张军钊拍成轰动一时的同名电影，这电影成了第五代导演的开山之作。而《一》深深吸引新时期读者和观众的地方，正是这种无法消弭的紧张感，只有在这种持续的紧张感中，人性的韧性和深度才会喷薄而出。

三　英雄不能是小资产阶级

《青》（1958 年 1 月初版）是 1950 年代最重要的成长小说，洪子诚说：

---

① 郭小川：《郭小川全集》第 12 卷（外编），第 65 页。
② 郭小川：《郭小川全集》第 12 卷（外编），第 55 页。
③ 郭小川：《郭小川全集》第 12 卷（外编），第 56 页。

"小说在否定戴愉、于永泽、白莉萍等（人）的选择的同时，通过对林道静的'成长'来指认知识分子唯一的出路：在无产阶级政党的引领下，经历艰苦的思想改造，从个人主义到达集体主义，从个人英雄式的幻想，到参加阶级解放的集体斗争——也即个体生命只有融合、投入以工农大众为主体的革命事业中去，他的生命的价值才可能真正的实现。"① 不过，尽管《青》试图证明小资产阶级知识分子的唯一出路，就是自觉接受党的领导，一步步成长为无产阶级英雄，但小说中"清新秀气""鹤立鸡群"的"小资风"还是与讲求"泥气息、土滋味"的时代氛围格格不入。这样的格格不入当然会被敏锐的批评界捕捉到，他们认定，"小资风"不是无产阶级英雄所该有的气质，并由此启动了长达一年之久的"锄草"行动。比如，郭开认为，林道静这一形象存在"较为严重的缺点"，"作者是站在小资产阶级立场上，把自己的作品当作小资产阶级的自我表现来进行创作的"，林道静"从未进行过深刻的思想斗争，她的思想感情没有经历从一个阶级到另一个阶级的转变"，"可是作者给她冠以共产党员的光荣称号，结果严重地歪曲了共产党员的形象"。② 那么，《青》在哪些方面体现"小资风"了呢？

（一）爱情小说的女主角

《青》如此开场：清晨，一列火车飞驰，乘客们的视线集中在一个小小的行李卷上，行李卷上插着白绸子包起来的南胡、箫、笛，旁边放着整洁的琵琶、月琴，一位穿着白洋布短旗袍、白线袜、白运动鞋，手里捏着白手绢，脸色略显苍白的女学生静静地守着这些幽雅的玩意儿。这是一个寓言性的场景——一个懵懂、无知、美丽、善良的女孩即将展开她的历险之旅。这样的开场至少蕴含着四层含义。

（1）林道静所展现的女性美引人注目。她恬静貌美的脸庞（"她的脸庞是椭圆的、白皙的，晶莹得好像透明的玉石。眉毛很长、很黑，浓秀地渗入了鬓角。而最漂亮的还是她那双忧郁的嫣然动人的眼睛。她从小不爱讲话，不爱笑，孤独，不爱理人"）让人着迷，未经世事的纯真让人垂怜，坎

---

① 洪子诚：《中国当代文学史》，第 119 页。
② 郭开：《略谈对林道静的描写中的缺点——评杨沫的小说〈青春之歌〉》，《中国青年》1959年第 2 期。

坷的身世、无助的表情让人怜惜，这些特征都符合男性对女性美的想象，极容易撩拨起男性的爱慕。

（2）美丽的林道静不是花瓶，而是秀外慧中的"洞箫仙子"。她逃离家庭时带的不是金银财宝、首饰衣物，而是箫、笛、琵琶等乐器，这样的诗情画意更加撩人情愫。请看下面的一幅画卷吧："她掠了掠轻轻拂动的短发，掏出了心爱的口琴……吹着口琴，她还随走随拾着沙滩上各色美丽的贝壳。"

（3）内外兼修的林道静还是一个娜拉。她不甘在继母的控制下做有钱人的金丝雀，愤而离家，去追求自己的幸福，这种叛逆、不服输的个性和反抗旧道德的勇气，一定会赢得进步青年的倾慕。

（4）不过，一身白衣隐喻了林道静的纯洁干净、混沌未开的原始状态，她还有待成长，从而获得自身的主体性。此时，各种眼光环伺着这个女孩，她既是欲望的对象，又是被嫉妒的对象，她一定会遇见无数凶险，最终才能遇上自己的白马王子吧？这真是一个充满着诱惑和暗示的开头。

这样的女性形象，活脱脱就是一个爱情小说的女主角，因为她几乎满足了男性对于女性的所有想象，难怪余永泽看到她时，"心里像燃烧似的呆想着"："含羞草一样的美妙少女，得到她该是多么幸福啊！"可是，她跟革命，跟无产阶级英雄有什么关系？她的美貌、多情、幻想和哀怨甚至会腐蚀掉刚性的革命大业吧？批评家当然不会放过这样太过显眼的漏洞。

（二）政治与爱情的同构性

《青》的情节框架是一个女人和三个男人的纠葛，这是言情小说的典范设计——"青春之歌"嘛，不谈爱情谈什么？不过，杨沫显然不可能讲述一个单纯的爱情故事，她要把她的爱情故事赋予革命的意义——林道静为了革命才去恋爱，就在恋爱逐渐深化的过程中，她日益成长得纯粹和坚强，她革命、恋爱双丰收。杨沫更精妙的设计在于，林道静的恋爱史的数个阶段与她从信奉个人主义、民主主义的知识分子成长、改造为共产主义革命战士的过程严丝合缝，她对旧日伴侣的抛弃，就是她对于"保守""落伍"的资产阶级思潮的扬弃，她对新伴侣的依恋，就是她对于"先进""激进"的共产主义思想的皈依。这一设计背后的逻辑是：资产阶级、小资产阶级知识分子只有在中国共产党的领导之下才能获得真正的解放，才能真正地成长。这样一种爱情、性与政治之间的同构性设计，体现一类根深蒂固的陈腐的想象：软弱、游移、苍白的女性始终是被伤害、被拯救、被争夺的对象，就像资产阶级、小资产阶级知识分子一样，女性只有不断地通过与越来越具有革命性的男人的结合才能实现自身的救赎，正如知识分子只有被无产阶级改造、接纳才能获得重生一样。在杨沫看来，女人和知识分子的主体性都是成问题的。

林道静一共经历了三段恋爱，她在"永恒的男性"的引领之下不断地飞升。

起初的恋爱对象是余永泽。余永泽是典型的自由主义知识分子，他征服她的一套话语系统是 19 世纪西方浪漫主义和批判现实主义文学所呈现的浓烈的人道主义——《战争与和平》《悲惨世界》《茶花女》及海涅和拜伦的诗……他还会告诉她易卜生的《娜拉》、冯沅君的《隔绝》——这是最经典的五四启蒙话语。"骑士兼诗人"的余永泽所阐扬的浪漫、热情、奔放的五四文化一下子唤醒了沉睡中的美人，美人心醉神迷，与他同居。同居的小屋也是五四味十足：墙上一边挂着白胡子托尔斯泰的照片，一边是林道静、余永泽的合照。他们的爱情故事很像《伤逝》，子君就是被涓生的"我是我的"之类的启蒙话语所唤醒。不过，林道静显然不是子君。子君很快沉湎于日常琐事之中，她和涓生的爱情也就随之枯萎——涓生爱的是一个被五四话语充盈着的对象，而不是一个会过日子的女人。到了《青》中，率先失落的却是林道静：她生活在这么一个狭窄的小天地中，刷锅洗碗、买菜做饭、洗衣缝补，她感到沉闷、窒息……五四启蒙者注定要被她抛弃。

取而代之的是共产党人卢嘉川。卢嘉川给林道静带来了完全不一样的书目：列宁《国家与革命》、高尔基《母亲》以及《铁流》《毁灭》《怎样研究新兴社会科学》……这样一个全新的激动人心的未知世界一下子压倒了余永泽的缠绵和浪漫。为了进一步夯实余永泽的脆弱和虚伪性，杨沫还刻意编织出魏三大伯除夕告贷的戏码，从道义上宣判了小资产阶级知识分子的死刑，他最终满脸阿谀之色地投向反动政客、五四英雄胡适的怀抱，则是历史的必然。五四之梦终结了，"那么，卢兄，你倒指给我一条参加革命的路啊"。不过，卢嘉川只有理论，理论哪能救中国，共产党强调的是枪杆子里面出政权，所以，他无法带领她走完她的成长之旅，杨沫只能安排他被捕并被杀害——已经给林道静完成了理论开导的他，还有什么用？

与革命理论的启蒙者卢嘉川不同，江华引导林道静关注中国革命的具体问题，并以县委书记的身份直接领导林道静参加斗争。他的核心概念就是"实际"："我很希望你以后能够多和劳动者接触，他们对柴米油盐、带孩子、过日子的事知道得很多，实际得很。你也很需要这种实际精神呢。"正是在江华的带领之下，她成人了——入党，并在小说结尾的大游行中站到了队伍的最前列："游行队伍中，开始几乎是清一色的知识分子——几万游行者当中，大中学生占了百分之九十几，其余是少数的教职员。但是，随着人群激昂的呼唤，随着雪片似的漫天飞舞的传单，随着刽子手们的大刀皮鞭的肆凶，这清一色的队伍渐渐变了。工人、小贩、公务员、洋车夫、新闻记者、年轻的家庭主妇甚至退伍的士兵，不知在什么时候，也都陆续拥到游行的队伍里面来了。他们接过了学生递给他们的旗子，仿佛开赴前线的士兵，忘记了危险，忘掉了个人的一切，毅然和学生们挽起手来。"这是一个耐人寻味的结尾：知识分子是启蒙者、带头人，但只有群众的参与，革命才是可能的。我们还可以解读成知识分子终于在群众的怀抱中获得了合法性。

这样一种与爱情谐振的革命书写至少造成两个后果：（1）追求革命的崇高使命与个人的爱恨得失并驾齐驱，林道静与其说是为了党的召唤而革命，不如说是受到了爱情的蛊惑而革命，这样就使个人的爱情命运成了小说的主轴，消解了党的至高无上的地位和引导作用；（2）使得缠绵悱恻的儿女情、"小资风"一直在小说中弥漫，无法去除，这与批评家所预想中的英雄气相去甚远。

四 杨沫之痛改前非

1959 年，工人郭开所引爆的一场大讨论将《青》推入争论的旋涡，虽然茅盾、何其芳、马铁丁等文坛大佬纷纷撰文力挺，肯定《青》"是一部有一定教育意义的优秀作品"，杨沫还是不得不谨慎地听取了反对派的意见，对小说进行了大刀阔斧的增删。1960 年，修改本问世，据金宏宇研究，与初版本相比较，修改本由 37 章扩充为 45 章，"修改了 260 多处。第一部修改了 80 多处，第二部修改了 170 多处。最明显的是增写了 8 章农村生活的内容和 3 章学生运动的内容，再版本共计增写七八万字的篇幅"。[1] 这一次

---

① 金宏宇：《中国现代长篇小说名著版本校评》，人民文学出版社，2004，第 239 页。

增删，主要集中于三大焦点问题上，即"林道静的小资产阶级感情问题""林道静和工农结合问题"和"林道静入党后的作用问题——也就是'一二九'学生运动展示得不够宏阔有力的问题"。[①] 下文便从这三个方面入手，对于杨沫的"痛改前非"做一番梳理和分析。

（一）删除小资产阶级感情

林道静的小资产阶级感情和趣味集中体现在她与余永泽的纠葛之中。因为余永泽的小资产阶级情调，她爱过这男人，她从一无所知走进了 19 世纪既荡气回肠又缠绵悱恻的人性世界，也因为他的小资产阶级情调，被启蒙的、拥有了自主性的她又注定要抛弃他，走向光明辉煌的革命世界。所以，之于她，他的小资产阶级情调既是负累，也是恩物。不过，在经历了暴风骤雨般的批判之后，杨沫不再缱绻于作为恩物的小资产阶级情调，她只能把它作为负累全盘清理掉。初版本中有太多描写流露林道静对于作为恩物的小资情调的留恋，到了修改本中，这些地方都被删除净尽。对于共产党人卢嘉川，林道静也抱有太多"不健康"的小资产阶级感情——她爱的毕竟是一个革命的男性而不只是革命本身，展现爱情的场景和话语被全部删去。

如果说作为马克思主义理论家的卢嘉川多少有点罗曼蒂克，容易使人忽略他的革命者身份而只是把他当作白马王子的话，那么从事革命的实际工作的江华就应该沉稳、踏实很多，他应该凶猛如铁锤，朴实如螺丝钉。可是，初版本中的江华不只是铁锤或者螺丝钉，他也有性别，也有对于美丽异性的强烈到既霸悍又羞涩的渴望，这样的渴望显然会腐蚀革命者的坚强意志——铁锤和螺丝钉怎么可能有性别？修改版中江华这些"失态"处一概不见，江华的形象也因此而清洁、高大了许多。但是，只要是一个人，就何曾能够清洁？

（二）与工农兵结合

作为小资产阶级知识分子的林道静有可能成长为真正的革命者，这样的可能性来自小资产阶级的阶级定位本身——既可能走向革命也可能投向反革命的与生俱来的两面性。为了给林道静的小资产阶级身份的两面性做

---

① 杨沫：《〈青春之歌〉再版后记》，《光明日报》1960 年 1 月 19 日。

出一个形象的说明，杨沫特意设计了林道静的诡异的出身：佃农之女被大地主林伯唐强奸，生下了林道静，她既是地主的女儿，也是佃农的女儿，她的身上同时长着"白骨头"和"黑骨头"。这样的小资产阶级要扬弃掉自身的两面性，做地主阶级的"贰臣贼子"，唯一的出路就是忠诚于自己身上所流淌着的无产阶级血液，与工农兵结合，他们与工农兵结合的程度，就是他们对于地主阶级反叛的程度。初版本的精力更多地放在林道静如何通过爱情获得革命意识的开悟上面，对于她该如何隔入工农兵则语焉不详。到了修改版，杨沫一举增加了八章的对农村生活的描写，也就是修改版第二部第七章到第十四章，意欲"使她的成长更加合情合理、脉络清楚，使她从一个小资产阶级知识分子变成无产阶级战士的发展过程更加令人信服，更有坚实的基础"。① 这一突兀的大幅添加，到了意识形态大为松动的 1980 年代开始广受批评。批评者认为，这是政治宣教功能对于文学审美功能的取代甚至践踏，与工农兵结合在一起的林道静不再是活生生的人物形象，而成了党对于知识分子如何改造自我、提高自我的经典理论的图解。批评者忽略的事实是，那个特殊年代所生产出来的作品当然要与时代本身榫卯相契，它更应该反过来为时代的逻辑和伦理背书、证明，否则难逃被"锄草"的厄运。

杨沫的"天才"在于，她不仅让林道静与工农兵结合了，而且丝丝入扣地呈现林道静从结合之初的本能的恶心到后来的心安理得、甘之如饴这个艰难而痛苦的过程，正因为有了这一过程，小资产阶级的原罪才能得到呈现，小资产阶级与工农兵，游移、彷徨的同路人与坚定的革命者之间巨大的价值差异以及擢升的艰难才能得以彰显。关于这一价值差异，伟人有着生动论述："拿未曾改造的知识分子和工人农民比较，就觉得知识分子不干净了，最干净的还是工人农民，尽管他们手是黑的，脚上有牛屎，还是比资产阶级和小资产阶级知识分子都干净。这就叫做感情起了变化，由一个阶级变到另一个阶级。"② 不知是杨沫活学活用的天分太高，还是实在想象不出小资产阶级该如何与工农兵结合，便只能乞灵于伟人的宝典，香与臭、干净与不干净的辩证关系同样出现在增写的部分里。结合之初，"一股难闻的气味"冲到林道静的鼻孔，这是汗臭、霉臭和油污的恶臭；结合的

---

① 杨沫：《〈青春之歌〉再版后记》，《光明日报》1960 年 1 月 19 日。
② 毛泽东：《毛泽东论文艺》（增订本），人民文学出版社，1992，第 38～39 页。

中途，她还能闻到"一阵恶臭熏鼻"，"道静却不再觉得恶心"；到了成功结合，她"紧紧"地靠近老人的身体，"这时再也闻不见他身上的汗臭"——香臭从来不只是香臭本身，还是阶级情感的直白表达。

（三）突出革命斗争中的领导力

针对"一二·九"运动描写得不够宏阔，林道静在此运动中的作用更不够鲜明的质疑，修改版做出了两方面的重大修改。首先，全方位、多视角地呈现"一二·九"运动，重点增写了三章的内容，也就是第 34 章林道静参加北大世界语协会和新文字研究会例会，第 38 章北大历史系与反动派夺取领导权和第 43 章的学生大游行。其次，大幅删改初版本中表现林道静在领导革命运动时不够冷静、机智的描写，把她塑造成仿佛从娘胎中一出来就特别会战斗、能战斗的全能革命家和领导者。对于这些描写的删除，也透露杨沫及其背后的意识形态的男权取向：那些软弱的、无作为的、投降的行动都是"娘娘腔"，其实质是阴性的，革命者都百炼成钢的，当然是阳性的。

通过上述三个方面的梳理，我们可以看到，杨沫刮除了所有具有性别的、柔软的、毛茸茸的描写，增添了许多无性别的、刚硬的、光滑的内容，在此修改过程中，林道静也越发脱去了她的小资气、女人味（在革命的逻辑中，它们两者就是一回事），超凡脱俗地成为一个通体透亮的革命英雄。

可是，这样的毫无人气的洁本仍没有得到批判者的认可，到了"文革"，《青》依然被定性为"替刘少奇、彭真树碑立传"的"大毒草"——《青》表现小资产阶级知识分子的成长史，这样的构思本身就是有罪的，因为无产阶级英雄从一开始就应该完美无缺，哪里需要冗长、烦琐的成长？即便有成长，也只能是从无伤大雅的起点开始，比如，不够细致、机敏，像出身的两面性已属原则性问题，这样的主人公只能被否决、淘汰，哪里来的成长？"文革"一结束，杨沫就迫不及待地再一次调整了《青春之歌》，她好像要还自己一个"清白之身"。可是，到了新时期，无产阶级"新人"的成长这一文学主题已被冷藏、淘汰，杨沫的多愁善感的女英雄、女"新人"注定只能是"十七年"文学的一个暧昧、尴尬的存在，这个存在也因为自身的被否定，只能成为无产阶级英雄想象史、塑造史的重要一环。

五　郭小川之心灵切割

相较于杨沫的觉今是而昨非，郭小川的自我否定就要艰难和复杂得多。

郭小川的诗歌始终在个体的生命感受和革命的工具化要求之间徘徊、撕扯。1957 年的"小阳春"气候让他所珍视的个人价值得以破土而出，写出了给他带来厄运的《一》，《一》也恰恰成了他的灵魂深处个人伦理与革命伦理剧烈缠搅的有力证明，《一》就是他的"心史复调"，①正是这样的"心史复调"给一个单调的、外在化的时代增添了厚度和温度。不过，"心史复调"是我们的时代的审美和道德追求，而"十七年"的"水晶宫殿"里怎么可能容纳这样的异端？不需要批判者的当头棒喝，郭小川自己也会时时狐疑他的个体感受乃至个人主义究竟合不合时宜，于是，他的内心被撕裂了，他的心灵中有两股声音在此起彼伏，他产生了严重的精神危机。②

郭小川如此珍视自己的个体感受，这样的感受无法公之于众，他就把它写在日记里。日记承载着他的最隐秘、最柔软的内心世界，这样的内心世界以物化的方式存在，又反过来对他公开发表的文字所构筑成的另一幅形象产生了质疑、颠覆，他必得时时平复这样无法平复的致命性颠覆。从他的日记等私密文字中，可以清晰地看出他的个人意识。

（1）他认为个人的力量是具有神性的。他曾说："一想到宇宙，就感到人太渺小了，但人是不会自己毁灭自己的，生活的力量对人能够吸引住，都会津津有味地活下去，创造着一切。"③人之于宇宙之浩瀚当然微乎其微，但是，人依然能津津乐道地活着、创造着，是因为人有对生活的向往以及个人的能量。而《一》中的主人公王金，如同一个在浩渺无垠的宇宙中的个人，虽然力量微弱，却挣扎着向上。他说："王金就是我心目中的英雄，也是我自己的写照。"④

①　夏中义：《革命伦理与个体伦理的心史复调——论郭小川 1957 年三首叙事长诗及诗人命运》，《华中师范大学学报》（人文社会科学版）2010 年第 3 期。

②　郭小川在他的思想总结中这样写道："（六月）有几天，我的精神很不正常，预感到'身体和精神都要倒下去'……精神错乱，控制不了自己。"参见郭小川《郭小川全集》第 12 卷（外编），第 45 页。

③　郭小川：《郭小川全集》第 12 卷（外编），第 42 页。

④　郭小川：《郭小川全集》第 12 卷（外编），第 40 页。

（2）他认为个人情感是值得尊重的。他的日记中曾写道："又到默涵处谈近一小时。谈到男女关系这个问题，这是多么丰富的生活呵！人，在这个问题上都是如此敏锐，妻子对丈夫的一举一动都是理解的。而女孩子都喜欢叔叔，男孩子都喜欢阿姨。异性之间的这种奇妙的关系，是作家写不尽的。"[1] 在这里，他着重强调异性间存在的微妙、暧昧而敏感的情愫，正是因为这种模棱两可却拨动心弦的情缘，才使得人与人之间的感情变得丰富、驳杂、意味深长，更能激发出作家的创作灵感。由此看来，郭小川所想要捕捉的情感是混沌的、莫名的，而并非革命所要求的单向度的忠诚。

另一种声音在外部施压。1959年，党内针对郭小川作品中所暴露的个人主义对他进行了多次批评，郭小川起初的态度是"非常抵触"，接着思想"转过了弯"，"思想上虽然没有全通，但也觉得自己不对了"。[2] 他自己总结，就在个人伦理和革命伦理的对峙让自己"痛苦、彷徨"的时候，"如果不是党组织伸出手来，大喝一声，我是会堕落的，组织上及时地挽救了我"。[3] 至此，他彻底放弃仅存的微弱的个人意识，"洗心革面，重新做人"。他几次三番地检讨，都集中在对上述两个方面的反拨上。

（1）对于强调个人力量的方面，他检讨说："随处流露自我欣赏，自我扩张的东西（向困难进军）"，是"个人主义膨胀，政治上退步，严重右倾，丧失立场"。[4]

（2）对于尊重个人情感的方面，他也做了检讨："这是长期的个人主义没有清算的结果，是个人主义恶性发展的结果……这个个人主义的幻想破灭了，首先是创作不能搞了，'身心就要崩溃'。这是个人主义和集体主义、个人利益和党的利益发生了尖锐矛盾时所出现的一种状态。"

由此可见，郭小川已经放弃了对个人情感、个体尊严的坚守，开始向集体主义、党的权威妥协。经历这次心灵的切割之后，他已经被驯服为党的"好儿女"。也因为这样，党内对他的最后判词还是留有余地的："郭小川同志的个人主义等问题，在性质上是属于世界观的问题，而不是右倾机

---

① 郭小川：《郭小川全集》第9卷（日记，1957—1958），第177页。
② 郭小川：《郭小川全集》第12卷（外编），第28页。
③ 郭小川：《郭小川全集》第12卷（外编），第29页。
④ 郭小川：《郭小川全集》第12卷（外编），第62页。

会主义路线的问题"，①他的政治地位并没有被动摇。但是，从1959年至1976年，郭小川生命的最后十七年，他再也没写过《一》那样深邃而丰厚的叙事长诗，他从一个复杂丰厚的"心灵诗人"变成了单向度的政治抒情诗人，他"作为一个'心灵诗人'的生命，恐怕在1959年10月已被窒息"②——心灵的一半都被切割掉了，郭小川怎能成为中国的肖洛霍夫？

六 路翎之"最后的奋斗"

与杨沫的痛改前非、郭小川的心灵切割不同，当《洼》遭到批评界的炮轰时，路翎试图撰文反驳。在发表无望时，他非但没有放弃，而是将文章扩充到了四万字以求自证，终于在《文艺报》上刊登，在当时，这是极为罕见的"反批评"。但《文艺报》之所以公开发表他的"反批评"并非要营造文学批评的对话氛围，而是为即将开展的反"胡风集团"运动做准备。路翎未必没有一丝警觉，但他还是孤注一掷，完成了自己"最后的奋斗"，向自己的精神导师胡风致敬。③他的四万字长文始终在为包括家庭、亲人、爱情和生命在内的日常生活的阴性世界辩护，他说：

> 牺牲这一切——家庭、亲人、爱情以至于生命——并不等于这一切没有价值，对这一切没有感情。人们付出牺牲，正是为了保卫这一切——首先保卫和这一切血肉关联的事物：人民、集体、祖国。正因为这一切是可贵的，所以这牺牲才是崇高的。为了保卫这可贵的一切不受敌人蹂躏，为了保卫这个正是有着自己的亲人、爱情、生命在内的祖国，为了保卫这个给了人们以幸福生活和光明希望的祖国，人们

---

① 郭小川：《郭小川全集》第12卷（外编），第76页。
② 夏中义：《革命伦理与个体伦理的心史复调——论郭小川1957年三首叙事长诗及诗人命运》，《华中师范大学学报》（人文社会科学版）2010年第3期。
③ 胡风决定"上书"之前，曾满含热泪地对路翎说："我和你路翎，和阿垅、绿原、牛汉、徐放、谢韬、严望、冀汸、卢甸等结伴而行，我们也有不小心也有莽撞。我现在很感慨，像做最后的奋斗似的。但结果驳回来，说你反党，如何呢？我们走到困难的境地了，终于不能顾忌什么了。为了文艺事业的今天和明天，我们的冲击会有所牺牲。"随后，在历时四个月的时间里，胡风等完成了28万字的《关于解放以来的文艺实践情况的报告》。参见路翎《一起共患难的友人与导师——我与胡风》，《路翎批评文集》，珠海出版社，1998，第304页。

走向战场。人们的家庭和爱情，当然是属于个人的，但就其对整体的关系而言，他又是整体不可分割的一部分。人们正是因为了解到这一点，才能为整体的利益而奋斗，产生集体主义的感情。①

从这段剖白可以看出许多信息。

（1）路翎所坚持的革命的阳性世界和日常生活的阴性世界的关系，与主流意识形态背道而驰。他认为，亲情、爱情和生命才是最体己、最切身的，生命的爱感、痛感和死感等所有这些无法命名的微妙感受都弥足珍贵，我们之所以付出牺牲，走向革命，正是为了保护这些柔软的领域，而革命和祖国也因此才获得了合法性——用路翎的话说，就是祖国"给了人们以幸福生活和光明希望"。祖国伟大，只是因为它给人带来幸福和希望。所以，阴性世界是阳性世界的出发点和归宿，不是以阴性世界为旨归的"集体主义变成了虚无主义"，② 而是真正的集体主义不过是走向个人幸福的媒介。③ 革命服从于日常生活，集体服从于个人，这在革命逻辑和伦理看来，简直是大逆不道，如此异端的言论，他还当作圭臬反复宣谕，他比杨沫、郭小川要顽固，要"反动"得太多，他当然也会为他的"反动"付出深重的代价。

（2）路翎所认定的集体主义和批评家眼中的集体主义相去甚远。路翎笔下的战士，"他的命运和祖国的命运一致，他的对家乡、亲人的感情就是对祖国的感情，他从自己过去所受的苦感到朝鲜人民今天所受的苦，他在斗争的教育下产生着崇高的集体主义感情"。④ 在路翎眼中，个人主义是母

---

① 路翎：《为什么会有这样的批评？——关于对〈洼地上的"战役"〉等小说的批评》，《文艺报》1955 年第 3 期。

② 路翎：《为什么会有这样的批评？——关于对〈洼地上的"战役"〉等小说的批评》，《文艺报》1955 年第 3 期。

③ 侯金镜批评说："作者对人物的描写方法是：差不多每一个人物在完成一个艰巨的任务或是在紧张的情况下面，都做一次有关个人幸福和个人痛苦的回忆，然后这个回忆就产生了战斗的力量。"参见侯金镜《评路翎的三篇小说》，《文艺报》1954 年第 12 期。宋之的写道："他所描写的志愿军战士，在战场上起作用的，却不是这种伟大的政治感情，而是我妈、我爹、我老婆，要不就是我的绝望的爱情、我的孩子、我的家乡中某一条小河里的鱼等等。"参见宋之的《错在哪里——评路翎的小说〈洼地上的"醺役"〉》，《解放军文艺》1954 年第 8 期。

④ 路翎：《为什么会有这样的批评？——关于对〈洼地上的"战役"〉等小说的批评》，《文艺报》1955 年第 3 期。

亲与爱人，集体主义便是祖国母亲。因为切身体验的母爱是人所共有，由己及他地推广开来，集体便是祖国——与个体血肉相连的更崇高、更伟大的母亲。路翎所谓的祖国是他生于斯、长于斯、死于斯的故乡，是饱尝辛酸和蹂躏的土地，是满目疮痍需要呵护的家园，这是一种基于文化、传统、情感之上的爱国。他爱这片热土，但这和管辖这片土地的政权无关，也就是说他爱的是文化心理上的祖国母亲，而不是共产党光辉照耀下的祖国母亲。这样一来，党的领导权和指挥权在英雄身上就不再重要，党的权威和集体的崇高就被解构了。为此，侯金镜毫不客气地说："我们的爱国主义思想……是在不断克服个人意识的斗争中产生的，热爱一条小河、小河里的鱼、健壮的妻子，不一定就是爱国主义，只有把这一切和'团体的利益'发生紧密的、不可分割的联系，它们才可以发出爱国主义的光辉，才能给人以勇敢战斗，自我牺牲的力量。"①

显然，路翎的自我辩护不仅没能验明自己的革命正身，而且将自己的异端思想暴露无遗，他和他的小说的罪名也被升级为"反党反革命"，就连原先处于观望的、未置可否的作家、批评家此时也不得不表明立场，纷纷发表批判文章，例如，杨朔《与路翎谈创作》（《文艺报》1955 年 3 月 15 日），魏巍《纪律——阶级思想的试金石》（《解放军文艺》1955 年 3 月号）、《路翎写我军的目的在于瓦解我军的斗志》（《解放军文艺》1955 年 7 月号），巴金《谈〈洼地上的"战役"〉的反动性》（《人民文学》1955 年第 8 期），陈涌《认清〈洼地上的"战役"〉的反革命本质》（《中国青年》1955 年第 14 期）等，数不胜数。

事实上，1955 年《文艺报》第 1～4 期连载完《为什么会有这样的批评？——关于对〈洼地上的"战役"〉等小说的批评》之后的一个月，路翎就因胡风案被铺入狱，长达 20 年之久。这是路翎评论文章中最长的一篇，也是他入狱前发表的最后一篇，是他知其不可而为之的"最后的奋斗"，他以他的文学生涯，甚至是自己的生命承担起这样的文学理想，实有一种困兽犹斗的悲壮，给文学史留下了一抹惊心动魄的记忆。

从《洼》《一》《青》所引发的批评界一场场别开生面的关于"英雄不该是什么"的论证，以及由此而进行的再修改、再创作等文学活动可以看出，20 世纪 50 年代的批评界对英雄塑造起着至关重要的作用，他们"保证

---

①　侯金镜：《评路翎的三篇小说》，《文艺报》1954 年第 12 期。

规范的确立和实施，打击一切损害、削弱其权威地位的思想、创作和活动"。① 批评当然是重要的，但是，批评怎么能左右整个文学创作？而且，批评怎么可能只是"锄草"，批评不也可以是浇花和培土，像鲁迅所说过的那样吗？② 不过，那个时代只需要作为"锄草"的批评，需要这样的批评把否定进行到底。于是，从路翎到郭小川再到杨沫，作家愈来愈听话，个人价值愈来愈消减，人情味和儿女情愈来愈淡薄，他们的人物也就愈来愈接近英雄。经过一系列并不轻松的"锄草"运动，英雄的雏形终于在 1960 年代诞生了，他就是社会主义"新人"梁生宝，从此，中国文学进入了"新人"时代。

———————————

①　洪子诚：《中国当代文学史》，第 25 页。

②　鲁迅曾说："因为批评家的职务不但是剪除恶草，还得灌溉佳花，——佳花的苗。"参见鲁迅《并非闲话三》，《鲁迅全集》第 3 卷，第 162 页。

革命变雌雄：中国社会主义
电影的性别政治

韩 琛[*]

　　摘要：作为一项针对资本主义商业电影机器的视觉革命，中国社会主义电影中的女性被塑造为新圣女战士。这些女性形象完全祛除了色情意味，放逐了窥淫式的凝视政治，并作为革命意识形态的凝结物投射于电影银幕，但与此同时又建构起新的恋物式观看：辗转于自然/性与革命/性之间的新女性，既表征又掩盖了革命父权意识形态所造成的阉割创伤。革命新女性是中国左翼运动想象现代民族国家，形塑社会主义现代性项目，建立文化霸权的一个重要话语范畴，然而却无法抗拒自然人性论的侵蚀，而今只能作为一种暧昧的后革命记忆而存在。

　　关键词：中国社会主义电影　革命　性别政治　恋物　文化霸权

　　Abstract：As a visual revolution against capitalist cinema machine, women in Chinese socialist film were portrayed as female soldiers. New women images remove pornographic meanings of females in commercial films, expel peeping and watching, and become the projection of revolutionary ideology. Therefore a new kind of watching mode is created：the new women images reveal but at the same time conceal the castrate trauma caused by revolutionary patriarchy ideology. In the left-wing movement, construction of

---

* 　韩琛，青岛大学文学院副教授。本文为山东省社科规划项目"性别视域下的十七年电影研究"的阶段性成果。

new women images is an important narrative category to imagine a modern nation, to build socialist modern projects and to establish its cultural hegemony. However, it cannot resist the erosion of the theory of human nature and only exists as a kind of post-revolution memory.

Keywords：Chinese Socialist Film　Revolution　Gender Politics Fetishism　Cultural Hegemony

革命是现代性的极端体现。在革命过程中，"历史进程突然重新开始了，一个全新的故事，一个之前不为人所知、为人所道的故事将要展开"。① 从辛亥革命到"文化大革命"，20 世纪中国连续上演"时间开始了"的戏码，成为一个云集各种革命话语的试验场。如果说现代启蒙运动意在释放本我、解放人性，那么社会主义革命则尝试建构超我、重塑人性，以形成一种全新的革命主体。

在中国革命的"新人"叙事中，新女性的出现是一个重要的方面，没有什么比改变性别更能突出革命之空前绝后的现代内涵。中国左翼电影一直致力于塑造新女性影像，从民国时代的"新女性"到新中国"十七年"的"铁姑娘"，再发展为"文革"期间的"女闯将"，女性的自然性别意义被逐步消减，并极力突出其建构性的"人工"特征。"女性是什么"与"中国是什么"一样，总是处于一个不断自我革命的进程中，除了将自己推向极致之外，断乎没有别的选择。作为一项针对资本主义电影机器的视觉革命，中国社会主义电影中的新女性形象，被装扮成一个"超（男）人"般的新圣女战士。其在超越性别樊篱的同时，也作为一种恋物体被供奉于革命祭坛，民族、革命、乌托邦等话语，皆凝结为这个不断成长的革命女性形象的结构性内在。这些形象最终凸现了革命的唯意志论倾向："敢于为一国人民进行创制的人——可以这样说——必须自己觉得有把握可以改变人性，能够把每个自身都是一个完整而孤立的整体的个人转化为一个更大的整体的一部分，这个个人就以一定的方式从整体里获得自己的生命与存在；能够改变人的素质，使之得到加强；能够以作为全体一部分的有道德的生命来代替我们人人得之于自然界的生理上的独立的生命。"② 具体到中国社

---

① 〔美〕汉娜·阿伦特：《论革命》，陈周旺译，译林出版社，2007，第 17 页。
② 〔法〕卢梭：《社会契约论》，何兆武译，商务印书馆，2005，第 50~51 页。

会主义电影的新女性想象上来说，那就是用战天斗地的"革命/性"，去取代顺天应命的"自然/性"。

一　革命变雌雄

即使大多数拍摄都是在官方安排下进行的，安东尼奥尼的纪录片《中国》（1972）还是反映了一个较为真实的"文革"世界。无论男女，纪录片中的人们大都着军装、工装，简单、朴素得近乎天真。与此同时，人们的表情、言语与衣饰相得益彰，也是一样的单纯、质朴。虽然生活看上去极为贫困艰苦，但有一种习以为常的坚毅与乐观。"文革"电影中的人物也相去不远，《海港》（1972）里的方海珍、《龙江颂》（1972）里的江水英、《春苗》（1975）中的田春苗、《小将》（1975）中的杨波，都是衣着朴素的"女闯将"。这些革命女性影像，几乎完全去除了衣饰、容貌、体形中隐含的性别指向，构成了一个"男女大同"的影像世界。这种现实与表征、世界与影像之间彼此不能区分的极端状况，是革命中国将其意识形态实践推向极限时的状态，每个个人至少在外在形式上，都与塑造他们的革命意识形态达成了空前一致。

"文革"电影中的革命新女性，对于性别的超越是先在的，已经根本不需要一个成长的历程，这与其他时代的左翼电影区别巨大。但是，在女性克服性别区隔，最终实现革命主体身份的本质层面，左翼电影其实始终如一。20 世纪 30 年代的左翼电影的新女性形象生产尚处于初始阶段，部分女工虽然被塑造为理想主义的新女性，却是作为某种憧憬对象而存在，现实世界的女性依然是被凌辱、被损害的受压迫者。而且，电影中的新女性，像《三个摩登女性》（1933）里的电话接线员周淑贞、《新女性》（1934）中的作家韦明、《神女》（1934）里的性工作者阮嫂等，依然以其突出的女性气质而得到观众青睐。早期中国左翼电影，一方面赋予新女性以性感的外在形象，使之既是性欲能指，又是商业噱头，从而与现代都市的消费景观彼此叠合；另一方面又试图赋予女性在情感和经济上的自主性，承认她的主体身份。不过，电影中的都市新女性与工农新女性之间是彼此割裂、对立的，并不曾真正建立一种能够改变"自然/性"的"革命/性"叙事。

中国革命的成功使新的性别叙事成为可能，社会主义中国电影就此塑造了许多翻身革命的新女性形象。电影《白毛女》的叙事就极为经典。其中，"白毛女"的翻身解放，是通过恢复其"女性/妻子"身份来展示的。在电影开头，剧情就利用父亲杨白劳系的红头绳，来强化喜儿的女性性征，而待字闺中的未婚妻身份，则随着剧情展开而被进一步认定。但是，恰恰是由于这种被过度强化的女性性征——通过红头绳被放大——带来了某种阉割的风险，父亲杨白劳之死虽然在电影中被归罪于地主阶级的暴力，但实际上死亡/去势的发生，也显然与喜儿这个性征过度明显的女性密切相关。这是一个典型的"厌女症"叙事，其原型便是那些导致国破家亡的妖艳女性形象如妲己之类。被污名化的女性的反抗，则是将自己变成/被变成一个女巫——白毛仙姑，以放逐"正常"自我、背叛世俗伦理，来获得一种自由体验。女巫实际上是对于女性的性力量的臆想与放大，女性似乎总是象征着某种黑暗力量，不断威胁着男性的性/生命力。这也是为什么大量妇女乐于参与一些亚宗教巫术组织的原因，她们在其中能够感觉到自己所具有的超现实力量，并同时抗拒世俗父权制伦理对于她们的压抑。

革命的目的不仅在于颠覆一个旧世界，更重要的是建立一个新秩序。白毛仙姑的颠覆性力量对于新秩序来说，同样是一个有待驱除的威胁，她的隐秘存在，质疑并动摇着新的父权意识形态的权威。在中世纪的欧洲，对付女巫的办法是捕杀、焚烧，社会主义革命对付女巫的法宝则是思想改造，以将女性从"失常"的"歇斯底里"状态中唤醒，使之重新返回世俗世界，并接受新的政治、经济和性别秩序。在电影中，白毛仙姑在山神庙被捉住后，利用思想动员、阶级诉苦等意识形态仪式，当然还要通过将黄世仁进行肉身消灭的象征性去势，来去除了使她"着魔"的创伤记忆，让她最终恢复了自己的"正常"女性身份。从此，喜儿和大春幸福地生活在社会主义新中国。在1950年版黑白电影《白毛女》中，喜儿出场时一袭花衣、长辫垂腰，变身为白毛仙姑之后，则衣衫褴褛、白发萧萧，等到翻身解放、恢复世俗身份之后，重新换上一身花衣，长发不但变黑，而且盘作一髻，成为人妇。1950年版《白毛女》以女性性别的正常化作为阶级翻身的象征，没有进一步将女性从家庭空间中释放出来，反而以确立女性的婚姻家庭归属，重构一个核心家庭为结局。

在"文革"期间的彩色芭蕾舞剧电影《白毛女》（1970）中，喜儿易装的历史则更为戏剧化。喜儿在电影中以"红衣、绿裤、红鞋、黑发"出场，变成白毛仙姑之后，则是"白衣、白裤、白鞋、白发"，翻身解放的瞬间，则白头上立刻多了一顶红头巾，随后有人递上红衣一件，在最后场景中，喜儿恢复了电影起始场景中的装束——"红衣、绿裤、红鞋"，白发依旧，但用一块红头巾包裹，尤为重要的是，在最后一幕，喜儿手中紧握一杆钢枪，仰首阔步地向前进。《白毛女》中的易装叙事，不仅仅蕴含了"旧社会把人变成鬼，新社会把鬼变成人"的革命寓言，同时还是一个女性"性征"失去与恢复的性别寓言：革命不但需要一个翻身解放的女性样板，同样还需要驱除女性作为"黑暗大陆"所具有的"卑贱的权力"。让"白毛仙姑"返回人间，恢复其纯真的"女儿"身份，这其实还是一种驱除女性邪恶、神秘本质的意识形态仪式，红装的归来是一种再次臣服的体现。

　　将女性从女巫重新变成女儿/妻子，恢复女性的自然/性身份，只是革命改造女性的第一步。恢复红装的目的在于重整父权秩序，将"游魂野鬼式"的女性纳入其中。但是，对于女性的性身份的恢复并不是革命文艺的终极目的，在此之后，对于女儿/妻子等女性身份的超越则成为新的目标，必须将女性从家庭伦理秩序中解脱出来，并将之纳入革命的"整体/性秩序"之中。用革命"武装"取代人性红装，则成为革命电影应然的叙事法则。于是，多数电影中的女性不能仅仅以恢复其性身份而告终，而是像"文革"版《白毛女》一样，女性在被解放之后又被授予钢枪，进而被纳入革命队伍之中。两个版本的《白毛女》电影结尾的不同，反映了中国社会主义电影叙事的历史嬗变，"妇女解放"必须在"继续革命"中不断深化，如果仅仅以女性的性别自然化作为阶级翻身的象征，实际上是在重蹈历史上"一切旧革命"的传统，女性不但需要驱除自身中的妖冶/恐怖的负面特征，而且需要在革命中进一步克服自己的"自然性/别"。

　　新女性想象的经典叙事在"十七年"电影中已经成形，并在"文革"期间达到极致。《柳堡的故事》（1957）、《红色娘子军》（1961）等影片建构了一个典型的"红装变武装"的女性解放叙事，遭受屈辱的女性不但在革命中保持了贞节，而且在自经历了严酷的斗争之后，她们成长为坚定的共产主义战士。戴锦华认为："'从女奴到女战士'，便构成了另一个短暂的瞬间：她们作为自由解放的女性身份的获得者，仅仅发生在她们由'万丈深的苦井'，迈向新中国（解放区，或共产党与人民军队）温暖怀抱里，迈向晴朗的天空下的时刻。"[1] 电影《柳堡的故事》中，女主人公在结尾也以一身武装现身，并以此作为自己身份——区妇女队长的象征。所谓"武

---

①　戴锦华：《雾中风景》，北京大学出版社，1999，第 87 页。

装”，并非仅仅是武装本身，它还意味着一种新的社会身份的获得，在这个阶段的电影想象中，它其实已经成为阶级、国族、革命等身份的象征。在“十七年”电影中，经常出现以“女”字加“职业身份”为片名的电影，如《女司机》《女飞行员》《女跳水队员》等。职业身份其实是武装的历史变体，随着社会主义事业从武装斗争向社会建设的转变，建构新的职业身份成为这一时期妇女解放话语的另一个重要修辞。

在“文革”电影中，性别樊篱似乎完全消失了，但革命女性们往往会在尊崇革命领袖的瞬间，隐隐透露她们的女性气质，这其实也是一种红装附身的体现，飒爽衣衫在“红太阳”无与伦比的“雄性”光芒照耀之下，已然是武装变红装。因解放而恢复红装，因革命而变换武装，或因“雌伏”于领袖而红装（红光）罩身，都是通过包装女性身体来传达特定的意识形态效果。革命女性影像依然无法摆脱凝视的目光，但她也让这些凝视变得困惑而游移，其所凝聚的革命意识形态成为难以撕裂的铠甲，它既包裹住了那象征邪恶的肉身，又放大了女性所带来的历史阉割力，“革命/性”已然是新中国妇女之主体意识的核心内容。

二 革命与恋物

1931 年 9 月，左翼剧联在其《最近行动纲领》中提出，“为准备发动中国电影界的‘普罗机诺’运动与布尔乔亚及封建的倾向斗争，对于现阶段中国电影运动有加以批判与清算的必要”。① 不过，1930 年代的左翼电影运动并没有完成其行动目标——清算布尔乔亚电影，并创造一种无产阶级革命电影。1949 年新中国成立之后，电影领域内发生了一系列批判运动，从新中国成立初期批判《清宫秘史》（1948）、《武训传》（1950）、《我们夫妇之间》（1951）等电影开始，直至“文革”期间清算电影“毒草”，实际上是《最近行动纲领》中的批判与清算的持续发展，并进而确立了社会主义的电影观。

电影机器的革命化改造必然包含一个性别向度，即如何通过重构妇女形象来形成新的观看之道。早期中国电影是在好莱坞电影的影响下成长起

---

① 左翼剧联：《最近行动纲领》，文化部党史资料征集工作委员会编《中国左翼戏剧家联盟史料集》，中国戏剧出版社，1991，第 19 页。

来的，即便是 1930 年代的左翼电影，也不得不以好莱坞通俗剧的模式承载革命思想，有的甚至就是好莱坞电影的翻版，例如，《十字街头》之于《一夜风流》。其实，左翼政治的文艺大众化主张，就隐含着通俗化的倾向。早期左翼电影模仿好莱坞电影因此在情理之中，其中既有追求大众文艺的理想，也有对城市阶层审美趣味的尊重。在这个时期的左翼电影中，特别是在《新女性》《神女》等电影的场面调度中，风格化的女性身体被刻意展示，其"外貌被编码成强烈的视觉和色情感染力，从而能够把她们说成具有被看性的内涵"。①《神女》的批判现实主义的风格中别有隐意，神女被电影内外的男性目光所觊觎，电影调度缝合了观众的看、摄影机的看以及电影中的人物之间的看，观众的目光无法与流氓凝视女体的欲望化视线相切割。当左翼电影以好莱坞电影机制承载无产阶级革命内涵时，便形成了一种所谓"横"与"竖"的悖论：色情凝视的"竖"掩盖了暴露批判的"横"。②

因为好莱坞因素在民国时代左翼电影中的广泛存在，所以中国社会主义电影首先是一个不断清算好莱坞影响的过程，商业电影在男性/女性、观看/被看、主动/被动、窥视癖/暴露癖的二元结构中建立的观看意识形态受到否定，进而通过不断的电影创作实践与理论批判运动，中国社会主义电影最终建构了其独特的性别话语范式。可以通过对劳拉·穆尔维理论的逆写，来完成对于这一革命电影机制中的性别政治的理论概括：窥淫癖和恋物癖的本能、自我认同的渴望，依然是进行场面调度、人物造型、叙事结构的关键，但是社会主义电影显然试图让摄影机摆脱色情意味上的窥淫以及恋物般的凝视，而代之以具有特定的价值取向、阶级立场的凝视，以此来解放并改造观众的观看，使之进入理性的、辩证的、超越身体的绝对理性层面。革命新女性作为具有革命能动性的主体，在电影中或许依然作为被看的素材而存在，但是其内在的革命意识形态内涵取代了色情意味，成为观众在无意识中认同的对象。大致上，新女性在社会主义父权制电影文化中是一个"霸权费勒斯"的能指，这个类似"女阉割手"的革命化形象，无法让男性观众获得其肉身/欲望意义上的幻想和魔力，他必须通过臣服于

---

① 〔英〕劳拉·穆尔维：《视觉快感与叙事电影》，周传基译，李恒基、杨远婴编《外国电影理论文选》，三联书店，2006，第 644 页。

② 蔡楚生：《三八节中忆〈新女性〉》，《蔡楚生文集》，中国电影出版社，1988，第 470 页。

女性形象所传达的父权意识形态来回避阉割恐惧。革命意识形态并没有取消观看的快感，而是试图生产一种超越本能的看的唯物的看。在历史唯物论指导下的社会主义革命中，一切都是可改变（阉割）的，这既带来了难耐的痛苦，也带来了死亡的乐趣。在这个超现实的时代，以肉身献祭革命便是快感的源泉。

革命总是与女性解放政治相互重叠的，女性由红装换为武装，意味着对肉身的遮蔽，以及对精神的突出。1949年到1950年，东北电影制片厂出品的电影《中华儿女》（1949）、《刘胡兰》（1950）、《赵一曼》（1950）等，皆以女性革命者为主人公，女性以肉身的牺牲来获得与革命的同一性。这些电影试图离间女性与其身体的亲近性，坚毅的、非性化的革命女性是电影中最为强烈的视觉形象，而且她极端理智、自觉和不可欲求，是具有正义力量和牺牲精神的楷模，女性不再与肉身紧密地联系在一起，而是通过对肉体的扬弃——易装与牺牲，超越了关于女性的刻板印象。《中华儿女》等几部电影，奠定了新中国之女性想象的基础：新革命女性是一个脱离了肉身桎梏，并在社会主义革命和建设过程中通过牺牲而获得升华的主体。女性与其身体的分离，能够在最大程度上体现革命的力量，因为在传统的认识中，女性正是与其身体的亲近而造成了理性的匮乏，而女性通过投身革命改变了这种作为单纯的感性客体的历史状况。"文革"电影对于肉身的否定达到极限，其中的女性革命小将直接成为毛泽东思想的意识形态符号，"女闯将"的激进革命实践即是毛泽东思想的战无不胜的影像演绎。

新女性对于肉身的搁置是一种革命清教主义式的需要。在"文革"电影中，女性革命者越来越具有一个革命苦行者的典型特征，她与身体/情欲之间的联系越发稀少，且具有普遍的抗争/牺牲、施虐/受虐的倾向，并通过强烈的自我否定（肉身、情欲、个人）和受难获得了克服他人的绝对能力。不过，这种超能力的获得却依赖于革命意识形态的附身，革命新女性完全成为思想凝结物。在样板戏电影《杜鹃山》中，当群众造反陷入困境之际，忽然传来"福音"：共产党来了。可是，传说中的两个共产党员，一个被杀，一个将要被杀，群众于是要去劫法场。当听到共产党员是个女的时，群众不由得心生疑窦：一个女的？在女主人公柯湘出场之前的铺垫叙事中，有敌人驱赶群众叙述，很有意味的是，被驱赶的弱势群众的代表在镜头中只有两个人：一个白发老人，一个红衣少女，二者分别从年龄和性别层面表征了底层群众的弱势。然而，当柯湘闪亮登场之时，同样是一个女人，她却让敌人如临大敌，纷纷后退。镣铐在身的柯湘一袭白衣，目光坚毅，凌驾于敌人的目光之上。柯湘出场之前，其受伤被捕的传说，便是一种苦行的暗示，而其出场时的在身镣铐，则更显示了强烈的受虐/牺牲的倾向，白衣当然是她坚贞不屈的象征，她从来都是一个克服了肉身感觉（痛苦）的圣女战士。柯湘作为一个女性而获得的群众认同，来自她对于苦难的无限克服，而其对于性别、阶级桎梏的双重超越，使之成为中国社会主义美学的最高典范之一。

商业电影建立了一个性别不平衡的世界，"看的快感分裂为主动的/男性和被动的/女性。起决定性作用的男人的眼光把他的幻想投射到照此风格化的女人形体上"。① 而在中国社会主义电影中，女性虽然依旧承受着观众的视线，但彻底否定了男性的欲望，她作为一个革命奇观，破坏了男性窥淫/恋物的深层幻觉，女性成为一个不可控制的观看对象，最终左右了观众的视觉和想象。在"十七年"的电影中，女性从红装变为武装，从无名女性到革命战士的转变，其实就是一个驱逐情色因素，建立纯粹革命主体的过程。而"文革"电影中的女性革命主体，已经根本不需要一个规训、转化的过程，她在电影中一开始就成为叙事的引导者和视觉的控制者。还是以《杜鹃山》里的柯湘为例，在她尚未出场的第一幕中，叙事便已经围绕着她进行，而她一出场，一切便都臣服于她的目光，她始终左右着舞台空间，这是一个革命化的想象空间，她构筑了震慑性的观看，并制造出叙事的驱动力。而且，在柯湘与男性领袖雷刚产生矛盾，以及与男性叛徒温其久进行斗争的过程中，她都扮演了一个法力非凡的"女阉割手"的角色，男性领袖对于党的路线的服从以及男性叛徒最后的揭露，都来自她对于他们的错误或者罪恶的指认。男性无法通过一种恋物或窥淫机制战胜她的威胁，而只能臣服于她带来的象征性阉割。于是，电影中的两个主要男性人物，一个遏制住了自己无序的利比多冲动，一个被直接去势——肉体消灭。

在"文革"电影叙事中，革命新女性镜像发挥了一个作为绝对主体的功能，即通过对男性施加去势恐惧，来使自己成为影响电影叙事和场面调度的核心力量。② 毫无疑问，中国社会主义电影在颠覆商业电影的视觉政治

① 〔英〕劳拉·穆尔维：《视觉快感与叙事电影》，周传基译，李恒基、杨远婴编《外国电影理论文选》，第 644 页。
② 马军骧：《上海姑娘：革命女性及观看问题》，《当代电影》1990 年第 3 期。

的同时，建立了另外一种恋物式的观看方式，与资本主义的商品化恋物一样，新恋物政治的内涵也是一种"否定知识/常识，支持信念/意志的一种心理和社会结构"。其否定的常识是人们的革命目的，即建立一种世俗的幸福生活，而其支持的信念是一个通过不断革命可以塑造的由新人和新社会构成的乌托邦。中国社会主义电影的恋物结构包括借助解放叙事、革命符号、新女性形象等来实现想象的置换和伪装，但是该"造梦"过程同时也暴露了遭到否认的常识——个人对于世俗生活的无限向往以及社会中依然存在的压迫结构。作为恋物体的新女性、铁姑娘被展示得越多、越崇高，那么创伤记忆的在场就越加显著。也就是说，虽然柯湘、田春苗等革命新女性镜像具有"阉割手"一般的力量，但是无法掩饰她们作为革命、主义的象征物的表面性，其如果不与一个超时空的绝对存在——永远健康的革命领袖或者作为永恒真理的毛泽东思想——产生联系，她们就无法获得自己存在的意义。当然，处于革命与牺牲情景中的个人所呈现的施虐/受虐趋向，还是一种力比多激情的展示，但这种力比多已经被升华到了超我的层次。这些电影最大程度上放逐了男性的性窥视，使他不得不对自己的视线进行阉割，认同作为社会主义信仰之表征的革命女性镜像——她总是处于信仰/主义而不是色情/欲望的保护之下，并在相当程度上只是一个革命拜物教的性图腾。

　　劳拉·穆尔维曾经提出一个乌托邦般的电影观看之道："电影能从对既定叙事成规与男性窥淫的屈服下解放出来，能发现讲故事的新形式，并有新的观看方法的出现。"① 中国社会主义电影在相当程度上实现了劳拉·穆尔维的电影观，但又建立了一个新的恋物化凝视，作为革命物神的新女性形象，替换、遮蔽的是革命父权的威权，依然是对父权的一种仿拟，在颠覆他的同时，又承认了他的霸权性的力量，并构成了一个新的凝视/世界政体。

三　革命/性政治

　　"鉴于妇女在殖民主义关于他者的知识中所扮演的角色，我们不难发现

---

　　① 〔英〕劳拉·穆尔维：《恋物与好奇》中译本序，钟仁译，上海人民出版社，2007，第Ⅲ页。

性别问题成为中国政权成功想象现代性的中心"。① 政党政治一直将妇女解放作为自己意识形态的核心内容，以彰显自己无与伦比的现代性、革命性和先锋性。中国社会主义电影中的新女性形象具有两个方面的内涵：一方面，它反映了中国妇女解放的成就，女性在革命实践中的确形成了新的政治意志和公共身份；另一方面，它通过有效的符号运作，将新女性塑造为一个神话，使其超脱历史、欲望，成为一个纯粹的意识形态符码，并影响观众的价值立场与身份认同。中国社会主义电影在凸现女性解放之现实性的同时，也掏空了女性作为个体人的意义，取而代之的是一个君临一切的超级菲勒斯的意识形态幻象。

在追求现代性的过程中，中国社会一直存在着一种被延迟的焦虑，它作为一个想象的共同体，期望在某一天达到与西方国家对等的地位。东方/中国在西方殖民主义的视野中，一直被叙述为外在于西方的、必不可少的他者，并被贬斥为具备女性气质的她者。中国妇女被想象为中国区别于西方的重要意象，而能否解放妇女是中国能否现代化的指标。在中国社会主义电影中，新中国与新女性被作为具有内在同一性的主体来加以塑造，女性通过参与革命和劳动将自己从传统中解放出来，并站立在一个反帝、反殖民的立场上。电影《霓虹灯下的哨兵》里有一个经典的段落：上海解放的群众游行队伍里，忽然闯入了一个开汽车的美国人，他横冲直撞，似乎不可阻挡，在冲进一个女性腰鼓队之后，被一个男性解放军战士制止，并通过斗争使之屈服，美国人最后在打倒美帝的呼声中逃之夭夭。其中最有意味之处在于，帝国主义者带来的伤害是加诸女性身上的，女性游行队伍象征着一个孱弱的旧中国形象，其被冲垮则是殖民后果的显示，随着一个阳刚气质的男性解放军的出现，一切得到了逆转。之后的叙事中，工人老大哥从后面拨开两个女性身体，从两个女性中间进入斗争场域。这里有个戏剧性的性别转换叙事，好像在那一瞬间，被欺侮的女性忽然变成了一个魁伟的男性，并登上高台，居高临下地对敌人进行申斥。这个镜头其实隐含着一个从红装到武装、从女性气质到男性气质、从旧中国到新中国这样一些身份转换的潜叙事，性别身份的转换过程也是中国从殖民地变成独立自主的新民族国家的过程，并暗示了中国在一个全球不平等的权力体系中

---

① 〔美〕罗丽莎：《另类的现代性——改革开放时代中国性别化的渴望》，黄新译，江苏人民出版社，2006，第 3 页。

追求现代性时的国族身份想象，这个想象是通过性别转换的叙事模式来体现的。

在社会主义中国，其现代性叙事往往具有女性中心论特色。1948 年，中共在为取得政权做政治准备时就提出："占全部人口一半的妇女在打败敌人和建设一个新中国的革命中担任了重要的角色并成为革命不可分割的力量——妇女工作的中心任务是要组织妇女积极参加生产建设。"[①] 新中国、革命、劳动、生产与妇女紧密地联系在一起，其目的便在于生产一种新的革命主体。《中华女儿》《赵一曼》《刘胡兰》等电影是女性与中国革命和解放战争的叙事；《白毛女》与《姐姐妹妹站起来》（1951）、《刘巧儿》（1956）等电影是关于女性解放与阶级翻身的叙事；《女司机》（1951）、《女社长》（1958）、《女飞行员》（1966）等电影则是女性参与社会大生产、重塑劳动身份的叙事；而《海港》《春苗》和《小将》（1975）等"文革"电影则是女性斗私批修、继续革命的叙事。无论是革命时代的战争动员、建设时期的生产会战，还是"文革"期间的"不断革命"，女主角都在电影中被塑造为一个"翻身/造反有理"的革命主体。女性成为一个激进的革命角色的主要原因在于，其作为一个固有的男/女二元区分的性别结构中的客体他者，从被压抑状态中的解放/翻身，是一切现代革命表征其公平、正义、民主等理念的重要策略。在那幅著名的反映法国"七月革命"的油画《自由引导人民》中，持枪在前的就是一个裸露上身的女性，革命、自由首先是女性的革命与自由，女性解放是革命政权合法性的重要来源。革命是通过群众动员来实现的，也是通过塑造新的女性神话来实现的：革命新女性是社会主义中国形成和存在的标志与象征。

妇女解放还具有一个现实的社会动员的功能，其所表达的左翼革命逻辑是："无产阶级革命胜利带来了妇女的解放，而妇女走出家庭广泛参与社会生产劳动、发展生产力才能实现妇女的真正解放；妇女是宝贵的人力资源，发动妇女参与革命和生产是革命利益和妇女利益的结合点。"[②] 新政权在促进社会生产和政治运动过程中，非常重视妇女的能动性和意志力，在

---

① 《中国共产党中央委员会关于当前解放区农村妇女工作的决议》，《人民日报》1948 年 12 月 26 日。

② 杜芳琴：《中国妇女研究的历史语境：父权制、现代性与性别关系》，杜芳琴、王向贤编《妇女与社会性别研究在中国（1987—2003）》，天津人民出版社，2003，第 68 页。

中国社会主义电影中时常可以看到女性穿越性别，经过自身努力和组织鼓舞，最终成功占据通常被认为具有男性气质的职业身份。《女司机》（1951）、《妇女代表》（1954）、《女社长》（1958）、《上海姑娘》（1958）、《碧空银花》（1960）、《女飞行员》（1966）等电影，完全是妇女跻身于社会大生产的写照。更为重要的是，新女性积极地介入公共生活，这个公共生活的空间在传统中被认为是具有男性气质的空间。民国时代电影也塑造了大量进入公共空间的新女性，但是电影中的女性形象往往以自杀或杀人入狱，完成了自己坠入公共空间后的悲剧命运。而在中国社会主义电影中，进入公共空间的女性不但获得了新的社会身份，而且重塑了自己在家庭中的地位，电影《李双双》就是一个典型例证。电影一开始，男性就通过行为和语言显示了自己在家庭中的主导地位，但是随着李双双为了集体财产跟人在街头争执，情势就急转直下，男性再也无法将女性纳入自己主导的家庭层级体系之中，当丈夫气急败坏地问李双双："你凭什么管人家，你算个什么呀？"李双双犹豫一下说："我——，公社社员。"在随后的叙事中，公社社员的身份在劳动竞赛、公社事务管理的过程中被不断放大，最终压倒了女性的家庭主妇身份，成为李双双获得承认的主要因素。公社社员是一个全新的社会身份，女性借此参与公共事务的管理，并完成了自己的国家/英雄主义的主体想象。

新女性形象的生产以及女性解放叙事的传播，实际上也是主流意识形态通过向工人、农民、妇女注入阶级意识，说服他们授予新国家权威，并作为他们的代表行使权力。女性的诉苦、翻身、革命、牺牲就不仅仅是故事本身，而是一个个人同国家权力发生关系的有效话语活动，以女性为代表的庶民阶层通过一系列叙事，成功地将个人生活与新中国的社会主义现代性项目联系起来。从"人民公社运动"到"文化大革命"，无数的文字、影像都被用来强调女性/庶民的主观能动性，并应用于每一次政治运动的动员中。当然，以革命新女性为镜像来塑造群众的历史主体性的一个重要原因还在于：大众就是女人。这当然有一种以性别差异来影射并固化阶级政治的内涵，但是从新权力阶层的角度看来，情绪化的群众、易冲动的妇女、无组织的骚乱，在某种程度上具有内在的同一性。许多极权主义者迷信女性与盲目大众之间的一致性："由民众组成的群体大部分在本质上是如此女性化，以致他们的大多数行动和观点都是他们感觉印象的产物而不是深思熟虑的产物，他们的那些印象一点儿也不神秘。"①

对于群众的恐惧与蔑视往往以一种"厌女症"的形式表达出来，他们/她们本质上是如此情绪化、主观化和肉身化，既可能成就革命也可能吞噬革命，既可能带来权力也可能带走权力，民意如女性的情感世界一样，神秘而不可捉摸。因此，一方面要利用女性/大众，发现其主观能动性，一方面要控制女性/大众，防止物极必反。中国社会主义电影中的"铁姑娘""女战士"虽然具有摧毁一切的伟力，但是必须被操控在一个主导性的权威——费勒斯的势力范畴之内。"十七年"电影《红色娘子军》里的洪常青、《柳堡的故事》里的指导员，以及一切电影中的男性党代表都是这种权威的代表。"文革"电影则摒弃了这种权威的具体男性代表的存在，革命女性只需在革命紧要关头接受"毛泽东主义"的"父之名"的指示即可，但这依然是一个以父权制为核心的社会主义意识形态体系。革命新女性镜像虽然是社会主义中国妇女解放运动成果的现实体现，但同时也是普遍性客体的"盲目/无知"的大众/群众的象征，当意识形态话语将大众塑造为"历史的主人"的时候，同时暗示了其作为一个无名他者的女性本质，她的解放/翻身/革命的成功，实际上也意味着一种新的禁锢/压抑/反革命的意识形态的再次形成。

通过针对所谓自然/性别政治的强力逆写，革命意识形态成功地塑造了一个新女性神话。中国革命的反殖民主义的民族主义、反资本主义的社会主义、反自然人性论的乌托邦主义、反个人主义的集体主义等激进现代性主张，都在这个新女性神话中得到体现。在这个神话叙事中，女性被清除了其复杂的内在性，变成了一个被革命意识形态照耀得无限透明的政治符号，女性在解放的同时又被重新恋物化，变成了革命拜物教的性别图腾。而观众通过认同，从而确认自己作为社会主义中国的人民身份。这些影像形成了一个有关性别的革命神话，但是无法抗拒自然人性论的侵蚀，并在后革命中国的世俗化现代性想象的冲击下消失殆尽，如今只仅仅作为一种消费性的革命诗意/失忆而存在。

结　语

2008 年的姜文电影《太阳照常升起》中，出现了一个别样的女性易装

---

① 〔法〕塞奇·莫斯科维奇：《群氓的时代》，许烈民等译，江苏人民出版社，2003，第 144 页。

寓言：1976 年，母亲（革命新女性）忽然发现自己的欲望涌动不已，在一连串超验性的事件之后，母亲的一袭武装随波（历史）而逝。姜文电影再发现了革命清教主义氛围中的欲望景观，窥淫癖与恋物癖般的凝视即便在那个时代也肆虐如斯的，其澎湃的激情在革命/反革命、流氓/捉流氓的日常闹剧中反复上演，肉身欲望在被压抑的同时又被一次次地生产出来，不断蚕食着革命的清教精神和禁欲主义。也许，身体、欲望、力比多本来就是革命的内驱力，而肉身凡胎则是自由和解放的所指。在后革命时代，想象革命，追忆新女性，重估社会主义电影，其实都来自窥淫与恋物的冲动，当人们无法面对现实状况并想象一个新世界的时候，便只能用夹杂记忆与失忆的叙事游戏，来逃避现实困境与历史危机。中国社会主义电影建构的新女性镜像，也许真的显示了某种改变自我和世界的想象性可能，但随着革命时代的终结而堕入烟尘，并成为一堆具有讽喻意味的历史废墟。太阳照常升起，但已不是原来那个。在今天看来，"这些令人眩目的关于过去的形象，在经历失败之后的消沉暗淡的岁月里，常常会成为人们希望的源泉。这些形象是我们的父辈留给我们的诸多幻觉遗产的一部分，这些幻觉通常比事实拥有更为强大的力量：不管是梦想、理想还是传闻，总之，只要不是真实的东西——才是历史的塑造者"。① 至于革命年代的超现实主义性别奇观，亦可当此谓之。

---

① 〔法〕古斯塔夫·勒庞：《革命心理学》，佟德志、刘训练译，吉林人民出版社，2004，第 8 页。

历史的缺位与情感化的"文革"叙事

——论电影《归来》对小说《陆犯焉识》的改编

曹　莹*

摘要：电影《归来》与原著《陆犯焉识》体现两种不同的历史叙事策略和文化价值立场，小说从女性视角切入知识分子的精神成长史，在跨度长达六十年的历史维度中，描绘了一幅人性退化和社会变迁的整体图景，并将母性精神看成历史的最终救赎。电影则侧重于创伤记忆的情感治疗过程，将苦难叙事虚化，将情感泛化、空壳化、抽象化，这些都使电影丧失了原著的历史感和批判性，转而成为政治创痛的一剂情感良药。

关键词：《归来》　《陆犯焉识》　创伤记忆　"文革"

Abstract：Comparing with the original novel *The Prisoner Lu Yanshi*. The film *Coming Home* reflects different historical narration strategy and different cultural position. The novel investigates the spiritual growth of intellectuals via a female viewpoint. Spanning sixty years, it portraits the transformation of society and depravity of human nature. The author considers that the spirit of "motherhood" is the final salvation of human. The film, on the other hand, focuses on the emotional treatment to the traumatic memory, but weakens the narration of sufferings and evacuates the significance of emotion. These adaptations make the film lose the historical heaviness and the criticalness comparing to original work, and thus become an emotional

---

*　曹莹，首都师范大学文学院博士研究生。

medicine to the political trauma.

Keywords：*Coming Home*　*The Prisoner Lu Yanshi*　Traumatic Memory　The Cultural Revolution

张艺谋的电影《归来》上映以后备受媒体和评论界瞩目，其对严歌苓小说《陆犯焉识》的改编更是观众和评论家热衷讨论的话题之一。电影《归来》只演绎了小说后 30 页的内容，对于时间跨度长达半个世纪，地域贯穿美国、上海、中国大西北，情节错综复杂的历史小说《陆犯焉识》来说，电影《归来》只是其繁复漫长的历史叙事中的一个剖面，它将小说的时空高度浓缩化，将小说中纵横交错的人物关系概念化、简单化。然而，比内容上的删减更重要的，实际上是电影《归来》对小说精神内涵的叛离和价值取向的偏移，简而言之，虽然电影和小说都体现面对政治苦难和历史罪责的情感救赎，但小说中的情感叙事只能在特定的历史场景中建构并赋予意义，它一方面托起了陆焉识作为一个知识分子的个人精神历程和人格蜕变；另一方面将严歌苓一贯的女性视点融入爱情拯救的主题之中。而电影《归来》却将情感变为弥补历史创痛记忆和政治伤痕的一剂良药，以一种普泛化的爱情、亲情代替了原著中历史化的情感体验，以爱人和亲人之间的忠贞、宽恕、谅解等模式化的家庭伦理和情感伦理的重构，简化了原著对"文革"中以及"文革"后家庭关系、日常生活、社会风气等的深入刻画和反思。在此，电影《归来》致力于缝合社会灾难的伤口，而小说《陆犯焉识》则深入历史，意欲暴露人物在"文革"历史境遇中的无力感和精神困顿。如果说，电影《归来》对小说内容上的改编是源于文学与电影两种艺术形式的不同，那么电影对小说精神内核的偷换，则是深层的改编策略，而对于一部电影来说，影响这种改编方式的既有市场因素，如对大众趣味和票房收入的考虑，也有整体的社会环境和文化价值的导向。

一　知识分子身份的空壳化与叙事主题的转移

严歌苓的小说《陆犯焉识》一改作者以往以塑造女性形象为主，以女性命运为基点讲述历史的方式，转而将知识分子的人生际遇作为叙事重点，以"我"祖父陆焉识——一个高级知识分子、留美博士、大学教授的个人生活作为建构小说的主要线索。描写"文革"中知识分子遭遇的小说可谓屡见不鲜，这些小说或以知识分子思想改造和主体觉醒为主要内容，比如，张贤亮的《绿化树》《男人的一半是女人》、王蒙的《蝴蝶》等，或以描述知识分子遭受的政治迫害为重点，揭示劳改中的极端环境、非人待遇，比如，尤凤伟的《中国1957》、杨显惠的《夹边沟记事》等。《陆犯焉识》的不同之处在于，作者展现了陆焉识作为一个知识分子的精神蜕变历程：陆焉识由一个崇尚个人自由、具有独立人格和判断力的知识分子转变为一个唯唯诺诺、见风使舵、毫无信仰和原则的真正的"老囚犯"的过程。

入狱之前，陆焉识以一种单纯的方式执着于知识和学术，不肯向权力妥协、低头。在遭到大卫·韦的诬陷后，他写信分辩道："知识分子的生命在于接受知识、分析知识、传播知识，甚至怀疑知识、否定知识，在他接受和分析的时候，他不该受到是非的仲裁。知识分子还应该享有最后的自由，精神的自由……"① 由这段辩白可以清晰地看出，陆焉识作为一个知识分子有对精神自由的捍卫、对人格独立的向往；在得知自己被加刑后，他奋起反抗，质问道："出尔反尔，没人对他自己行使的法律权力制造的法律后果负责，这不成了草菅人命?"② 此时的陆焉识还没有丧失抗争的希望和是非准则。

然而二十年的牢狱生活改变了这个自尊而桀骜的陆焉识，在狱中，虽然他仍然保持着儒雅、懦弱善良的本性，但在"生存第一"的原则下，在极端政治环境的挤压下，他的性格中不免多了几分圆滑和老练，他学会了察言观色，知道怎样讨好巴结监狱里的指导员邓玉辉；他洞悉监狱里为人处世的方法，知道怎样在夹缝中求生存；他对于任何凌辱、暴力、罪恶、强权都采取退避容忍的温温吞吞的态度，对于任何身体酷刑和心理折磨都锻炼出了极强的忍耐力。昔日的陆焉识博士完全被"改造"成了监狱里的"老油条"——"老几"。在极端严酷的环境中，对妻子冯婉瑜的爱恋和思念成了他唯一的精神支柱，狱中的盲写成了他精神自救的一种方式，由向往独立人格和自由精神转变到仅仅奢望日常生活中的情爱与温暖，小说在此展现了一个知识分子的痛苦和无奈，从而构成了小说历史反思和政治批判的重要视点。

① 严歌苓：《陆犯焉识》，作家出版社，2011，第267页。
② 严歌苓：《陆犯焉识》，第293页。

与此不同的是，电影《归来》却淡化了陆焉识的知识分子身份，将陆焉识人生和精神层面的复杂历程抹除。小说中，作者对大西北的劳改监狱的描写着墨较多，监狱不仅仅联系着陆焉识的个人经历，而且作为一个封闭化的空间，构成了一个重要的隐喻，是"文革"时期中国整个社会的缩影，革命干部、下乡知青、伪军营长、国民党的警察局长、少年犯等形形色色的人物都以不同身份会聚到这个场景之中，每个人背后都有一段特殊的遭遇和故事，汇集成了一个大的历史图景。狱中酷烈的生存环境，将人性中的罪恶和美好、渺小和荒谬，以一种极端的方式呈现了出来，小说由此获得了历史的深度、广度和批判的力度。电影对于陆焉识的监狱生活基本没有直接描写，只是在念信的情节中获得了不多的侧面展现，有一封信提到"我们去了一趟戈壁，去拉沙子，碰到了一阵龙卷风，风柱直冲云天，煞是壮观"。这是影片中唯一一次讲述陆焉识的劳改生活，这里将残酷的劳改做了一次审美化的处理，摧残身心的繁重体力劳动成了一种"风景"。另一封信提道："冬闲就要过去了，我们的体力都恢复了许多，皮肤也不那么黑了。婉瑜，春天如期到来了，拉水的母马要生小马驹了……当我们看到小马驹挣扎着，站在了开满黄花的草地上，我们感觉春天真的来了。"与小说中黑暗、无望、挣扎的人物心理相比，电影里的狱中人内心满是温暖和希望，以至于这样的改编使人产生错觉，认为电影里的监狱不是监狱，而仅仅是一个远离家乡、颇富诗意的远方。除此之外，念信的情节把陆焉识对痛苦监狱生活的讲述安排在一个温馨的怀旧氛围中：陆焉识和冯婉瑜围坐在火炉前，他缓慢而平和地为妻子念信，力图唤起她的记忆。电影对小说中监狱情节的弱化处理，对小说中触目惊心的各种"苦难奇观"的删除，都使灾难叙事丧失了原有的批判力度。监狱在小说中是知识分子陆焉识身体遭受严峻考验，精神世界发生变异的场所，在电影中却成为一个仅仅生产别离和想念的遥远之地。

电影中陆焉识的右派经历没有得到具体描述，影片中既没有交代他缘何成为右派，也没有叙述他成为右派后的经历，而这些在小说中都写得较为详尽。右派在影片中仅仅是一个搭建叙事的政治符号，说明陆焉识是"文革"中受迫害的社会群体中的一员。与这种对于人物社会身份及社会经历的弱化相反的是，电影对于人物家庭身份的期待，它着力塑造了一个"丈夫陆焉识"和"父亲陆焉识"——作为丈夫的陆焉识对妻子的爱情忠贞不渝；作为父亲的陆焉识对女儿宽容慈爱，这就将影片推入了一个以亲人间的温情和宽恕缝合政治创伤的维度。小说讲述的是知识分子陆焉识的故事，而电影讲述的实际上是普通人陆焉识的故事。

二　情感主题的转移：由女性视域到家庭伦理

在严歌苓众多的历史小说中，都有一个具有浓重母性色彩的女性人物，如《第九个寡妇》中的王葡萄、《小姨多鹤》中的多鹤、《一个女人的史诗》中的田苏菲、《娘要嫁人》中的齐之芳等，这些人物构成了严歌苓的女性世界，建构独特的叙述民族现代化历史和国家记忆的女性视角。陈思和在评论小说《第九个寡妇》时指出，严歌苓的小说中存在一个"地母"形象，"她的大慈大悲的仁爱与包容一切的宽厚，永远是人性的庇护神。地母是弱者，承受着任何外力的侵犯，但她因为慈悲与宽厚，才成为天地间的真正强者，她默默地承受一切，却保护和孕育了鲜活的生命源头"。① 在此，严歌苓将这种母性中的包容、坚韧与大爱作为风云变幻的世事中唯一不变的、永恒的价值坚守，这构成了小说中的女性主体，并将其作为救赎历史苦难的精神力量。一方面，这些女性往往都具有一种蒙昧的、混沌的、前社会化的特征，她们对外在世界灌输给她们的观念和教条具有一种天然的抵抗，她们的心灵世界并不复杂，她们的价值选择出自女性的生命本能，并以强大的本能力量捍卫和爱护生命。另一方面，她们在现实社会中的地位和处境与她们的精神世界构成了一种强大的叙事张力，也就是说，她们在现实中可能是卑微的、低下的，她们的生活可能是窘迫的、艰难的，但她们的情感、内心却是强大的，无所畏惧的。

小说《陆犯焉识》中的冯婉瑜也是这样一个女性形象，她沉静内敛中隐藏的是她蓬勃的生命和爱欲，她隐忍退让的背后是对自身价值立场的坚持。小说中，陆焉识与冯婉瑜之间的爱情史与陆焉识作为一个知识分子的精神史是内在地联系在一起的。作为知识分子的陆焉识一直被政治派系之争和权力游戏左右，因困于压抑的、强权的政治文化之中，思想自由、个人自由始终无法得到实现。他渴望现代式的家庭和婚姻，将长辈"恩娘"塞给他的妻子冯婉瑜视为传统家庭的锁链，因此，他逃避婚姻，追寻情感的奇遇，刻意冷落冯婉瑜，并以这种荒诞的方式赎回自己的爱情自由，补

---

① 陈思和：《自己的书架：严歌苓的〈第几个寡妇〉》，《名作欣赏》2008 年第 3 期。

偿自己的精神自由。在此，小说揭示陆焉识渴望的个人自由以及知识分子的自我想象实际上是虚妄无力的，非但不能扭转他面对强权时的不利处境，反而给一个无辜女性带来困惑，可以说冯婉瑜婚后的压抑生存状态，大多是由于陆焉识以自由之名，将传统家庭强加给他的种种不幸转移到了她而造成的。入狱之后，境况窘困的陆焉识，反而狂热执着地爱上了冯婉瑜，此时激发他生存意志的不是自由理想，而是冯婉瑜日积月累的爱情，在此小说意在表达女性之爱才是抗拒黑暗与绝望的精神皈依。与陆焉识不同的是，冯婉瑜的内心从来没有自由这一概念，但她的行动处处体现对自身立场的坚持，她瞒着婆婆用祖母绿为丈夫换了一块欧米茄手表，爱的方式含蓄而大胆；"文革"中她顶住来自家庭内部和外界的强大压力，想尽办法保护丈夫。在二人关系中，冯婉瑜才是真正的强者，是一个内心深处"踩着解放脚"的女性。在此，小说形成了女性视点的双重反思：一方面它质疑了现代自由知识分子理想人格的合理性，反衬出这种人生价值的脆弱；另一方面它通过对外在的日常生活及内在的女性精神生活的深入肌理的描述，批判了长久以来形成的压抑和束缚女性的文化枷锁。

因此，小说以女性视角笼罩的整个爱情叙事，实际上是女性冯婉瑜对于知识分子陆焉识的一次精神救赎。而电影中的爱情讲述却侧重在他们的互动关系中重构一种家庭的、婚姻的伦理。电影中，冯婉瑜苦苦等待归来的丈夫，陆焉识则费尽心机地治疗妻子的失忆症，找回记忆是电影的中心情节。在这里，等待与追忆本身就含有一种回到过去的冲动，相较于支离破碎的现实和历史，过去在时间维度中永远保持着安全感和亲切感，象征着一种对原初美好的假设。陆焉识帮助冯婉瑜找回记忆，实际上就是要回到"文革"之前那种家庭关系和睦融洽的温馨时刻，重建在疯狂的政治运动中被冲击得面目全非的家庭和亲情。家庭伦理重构中的爱情叙事与严歌苓女性视角的爱情叙事体现了不同的旨趣，前者普遍化、抽象化，似乎可以成为疗救一切创伤记忆的方式；而后者则将女性设定为情感主体，爱情是在特定的历史情景中，在人物的特殊身份及其隐喻中才能体现其意义的。

三 传奇化的历史叙述与戏剧化的历史呈现

传奇化叙事是严歌苓历史小说的重要文体特征，严歌苓在谈到自己的创作时曾指出："刻意创造离奇，是为文学不屑的；但刻意避开离奇是另一种矫情。为故事原本的离奇元素而牺牲故事，那我只能看成作家人各有志。我们民族上个世纪磨难重重，避开离奇，所剩故事无几。化离奇为无奇，也是一种功力，是接受挑战。"① 在此，严歌苓提出离奇与故事相对，所谓故事，一般是指一种既成的叙事范式，由整体历史叙事和意识形态构建而成，通过营造审美幻觉来不断重复精神内涵大体相同的内容和情节，而离奇则与此截然相反，它有意使自己游离于大历史之外，试图以传奇的讲述来重新进入历史，发掘其中的多种可能性。传奇与故事体现历史叙事中处理个体生命经验和整体历史建构的两种不同的方式，传奇中的个人历史与大历史是互视性的，整体历史不能完全规定个体的生命轨迹。而故事则希望最大限度地激发整体历史的意义，个体的存在往往依赖于大历史的建构。故事中常见一些戏剧化的场面和情节，它们制造出激烈的矛盾冲突和饱满的感情体验，将历史的意义无限放大。而传奇则体现细节的颠覆性，就是通过对表象内部的暴露来暗中修改原有的历史意义。严歌苓所说的离奇，实际上就是要避开一些传统的叙述历史的既定模式，在一个既有的表意空间中挖掘出新意。

在此意义上，如果将电影与原著做一比较，就会发现电影《归来》的情节设置过于戏剧化，它更容易激起人们在面对苦难时的廉价的、泛滥的情感，但缺少反思历史、开掘历史的深度。影片开头用了十几分钟的时间讲述了陆焉识的越狱事件，此处无论是在场景设置上，还是在镜头语言的运用上都极尽可能地渲染情节的紧张感：故事发生在一个大雨滂沱的夜晚，地点是在幽暗逼仄的楼梯走廊中，人物的情绪也是急切而恐慌，这一切都制造了一种危险重重的紧迫与不安，将观众对于两个人见面的心理期待最大化；大桥相遇更是将两人的爱情戏推向了高潮，冯婉瑜撕心裂肺的呼喊，陆焉识无助的奔跑，狱警们暴烈凶残的追逐，都将内心情感波澜与外在矛盾冲突最大化，将两人的苦情戏码演得淋漓尽致，同时这种感情基调的确定，将一种强烈的情感张力融入了整部影片之中，从而使感动成为影片主要的观影体验。与此相比，小说中对陆焉识逃跑事件的描写则体现完全不同的倾向：陆焉识并没有和冯婉瑜见面，因为他在家门口的点心铺看到了婉瑜、丹珏、学峰祖孙三代共进晚餐的场景，这一幕是温暖、自然、平静的，使他觉得他和她们是两个世界中的人，他有什么资格去打扰她们呢？

① 严歌苓：《我们的富饶是故事》，《长篇小说选刊》2006 年第 6 期。

在此，陆焉识内心对家庭的渴望，对自己处境的深刻自卑，以及对妻儿责任感的觉醒等复杂的感情体验交织在一起。小说中冯婉瑜是否感受到了陆焉识的归来是一个未解之谜，按照后面的补叙，冯婉瑜似乎感知到了陆焉识，但她为了孩子没有与他正面接触，夫妻二人达成了一种感情上的默契。

由此可以看出，在归来这一情节中，电影追求情感的感染力和爆发力，将小说中原本平实内敛的叙事戏剧化，而小说则以细腻的笔触剖析出人物内心的矛盾。对于失忆的情节，电影和小说也做了不同处理，失忆在电影中表征了政治苦难的精神后遗症，修复历史创伤记忆的过程在此转化为个人失忆与寻回记忆的过程。而小说中失忆这种精神表象则是女性在父权社会中生存状态的表征，是长期的文化制度不断施压的结果，也正是失忆使婉瑜回到了一种女性的本真、纯净状态。小说中的失忆在叙事层面是消极的，但在精神层面使女性强大的生命本能升华为神话。在此，电影似乎有一个可以遵循的既定形式，比如，对伤痕文学传统的沿用，而严歌苓的小说则力图探索特定历史场景中人物体验的复杂性和矛盾性。

从小说《陆犯焉识》到电影《归来》，情感拯救的主题是一成不变的。从这个层面上说，无论是小说还是电影，它们的"文革"反思和历史批判都不免走入精神和文化的困境之中。小说中的情感救赎基本上是由冯婉瑜这一女性形象来完成的，对女性生命本能的想象，对本真的生存状态的还原，以及在此基础上形成的仁爱、宽容等生命伦理的呼唤，在沉重、现实、具体的民族政治苦难面前，都不过是精神世界的空中楼阁，因此小说中女性视角的历史反思显得过于虚幻和理想化。而电影中的情感拯救则是在家庭伦理重建中完成的，它实际上是历史创伤的情感弥合，虚化了情感的历史语境。但是小说在反映历史的复杂性方面确是优于电影的，其深度和广度为电影所不及。电影改编将叙事的中心完全转移到讲述陆焉识与冯婉瑜的爱情故事，讲述一个家庭在"文革"中的坎坷遭遇，只是截取了小说的一个侧面。

如果我们将电影《归来》放入张艺谋电影的"文革"影像志中考察就会发现，历史的情感化叙事在张艺谋的电影中并不是第一次出现，2010 年的电影《山楂树之恋》就是一种相同的改编套路。美籍华裔女作家艾米的小说《山楂树之恋》讲述了"文革"后期，城里的女高中生静秋在一次下乡采编教材的实践活动中，与村里的勘探队员老三相识相恋的爱情故事，这个故事看似平凡，但它在小说中体现更深的意味：小说从少女静秋的角度建构整个叙事，把静秋由于家庭出身不好，成长环境封闭而产生的那种对异性又渴望，又畏惧，又怀疑的复杂心理淋漓尽致地表露出来。虽然小说被誉为"史上最干净的爱情故事"，但在纯真的爱情下隐藏着女性隐秘而富有时代特征的性爱心理。而电影却将叙事的重心完全偏移到纯爱上面，以怀旧的、感伤的方式讲述了一个似乎发生在任何年代都可以的、去历史化的爱情悲剧，将清纯、纯真作为商业元素来经营。无论是纯真的初恋，还是坚贞的夫妻之情，都是以抽象的情感伦理代替政治反思，以模式化的叙事将历史平面化，这是张艺谋影片近几年来"文革"叙事的主要策略。

1994年，张艺谋遭遇禁播的电影《活着》可以看作他讲述"文革"故事的另一种模式，虽然影片的叙事没有摆脱教科书式历史的弊病：将历史简化为一连串的大事记，将个人命运的沉浮和人生悲喜完全放置于历史阴云之下。但电影对"文革"的讲述深刻揭露了小人物，或者说平民百姓，在当时那种无可抗拒而又变幻莫测的政治运动中身不由己的悲惨命运。普通人面对强权几乎完全丧失了个体的主体性，他们的生存逐渐蜕变成了一种无奈的、悲哀的、生物性活着，变成了劫后余生。电影运用了极具荒诞和讽刺意味的手法和情节反映"文革"政治的荒谬性和残酷性。凤霞因难产大出血，她的丈夫工人造反派头目二喜将医生从牛棚拉了出来，但这位大夫因饥饿过度被七个救命馒头噎得不省人事，这直接导致了凤霞的死亡。在此，叙事将政治苦难的悲剧性以富有震撼力的情节——死亡——直接推入人们的视野之中，从而产生了一种直面历史的观影体验。

然而时至今日，张艺谋影片中的"文革"讲述却不再能够创造历史感，无论是《山楂树之恋》中的爱情故事，还是《归来》中对温馨家庭和夫妻之情的重建，都淡化了甚至是悬置了政治苦难的表述。电影《归来》的结尾颇具意味，陆焉识拿着饭勺去找曾经对冯婉瑜犯下罪行的方师傅，但最终毫无结果，一无所获，一个在电影中似乎应该承担罪责的人消失得无影无踪；苍老的冯婉瑜一直坚持每个月去车站接那个她想象中的丈夫，等待他的归来，而他注定永远不可能归来。电影在结尾以一种隐喻的方式将历史意义悬置了起来，个体修复创伤的行为也因脱离历史情境而变得不可实现。

莫言在谈张艺谋的电影改编时说："张艺谋作为全世界著名的一个大导演，现在拍电影陷入一个困境。他拍每一部电影，都会成为媒体追逐的热点。但是他首先考虑的是，电影拍出来能不能通过检查。假如不能通过，他宁可牺牲电影里很有艺术价值但可能会引起争议的情节，拍些四平八稳确保通过的东西。他拍反映现实的作品，已经到了没有什么希望的地步，因为他考虑的太多。如果他想向广大观众如实地展示现实的风貌，确实要承担一定的风险，作品有被'枪毙'之可能。当然，张艺谋这样的导演，不愿意他的任何作品被'毙'。"① 可见，张艺谋电影对于"文革"历史的简单化处理，主要是受到审查制度的影响，是规避审查风险的需要。同时，电影的票房和观众也是促成这种改编的重要原因，直接的、简单的情感经营往往更容易被大众接受和理解，而历史的复杂内涵本身会产生一定的接受阻力。但无论是电影审查制度，还是观众的趣味，都是中国长期以来社会政治、文化不断影响的结果。因此，电影对于改编方式的选择间接地反映政治文化的价值取向。

---

① 莫言：《小说创作与影视表现》，《文史哲》2004 年第 2 期。

建构创伤与抵抗遗忘

——评青春文学《流放七月》中的灾难书写

朱　楠[*]

摘要：《流放七月》突破了以往青春文学的小我情怀，将目光投向了对于新中国成立初期文坛整肃运动的书写与反思——从当下生活入手，建立起历史与今天的联系，指出虽然灾难已经结束，但是如不加清洗的伤口，灾难依然会在代际继续传递。作为非亲历的能动者，创伤言说者质疑了祖辈将社会灾难建构为个人苦难的做法，并重新界定了创伤的性质，积极承担起人性修复的责任。尽管如此，非亲历者的灾难想象中仍然存在着一些不容忽视的限制。

关键词：青春文学　灾难书写　文化创伤　《流放七月》

Abstract：Unlike the emphasis on individual experience in previous youth literature, *Liu Fang Qi Yue* focuses on writing and rethinking the literary and political movements in the early years of New China. The novel starts from people's mental state in the present, and then links the history and today. Though the disaster has passed, the trauma will pass from generation to generation. The trauma narrators question their grandfathers to treat the social trauma as individual suffering, redefine the nature of the trauma, and undertake the responsibility to repair humanity. However, as a person who did not personally experience the disaster, the narrator's imagination is limited.

---

* 朱楠，首都师范大学文学院博士研究生。

Keywords：Youth Literature   The Writings of Disaster   Cultural Trauma *Liu Fang Qi Yue*

面对 20 世纪曾经发生在中国大地上的社会灾难，我们的民族总是显得过于健忘，难怪冯骥才先生在《一百个人的十年》中发出这样的感叹："'文革'不过十年，已经很少再见提及。那些曾经笼罩人人脸上的阴影如今在哪里？也许由于上千年封建政治的高压，小百姓习惯用抹掉记忆的方式对付苦难。"① 在对 50 篇"文革"小说进行阅读分析之后，许子东也得出了相似的结论，从伤痕文学、反思文学，再到先锋文学、寻根文学，集体记忆对于"文革"小说的精心编码，共同指向只有一个，那便是遗忘。对于持续十年之久、席卷社会各个阶层的"文革"浩劫尚且如此，遑论仅仅波及知识分子群体的反右运动，以及更早的文坛整肃运动，震荡的往事早已成为历史锦缎背后不愿再被提及的异质元素，粉饰与回避成为大多数文学书写者们最聪明的选择。也许正是在这样的文化环境之中，《流放七月》② 的出现，才会给拒绝遗忘历史的人们带来一丝惊喜与宽慰。

同《夹边沟记事》《血色黄昏》等直接描写社会灾难的作品相比，《流放七月》中并没用太多的直笔去正面刻画灾难环境中的极端情境，而是用寻找与追忆的笔法，将那些充满灾难伤痛的历史事件作为今日故事的源头与背景，在小说中以书中书、信件、日记等方式有节制地冲淡后铺展开来，但这并没有降低小说反思历史的意义与价值。《流放七月》的可贵之处在于，它以一个"90 后"作家的拒绝遗忘的姿态，主动去探寻尘封已久的、以新中国成立初期胡风案为开端及至反右、"文革"等灾难过往中普通人的命运遭际，将那段对于后来者而言几乎为空白的历史付诸笔端，勾勒于世人眼前——独立人格的扭曲、精神理想的幻灭、友情的背叛与亲人的失散……当然，作品并没有止步于对历史事件与历史人物的单纯回顾或怀念，而是通过自觉的反思，大胆地质疑了祖辈将社会灾难陈述为自己个人苦难

---

① 冯骥才：《一百个人的十年》，江苏文艺出版社，1995，第 3 页。
② 《流放七月》，作者冬筱，上海最世文化发展有限公司签约作者（郭敬明为该公司董事长兼总裁），该小说最初于 2012 年 10 月至 2013 年 6 月连载于青春文学阵地《最小说》杂志，2013 年 7 月在郭敬明团队的运作下由长江文艺出版社出版。

的做法，并提出历史灾难造成的伤害是一种仍在延续的创伤，不仅是灾难的直接受害者，还包括那些间接受难者，甚至是从未亲身遭逢灾难的人们，都一直活在那个久久无法愈合的伤口之上。对于特殊题材的选择与思考，使得《流放七月》一经出版便得到张抗抗、白烨等知名作家和批评家的联合推荐，被视为青春文学的裂变——从唧唧呻吟的小我向更为开阔深广的公共情怀转变——之作，更为重要的是，这部小说"向作者的同代人发出了一声无法回避的警示：在这个'娱乐至死'的物质社会，那些正在被迅速遗忘，甚至从来就没有被输入过年轻人记忆库的历史往事，真的与我们（你们）当下的生活无关么？"①

一　源自于历史深处的成长孤独与未曾完结的历史

为了在历史与当下之间建立起一座互相连通的桥梁，小说采取了一种较为特殊的叙事模式，即以多个叙述视角的交叉转换，辅以书中书（如莱易的小说、佩蒙的小说、里欧的回忆录等）、书信、日记等形式，让小说中的每一个人物都能够敞开心扉发出自己的声音，诉说自己的故事。如此一来，那些记忆流放的往事，便在小说中的行动者的质疑与探寻之下，通过不同角色的追忆与讲述，抽丝剥茧般地呈现在读者眼前。

尽管小说的主体部分是在讲述一个有关成长孤独的今天故事，但在各部分文本的互文与补充中，小说则以一种自觉且强烈的意识，赋予这个孤独以历史根源——每一个人都从自己的父辈或祖辈那里走来，都是历史的产物，虽然曾经的风云变幻早已远去，但是历史留下的痕迹深深烙印在每一个人的行为、选择与悲喜之中。在《流放七月》的开篇，主人公莱易便在日记中倾诉了自己孤独的童年：

> 家里只有爷爷，他从来不问我去了哪里……吃饭的时候我们也都是沉默的，爷爷最多会在往我饭碗里夹菜的同时咕哝一句"把菜吃完"……
>
> 我开始和孤独难以分离。小学六年的每一个黄昏，我几乎都是在

---

① 张抗抗：《选择遗忘，还是选择回顾》，《读书》2013 年第 11 期。

铁轨度过的，我的穿着、我的皮包、火车的样子、火车对我说的话……①

从表面上看，与许多青春文学作品相似，主人公莱易的孤独感是来自成长过程中沟通的匮乏——爷爷的沉默、父母的缺席、个性的内敛。然而这部小说的张力在于，故事的另一条线索为读者勾连起了里欧与佩蒙这两位七月派成员在半个世纪前一场政治运动中的遭际沉浮。随着这条线索的推进，人们能够发现，莱易的孤独是另一场孤独的延续，而孤独的根源来自一场灾难对亲情的摧毁。莱易的爷爷里欧在回忆录中写下了这样的文字：

> 一九七九年，他（指塞缪，笔者注）回城，一九八〇年，我平反。……我们偶尔交谈，却无法推心置腹，彼此之间从未建立起深刻的理解。那种期望和解、小心翼翼的努力被灾难开始之前残存的，以及之后缺失的记忆牢牢束缚，谁都无法再接近一步。空荡荡的家里，我们以一种擦肩的方式共存，却连吃饭都很少在一起。创伤不仅在我们的皮肤上留下伤痕，更注入了我们的骨髓。（第 53 页）

塞缪四岁时，父亲里欧因受荒谷案（即胡风案）的牵连，被政府以"反革命集团骨干分子"的罪名逮捕入狱，从此之后的二十余年中，父亲的形象在塞缪的成长中几乎是彻底缺失的。之所以加上"几乎"二字，是因为对于塞缪来说，父亲虽然是缺席的，但父亲的名字还是会偶尔闯进塞缪的童年生活，只是与之相伴而至的是周遭人对"罪犯家属"的歧视与鄙弃，以及母亲一人拉扯四个子女的艰辛与无助。父亲之名的每次显现，都会给塞缪带来更加刻骨的疼痛。起初，年幼的塞缪常常疑惑慈爱的父亲为何会成为一个坏人，然而随着年龄的增长，随着生活苦难的不断加深，这份疑惑被塞缪搁置了起来，他放弃了理解父亲的可能，通过回避来暂时遗忘父亲/历史所带来的苦难。回城之后的塞缪仍然无法面对满目疮痍的家族历史，更无法修复与父亲里欧的关系，最终选择出走，将年幼无依的儿子莱易抛下，从此莱易则在与爷爷的相依为命中，继续延续着父亲童年时所感受的孤苦。小说将这种孤独阐述为了一种历史的重复——"它居然能够给

---

① 冬筱：《流放七月》，长江文艺出版社，2013，第 11 页。以下引文随文标注页码。

一个家庭留下如此准确无误的痕迹——就像一个印章，先是狠狠盖在了我和塞缪的历史中，接着更用力地摁在了塞缪和莱易的身上"（第53页）。儿子的经历与父亲的创伤相互重叠，由此父与子的创伤故事便结合在了一起，看似已经结束的苦难却又在新的场景中不断闪现，也正是从这一视角出发，精神分析学者发现了历史精神创伤在代际延续的线索。不难想象，如果无法修复与父辈的关系，莱易的后代将依然生活在父辈创伤所留下的阴霾之中，并且随着光阴的流逝，对于最初那个古老腐烂的创口的清理将会变得愈加困难。因为每一个今天都是过去的延续，每一个今天也都会成为未来无法抛弃的过去，"因故缺席"的历史如同"因故缺席"的父亲一般，将会像幽灵一样与未来纠缠不清，既无法讲和也无法剔除。

事实上，塞缪的毅然出走，并没有为他自己找到新的出路，漂泊异国的塞缪在体验着认同危机的同时也饱尝着生活的艰辛，虽然逃脱了父亲/历史的阴影，却再也找寻不到可以皈依的精神家园。正如作者借主人公莱易之口说出的，"他（塞缪）把他的过去（父亲）和未来（我，L）纷纷推下地狱，他自己也必然无法逃脱"（第57页）。如果将塞缪的出走看作一个与历史决裂的隐喻，那么小说则在告诉读者，放弃过去就等于放弃未来，同样的，作为过去与未来中介的今天也将无法摆脱身陷地狱的命运，任何一种在今天不加清理、不加反思的断然抛弃昨天历史的做法，都是极不明智的选择，那样做的结果只会造成未来更加惨痛的创伤。问题的出路在于，唯有串联起了昨天与今天的断裂，寻求与历史当事人的和解，创伤的修复才能够成为可能。

虽然小说没有用太多篇幅去直接描写灾难场景，虽然故事开始时那场灾难早已在时间洪流中成为过去，但是以"荒谷案"为开端的包括反右、"文革"在内的社会灾难所造成的创伤，依然如幽灵般纠缠在每个人的生命之中，这些创伤使得小说中的每一个人物都在一定程度上存在某种残缺：佩蒙背负着告密者的心理重负与妻儿惨死的痛苦潦倒一世，既没有勇气请求老友的宽恕，也无法获得自己内心的安宁；里欧含冤入狱，累及妻儿饱受苦难，25年后重获自由，却再也回不到曾经宁静温馨的家庭；塞缪虽然从插队的贫瘠边疆回到故乡，却无法消除与父亲间的隔阂，无奈地选择了出走逃避；父亲出走时留下的唯一物品钱包成了莱易童年的救命稻草（只因钱包上留有父亲的味道），也诱发了莱易病态的嗜好——偷窃路人的钱包以填补内心的空缺。通过对这些残缺的个体生命的强调，小说力图说明的是，在灾难过后，社会的动乱也许可以在表面上迅速平息，但这些缺失给个体带来的伤害不会因为政策上的平反而得以修复，每个人都不得不抱残守缺，和那个不完整的自己相依相守，即使厌恶嫌弃也无处遁逃。更加可怕的是，不仅个体逃避式的创伤修复是无望的，而且这种创伤会如同病毒一样渗入每个人的血液之中，传递给自己的后代。

在"90 后"作家冬筱的笔下，发生在极左时期的"荒谷案"不再是一个与"我"无关的别人的、过去的事情，它被书写成了与当下、与未来紧密相连的未曾完结的历史，在这场持续了二十余年的灾难中，不仅直接遭受牢狱之灾的"我"的祖辈以及自幼便饱受"政治贱民"身份歧视并在"文革"中度过了蹉跎岁月的"我"的父辈是灾难的受害者，而且就连那个出生在新时期里的"我"，也依然在承受着灾难留下的余痛，"觉得自己一直活在那久久无法愈合的伤口上"（第 217 页）。过去的历史无法被一个光滑圆满的新时期的句号永久封存，那些残存的、逃逸在控制闸门之外的记忆碎片，仍然会在某个不经意的时候划破看似平静的夜空。

二　非亲历的能动者与文化创伤的言说

耶鲁大学社会学教授亚历山大在《迈向文化创伤理论》一文中指出，文化创伤并不是自然而然的存在，它是社会构建的产物，在文化创伤的构建过程中，创伤的承载群体与创伤的言说是其中的重要方面。[①] 根据亚历山大的观点，承载群体是创伤过程的能动者，他们具有在公共领域里诉说的特殊天赋，承载群体既可能是社会中的精英，也可能是遭到贬抑和边缘化的阶层。[②] 文化创伤的能动者与灾难亲历者，在身份上并没有直接的联系，能动者可以是灾难的直接受害者，也可以不是灾难的直接受害者。如果说对于灾难记忆的讲述与传承对整个共同体具有道德教育作用的话，那就意味着，创伤的建构不仅仅对它的亲历者/直接受害者具有重要的意义，而且对于那些没有亲历过灾难的后来者来说，同样具有重要的意义。后来者与

---

① 〔美〕杰弗里·C. 亚历山大：《迈向文化创伤理论》，王志弘译，《文化研究》第 11 辑，社会科学文献出版社，2011，第 11 ~ 36 页。
② 〔美〕杰弗里·C. 亚历山大：《迈向文化创伤理论》，王志弘译，《文化研究》第 11 辑，第 21 页。

先辈承继着同样的历史，并且面对着共同的未来，担负着修复人性与道德的职责。这种公共职责是共同体中的每一个成员都须承担的重任，后来者并不能以对历史事件的无知作为推卸责任的借口，特别是当亲历者受制于文化因素或者生理状况而放弃或失去讲述能力的时候，后来者的参与将成为文化创伤建构过程中至关重要的环节。正如徐贲所说："在灾难记忆建构中，能动者不需要一定有直接经验。随着直接当事人和受害者的年老逝去，能动者必然会越来越多地倚重后代的关心者。"①

就本文讨论的范围而言，《流放七月》主人公莱易与其作者冬筱便是这样的能动者，从某种意义上来说，莱易的形象就是作者在故事中的折射。面对一场已经发生的创伤事件，他们积极找寻真相，勇敢而执着地追问一个个被遮蔽的过往——里欧和佩蒙到底因为什么而决裂？重获自由之后他们为何没法修补伤痕？1955 年对于他们意味着什么？是天灾还是人祸？庐馨之死是怎么造成的……在疑惑解开之后，作者凭借着个人文学素养将这个已经发生的历史事件以小说的形式叙述出来，呈现在公共领域。在时间的洪荒与记忆的脆弱之间，冬筱的小说便构筑起了一个特殊的世界，它既"保护我们以对抗存在的被遗忘"（第 363 页），同时也为我们提供了一个可供反身思考的空间。

在创伤的言说与再现过程中，首先涉及的问题便是痛苦性质的界定，不同的界定方式能够折射出言说主体在立场、价值取向等方面的差异。较之祖辈而言，莱易与冬筱的言说赋予这个创伤事件以新的意义，他们质疑了祖辈将"荒谷案"界定为自己的苦难并"向历史讨还旧账"的做法，强调关注苦难留下的后遗症，强调"荒谷案"及其余震所造成的几代人的心灵伤痕，因此作者在后记中写道："我要去面对的不是荒谷，不是荒谷案，而是那个时代在 50 年后依然清晰可见的创伤——我们这代人理应了解历史究竟是什么，有何意义，并且反思这个国家的过去，用我们自己的视角回望长辈的人生，担起一点点失落的责任。"（第 357 页）祖孙两代面对同一事件给出了迥然相异的阐释，而这两种态度的根本区别在于，如果把"荒谷案"造成的创伤界定为自己的苦难，那就意味着这个创伤是个人化的，它并不波及直接受害者以外的其他人，遭受创伤的个体可以根据自己的意愿选择放弃疗治，放弃救赎，这其中并不存在对他人的责任。但是，如果

---

① 徐贲：《在傻子和英雄之间：群众社会的两张面孔》，花城出版社，2010，第 333 页。

将创伤建构成为一个持续几代人的未完结事件，那么任何一个灾难的亲身历者/受害者都没有轻言放弃救赎的权力，因为这其中所涉及的不再是一个个体选择的问题，而是变成了一个集体责任承担的问题，只要属于共同体中的一员，就必须去承担起属于每个人的具体责任，否则就是逃避。

毫无疑问，对于祖辈里欧们来说，他们清算的是历史亏欠自己的旧账，而他们看似充满抵抗意味的"向历史讨还旧账"的行为，只能是一种失败的个人情绪化的控诉，在遍寻青春无果之后便不得不得出"掰不赢历史手腕"的无奈结论，最终以"再不相信救赎"的虚无态度将自己与历史记忆隔离开来。他们追讨的只是个体逝去的 25 年青春光阴，而不是指向灾后重建与未来防范等更深层次的思考。由此，将社会灾难建构为自己的苦难的话语方式，便如同无怨无悔式的宣言一样，实际上都是对自身责任的推诿逃避。

更为难能可贵的是，小说中没有主流灾难叙事中常见的廉价的大团圆，作品以近乎执拗的方式强调每一个个体的伤痛与残缺，强调现实意义上的灾难虽然结束，但是每个人都无法回到灾难发生前的状态，"回不到过去"是每一个人必须面对的残酷现实。在揭示了伤口又堵死了逃逸之路后，小说指出了一条区别于"重新回到过去"的救赎之路——道歉，为自己过去的行为向那些有意或无意伤害到的亲人与朋友道歉——无论当初的罪行是出于主动还是被迫，然后背负起历史的伤口，继续前行。在小说里，能动者行动的公共价值被进一步推进，莱易不仅仅对文化创伤进行了宣称与言说，而且积极促成佩蒙与里欧承担起应负的责任，向受害的老友真诚忏悔，成为灾后人际关系修复过程中的积极干预者。当然，修复与重建之路并非一劳永逸，而是一个不断反思、不断根据具体情境进行修改的动态过程，这一过程拒绝廉价的圆满，也拒绝单一永恒的目标。

另外，能够且愿意进行创伤言说的"90 后"能动者的出现，意味着在那些曾经对反右、"文革"等历史漠不关心的青年群体中正在出现一些令人欣喜的变化——他们开始自觉地探寻、思考与书写，在选择记忆与抵挡遗忘中进行着努力。事实上，对于不了解历史的后来者而言，拥有或者被赋予找寻历史真相的冲动和勇气，就意味着他们向着责任的承担迈出了最为重要的第一步。

对比德国的经验，在纳粹大屠杀结束之后，如何解释过去以重新建构健康的身份认同，德国先后历经了三代人，三代人对大屠杀分别给予不同的阐释：第一代德国人将大屠杀从德国民族传统中剔除，认为大屠杀与德国的传统无关；第二代人则通过彻底否定大屠杀，将自己身上的责任撇清；第三代人则是对大屠杀采取了历史化的态度，不再认为历史与我无关，而是认为受害、受益与旁观者，都是历史经验不可分割的组成部分，也只有找到创伤形成的原因，才能够彻底治愈。① 对我们民族而言，在历经了1970年代末到 1980 年代初以伤痕文学为代表的情感控诉与 1990 年代以来大众文化对于历史的娱乐与戏说这两个阶段之后，反思与再现 20 世纪中国社会灾难的重任，就恰好将落到灾难后的第三代继承者身上了，《流放七月》于此时的出现为人们带来了一丝希望，或许正如作者冬筱在后记中所写的："当年轻人尝试着去弥补历史的裂隙，成为缝合者时，一些希望也就依稀而至了。"（第 357 页）

三　非亲历者的想象局限

《流放七月》这部作品的诞生，不仅标志着社会灾难的书写与阅读在向着更为年轻的作者与读者群体扩展，也意味着更多的年轻人开始或者将会关注到 20 世纪曾经发生在中国大地上的社会灾难，这的确是一个令人欣喜的现象。然而，我们并不能够因此而盲目乐观，因为对于大多数的非亲历者来说，仍然有许多藩篱在限制着他们的想象与言说。

就中国范围而言，20 世纪社会灾难的非亲历的言说者，主要是指那些出生在改革开放之后的"80 后""90 后"作家，由于缺乏对社会灾难亲身的体验，他们的经验获取大多依赖于公共生活和家庭生活所提供的记忆材料。然而，一方面，在"80 后""90 后"成长的环境中，能够对社会灾难进行公开严肃讨论的公共空间已经逐渐萎缩甚至消失，非亲历者只能从被净化过的历史资料与娱乐化的大众传媒中捕捉到一些信息碎片来建构起自己的灾难想象。另一方面，在通过公共生活获取灾难信息受到阻碍时，家庭成员中亲历者的口述则成为他们了解社会灾难的重要来源，如《流放七月》的作者冬筱的祖父就是七月派成员之一，也正是因为那些记忆与书写者有着密切的伦理关联，才能够诱发作者对这一历史的探究与追溯。但是，

---

① 〔德〕耶尔恩·吕森：《纳粹大屠杀：代际回忆的三种形式》，哈拉尔德·韦尔策编《社会记忆》，季斌等译，北京大学出版社，2007，第 179～194 页。

这种来自家族亲历者的讲述仍然属于阿斯曼所说的"交往记忆"，它与日常交往一样存在着口头性、不稳定性、短暂性等诸多局限，随着家族中灾难亲历者的逝去与时间的推移，非亲历者灾难想象的经验来源面临着巨大危机。

更为艰难的问题是，亲历者的讲述往往是具有选择性的，很多时候人们并没有直面自己丑陋过去的勇气，出于自身利益的考虑，亲历者的记忆也会出现不同的偏差，甚至是漏洞百出、相互龃龉。在乔叶的《认罪书》中，主人公金金作为一个出生在 1980 年代的非亲历者，在对大量"文革"亲历者进行采访后发现，"他们的记忆没有多么精确，即便亲历者也往往会记得颠三倒四。对于历史，尤其是让他们不快的历史，他们很容易糊涂"。①

经验的匮乏不可避免地给想象性书写带来困难，对这一问题，《流放七月》的作者也深有体会，"小说的致命伤，在经验极度缺失的情况下追忆历史、书写人物，从而使某些段落产生了无可挽回的、巨大的苍白感和不实感"（第 362 页）。同样的问题也存在于其他非亲历者的灾难书写中，如乔叶的《认罪书》通过一系列不同立场、不同视角的人物对"文革"的回忆与讲述，在呈现一个多元化的"文革"记忆的同时，也流露了过多的人工斧凿痕迹，使得故事的讲述沦为"文革"史料的拼贴；徐则臣的《苍生》选取灾难中的某些特殊片段作为描写对象，将"文革"景象缩略为儿童闹剧式的游街批斗，虽在一定程度上揭示了人性之恶，却也在儿童视角的恐惧与好奇中变得暧昧含混甚至颇含诗意。与书写的困难相对应，当经验的匮乏达到一定程度时，还会造成读者在阅读时对于社会灾难指认与辨识的困难，可以毫不夸张地说，甚至会有读者将真实的社会灾难当作小说中虚构的荒诞故事来看。

非亲历者的价值判断也会影响其对于社会灾难的想象。一些特定历史的书写，不仅需要作者掌握大量的史实资料，还需要作者具有强烈的社会责任感与正确的价值判断。历史观、教育背景、宗教信仰的差异可能使非亲历者在具体的想象方式与书写策略上有所区别，但是他们的价值判断应该遵守着共同的底线，即正义的价值观。也只有在正义价值观的指导之下，文化创伤与受侵害者才能够抵挡住时间的侵袭而被长久记忆，因为在那些秉持正义立场的灾难想象者看来，不仅仅是施暴与旁观意味着对受害者犯

---

① 乔叶：《认罪书》，北京十月文艺出版社，2013，第 3 页。

下罪行，遗忘与漠视灾难同样是在犯下罪行。徐贲指出，灾难记忆的正义观念"不仅是理性的，而且也是动情的，因为除了理性判断，正义观还表现为'情不自禁'的感动和同情"。[①] 事实上，正是出于这种情不自禁的感动和同情，非亲历者才能被灾难受害者的故事打动，才能够以一种带入式的、与己相关的立场走进受害者的世界。

---

①　徐贲：《在傻子和英雄之间：群众社会的两张面孔》，第 317 页。

《繁花》"文革"叙事与都市
叙事中的微观政治

张蕴艳*

　　摘要：金宇澄的《繁花》以吴方言改良的艺术实验重新书写了上海这座都市的"文革"记忆，在"文革"与20世纪90年代的交错时空中，以民间视角对都市失败者群体的日常生活微观政治做了还原式的叙述与分析，从而既为都市研究增加了一份"革命"的文化政治经验，又为"文革"记忆的保存提供了一份独特的都市版本的叙事。

　　关键词：都市记忆　日常生活　微观政治　政治寂静主义

　　Abstract：Jin Yucheng's novel *Fan Hua* is written in Shanghai dialect. In this novel he rewrites the memory about the Cultural Revolution in Shanghai. Interweaving of time and space from 1960s to 1990s, Jin describes the daily life of a group of losers in the city of Shanghai. This novel offers the political experiences of the Cultural Revolution for urban studies. It also provides the testimonies about the city for saving the memory of Cultural Revolution.

　　Keywords：Urban Memory　Daily Life　Micro-politics　Political Quietism

---

* 张蕴艳，上海交通大学人文学院讲师。

引　言

城市对于金宇澄而言，"永远是迷人的"，是"一个复杂的好情人"，这个凝聚他半生情欲的对象俨然是"开遍野花的土地与山川"。以乡村中国的自然意象与农民情怀的土地语词修葺他的城，表明金宇澄一定程度上是无奈的，与其他表现中国现当代城市变迁的作家、艺术家一样，他也很难从城市与乡村构筑的漫长的记忆之网中抽身而出，难怪他感叹，"想一想城市的根脉，包含个人、家族的感情与历史，上一代，亲戚朋友的气味，几乎蛛网一样，布满某个街区，某块空气与灰尘之中"。① 这种普遍的历史境遇也构成探讨他们的作品与中国当代都市价值、历史根脉与未来走向的共同基础。

但《繁花》也有充分的个性表现，将自身与其他描写中国都市的作品区分开来。从表层上看，一是它改良吴方言的语言开拓。从《海上花列传》中的苏白到《繁花》中的沪语对白，他在对传统话本小说的模仿与再造中，生动有力地展示了在宏大的多民族语言河流中微小族群言语细流的生命力。事实上，作者在文学言语实践方面的这一抗拒同一化的努力，是其作品刚一问世即广受欢迎的原因之一。二是它通过作者与读者共同参与的网络互动写作，非自觉地达到了一种"去作者中心"与"去文本中心"的艺术民主化的目的。作者自陈，写作缘起是他在上海"弄堂网"论坛注册 ID，在网友敦促下连续 6 个月里每天更新内容，直至写成长篇。这一在审美交往与网络互动中让文本向读者敞开的写作，不妨视为一种大众通过写作实践来对公民身份的模拟，虽然这可能是一种不充分的、碎片式的模拟，并且事实上从大众向公民的身份转变也远未开始，但这种模拟及其行为本身就构成了当代都市文学审美实践与文化实践一个场景，它给我们提供了一种在大众审美领域开启公民身份转变的可能与想象，这种网络互动写作并非始于金宇澄，但不妨以金宇澄为典型来加以考察。

从深层意义来看，《繁花》都市书写的独特性，一是它将民间视角对日常生活的还原式叙述置于"文革"与 20 世纪 90 年代的上海这一交错时空

---

① 金宇澄、朱小如：《金宇澄推出〈繁花〉：我想做一个位置很低的说书人》，《文学报》2012年 11 月 9 日。

中，"文革"叙事强化了都市小说的政治维度，从而既为都市书写增加了一份"革命"的文化政治经验，又为"文革"记忆的保存提供了一份独特的都市版本的叙事。金宇澄说过，《繁花》中 20 世纪 60 年代发生的上海故事，虽非他亲见，但大都有原型。其时他以知青身份远在东北，但在与上海同学的多封通信中不时耳闻此类故事。所以《繁花》是个"非虚构的作品"。① 二是《繁花》注重的日常生活的精细描摹，比宏大叙事更能直接触及时代之内里。诚如阿格妮丝・赫勒所言，"日常生活总是在个人的直接环境中发生并与之相关联……所有与个人或其直接环境不相关联的对象化，都超出了日常的阈限"，② 与同样描写"文革"时上海的王安忆的《启蒙时代》相比，虽然两者都体现对日常生活描摹的某种兴趣，但《启蒙时代》对思想探讨的兴趣超过了对日常生活的兴趣，日常生活只有在"革命者"希望找到对平民大众进行思想"启蒙"的通道时，才突显其"存在感"；而《繁花》对日常生活风物的喜爱是渗入骨髓的，并在对风物的描摹中隐匿着某种对"革命""思想""启蒙"等语词的警惕。

一　"上帝不响"：信仰的被篡位

据统计，《繁花》频繁出现"不响"一词达 1500 多次，金宇澄自己解释说，这是想换一种写法，去掉内心描写，以对话代替。"在我们这个时代，一般意义的内心世界，大家都懂了，不必重复，中国人最聪明，什么都懂了，什么都可以不响，小说可以大声疾呼，也该允许我一声不响。"③ 与王安忆《启蒙时代》热衷于以欧式修辞大段铺排演讲、大辩论不同，《繁花》中的几位主人公如沪生、阿宝等经常是言不及义的，或是以节约的言辞隐藏复杂的想法，背后隐含的似乎是对这个世界的不信任。《启蒙时代》华丽的言辞背后是对思想的自信，《繁花》则自觉屏蔽了"大声疾呼"的革命高调，以"不响"的方式含蓄地表达对革命与启蒙的复杂态度。这一含蓄的复杂甚至暧昧态度，一方面是由"革命"与"启蒙"含义的丰

---

① 何晶、肖安芝：《对话金宇澄：我们拥抱在，用言语照明的世界》，《羊城晚报》2013 年 11 月 10 日。
② 〔匈〕阿格妮丝・赫勒：《日常生活》，衣俊卿译，重庆出版社，2010，第 7 页。
③ 南人：《金宇澄：小说可以大声疾呼，也该允许我一声不响》，《江南时报》2014 年 3 月 26 日。

富性引发的，另一方面恐怕也是金宇澄对"革命"与"启蒙"的看法的矛盾性所致。本书以凡俗人生的"不响"结尾，也以彼岸世界的"不响"起始，因而"不响"一词实乃占据全书风暴之眼的位置。以"不响"为统领，金宇澄对"文革"的反思与对"革命"的追问在《繁花》中具体通过几个维度展示，笔者约略概括为宗教信仰、政治革命、知识分子与市民身份的再建三方面。

本书题记中写道："上帝不响，像一切全由我定……"这个独特的开篇提示读者该小说中的上帝以一种不在场的方式在场，上帝以"不响"的缺席方式赋予凡俗市井中的芸芸众生以自我意志，留给他们自由选择、自由伸展的空间。上帝的"不响"，既是小说叙事的策略需要，也包含着形而上的意味。在小说叙事的表层，上帝的隐蔽视角使小说的日常生活场景有了一种长镜头式的冷眼旁观的视觉效果；从小说的深层结构看，上帝视角又拉近了小说内在意蕴与信仰的亲密关系，悲凉的故事因上帝目光的抚触而染上一层悲悯的色彩。当男主人公之一沪生和女朋友姝华在议论学校隔壁被铲平的天主教堂时，见空地忽然变成塑造七八米高的领袖像的工棚，一教师在瑞金路撞车自杀，路边滚来"一粒孤零零的人眼睛，黑白相间，一颗眼球，连了紫血筋络，白浆，滴滴血水"，[①] 这只冷峻的现实之眼与上帝目光的不动声色的相遇，无须激发，自有某种惊心动魄的批判效应。这种寓言意义上的相遇，也体现在现实层面，工人小毛在不情愿地结束与有夫之妇银凤的私情后，在基督徒春香那里找到抚慰。"上帝不响，像一切全由我定"正由春香之口说出。在春香不幸去世后，小毛又在情欲之海里跌宕起伏，经历了各色女人，可是临终心里怀念的还是春香。斯人已去，而上帝之馨香恒在。这是从个体层面回应了"文革"生命价值失落、道德失范、信仰体系崩塌之后脆弱个体何去何从的难题。从信仰维度揭示"文革"中个体生命的精神需求，《繁花》的起笔可谓不凡。

但《繁花》又不仅仅满足于在个体精神需求层面上提出信仰问题，上帝视角与信仰维度，也包含着浓郁的社会批判色彩。小说正文中由春香之口说出的"上帝不响，像一切全由我定"，又显露明显的反讽意味。基督信仰在那个"破四旧"的年代并不能真正以堂而皇之的面目出现，事实上对"马列"的信仰消解了对基督信仰的合法性。因而，小毛娘是通过拜主席像

---

① 金宇澄：《繁花》，上海文艺出版社，2013，第148页。以下引文随文标注页码。

这一有违基督信仰纯正性的方式，来曲折表达自己的基督信仰的。小说也通过各大学造各种领袖塑像、老百姓拜求领袖像、"革命群众"拆除各大教堂等事件，有意展示了"文革"对个体信仰的禁锢、摧残与异化，并通过细节描绘了信徒与当权者的冲突，比如，春香的几个教友，坚持挂十字架，在"革命群众"的逼迫下亲手掼到煤球炉里去烧，信徒只能在心里画十字。此信仰悲剧的一个批判性隐喻是，春香与非信徒小毛的孩子因胎位不正导致大出血而死，孩子也未存活。可以说上帝的"不响"是被"红色信仰"篡位而被迫"不响"的，并且在这个上帝被迫"不响"的时代，真实纯正的个体信仰难存活。

二　政治"不响"："革命"的被匿名

与韩邦庆的《海上花列传》和张爱玲的《海上花》等突出的"海上"味道不同，《繁花》致力的是"上海味道"。如贾樟柯在纪录片《海上传奇》中所言，"海上"一词凸显的是上海这座都市的历史文化底蕴，但"海上"一词的使用因此轻易地虚化并绕过了更沉重痛苦的历史记忆难题。《繁花》则更多采用"上海"这一包含更多政治地理与行政规划色彩的地名，沪生、阿宝、小毛们的上海，是你不想去找政治、政治却攀附上身的上海，由此也体现《繁花》与《海上传奇》不同的历史记忆意趣。虽然两部作品都是众声杂沓，但贾樟柯挑选出的受访者，还是那些在上海历史上留下深刻印痕的名人，普通人在此片中是"不响"的。经由赵涛——一身白衣、满脸忧伤地来来去去的隐形人——贾樟柯似乎表明自己为普通人说话的意图："她的角色有点像一个从过去回到现在的隐形人。片中的 18 个人物讲述了自己的故事，但在历史中还有很多沉默的人，他们的故事都湮没在历史的洪流中。这就是记忆的尴尬，也是赵涛'忧伤'的由来。"[①] 可见赵涛起的留白作用，只是再次证明了贾樟柯对更沉重苦难的历史难题的虚化与逃避。与贾樟柯擦身而过的记忆在《繁花》中得到充分细致的表现，《繁花》的历史场景是纷繁复杂而又富饶的，它的声音世界是属于众多无名者的，金宇澄让男主人公们频繁地"不响"，是反讽地让其以沉默的方式发声。

---

① 史小岩：《贾樟柯深圳详解〈海上传奇〉，影迷"叫好"》，《深圳晚报》2010 年 7 月 1 日。

但《繁花》中男主人公们频繁地"不响",也不同于《启蒙时代》中男主人公们不厌其烦的思辨与论辩。陈卓然、南昌们以"红二代"革命主人公的身份当仁不让地企图正面回应那个热血沸腾的时代的革命呼声,并希望在政治革命的主旋律中抽象出思想革命的最强音。因而,"文革"关键词如"接见红卫兵""联动""串联""大字报""托派""叛徒""反修""保皇派""造反派"等,在《启蒙时代》中密集涌现。而《繁花》中的男主人公们则没有"红色贵族"的抱负,小说中也较少出现各种"文革"语词。他们不过是一群孱弱的小市民。对小说主人公的这种身份设定与"文革"权力语词的审慎运用,深刻体现了金宇澄对"革命"的质疑态度。沪生、阿宝们的"不响"或许是因为他们感到个体在这种宏大的政治权力面前是人微言轻的。他们无奈地感到了他们的主体性是多么的不稳定。

总体而言,在政治层面作者对"革命"的质疑体现在,一是主人公们直接的"文革"经历与感受;二是"文革"结束后,在继之而起的改革开放风潮退潮后,对1990年代主人公们社会现实境遇的观察与描写;三是在对上述两个时代进行总结后抽象出来的作者对一般意义上的革命与改良、激进与保守的看法。前两点都是借日常生活来表现这种直接性与现实性的,而第三点在小说中有暗示却并未明确表达,这可能是小说艺术的需要,也可能是作者囿于思想中的某种矛盾。

具体而言,首先从主人公们"文革"时期日常生活的直接感受来看,当这些"文革"的放逐者与边缘群体在政治权力面前束手无策时,他们更多的是在有限的日常生活领域施展他们的个人意志与愿望。但日常生活中的微观政治并未放松对每一个体的掌控与监视。落实到《繁花》的文本层面,则可见日常生活世界中的衣食住行等器物文化、人际交往与道德习俗、私人生活与社会公共生活等各个层面,都包含着微观的权力结构及控制机制。比如,某种借"革命"的名义横行的话语强势插入或渗透民间的日常生活世界的结果,就是抹杀了差异性与个体性。

《繁花》"文革"叙事中的微观政治体现为几个方面。一是器物文化。《繁花》中的器物世界可分为两类:一类深深打上"文革"烙印,大都是与身体有关的直接或间接的惩罚与规训,比如,金宇澄罗列过的"文革"用品,除常规武器外还有各类徽章、纸质高帽、麻绳、语录、袖章、铜头皮带、解放鞋、军靴、军用书包、水壶、大瓶墨汁、毛笔、排笔、糨糊桶、竹梯、锣鼓响器、旗帜、广播、手提电喇叭、蜡纸、刻蜡纸铁笔与钢板、手提油墨印刷机等。另一类展示了某些"资产阶级"特色物品的美好与精致，它们以城市生活一以贯之的魅力反衬了革命暴力对日常生活的蹂躏。从这些器物文化的罗列来看，"革命"改变了社会的静态结构，动态社会要求人快速适应，但吊诡的是，日常生活习性又不能同时变速往前，"革命"因而显示其反人性的面目。如《繁花》还展示了上海文化广场上人山人海的宣判大会及五花大绑的"标准喜剧"。这种喜剧以其滑稽色彩凸显了日常生活的稳定与不变对"革命"的"进步论"的抵抗。

二是声光影像书籍等精神文化。从沪西到淮海路一带围绕工人新村而展开活动的青年们，虽然住的是模仿苏联集体农庄模式建的社会主义新村，但精神品位上并未单向度地遵循与模仿革命文化的原则。这一点与《启蒙时代》革命者的旨趣大相径庭。这种差异与丰富同样构成这群都市革命的边缘者对革命的疏离感。

三是与上述物质与精神世界相贯通的身体政治。"文革"时期物资的匮乏引发想象与幻觉的繁荣，书中插配一幅中国邮票画，一个美厨娘，身上疑似长出的千手观音那样的千手，攫取着各色食物，这就是一个象征。性的欲望与吃的欲望同样，都是触目惊心的。性欲望的突破与冲击是表达得更为直接的一种身体政治。《繁花》写了"文革"中的各种爱情，如偷情、勾引、"搞腐化"、"闷吃童子鸡"、破坏军婚等。沪生忍受着无奈的婚姻，阿宝保留着对蓓蒂的遥远怀念，一直单身，小毛到死仍是个鳏夫，用小毛的话说："饭局有荤有素，其实是悲的。"除了悲凉，暴力也以触目惊心的方式上演着，如针对"女流氓""女阿飞""香港小姐"的剪裤管、剃头发，以及"红永斗"总部"活捉'大世界'女流氓"的命令。比起书写各种无疾而终或无意义的感情关系，金宇澄更善于描述一些可能是"文革"独有的情欲方式，即在权力严密监控下的变形或泛滥的情欲关系，比如，合法夫妻偷偷摸摸地通过暗号接头的方式进行约会，最后把父亲让出的床的床骨睡断而尴尬收场；以"吸精犯"等罪名对美貌的"搞腐化"女犯进行审判，达到污名目的；等等。

对"文革"日常生活描述的目的在于对集权社会中个体价值的探讨。阿格妮丝·赫勒认为，人道的日常生活的主体，是要由对社会、他人与自我有清晰体认的"个性"来担当的。① 沪生可谓是对"文革"、阶级斗争有

---

① 〔匈〕阿格妮丝·赫勒：《日常生活》，中文版序言，第14页。

清醒认识的这样一个个体。比如，小说第一章中沪生与宋老师有一段关于斗蟋蟀的对话。宋老师调侃沪生是"失败胆小的小虫"，鼓励他"不要怕失败，要勇敢"，沪生回应说"蟋蟀再勇敢，牙齿再尖，斗到最后，还是输的，要死的，人也是一样"。这就回归到人性常识与人道层面对风行一时的阶级斗争思想做了坚定的否弃。多年后，沪生与阿宝重新见面，在反思这场"革命"时，沪生说："我不禁要问，一场革命，就有一批牺牲品，革命一场接一场，牺牲品一批压一批。"阿宝说"有的人，是牺牲，有的人，是牺牲品"，沪生引用《九三年》的句子说，"一个公民的自由，以另一个公民自由为界限"（第358页）。牺牲与牺牲品角色的互换，不过就是施虐与受虐角色的轮流坐庄而已。这回轮到"阿宝不响"，只听得《二泉映月》与弹词《蝶恋花》响起，清冷的风景中，"两个人凭窗南眺，夜风送爽，眼前大片房顶，房山墙，上海层层叠叠屋瓦，暗棕色，暗灰，分不出界限，一直朝南绵延，最后纯黑，化为黑夜。附近人家竹竿上，几条短裤风里飘，几对灰白翅膀，远处的南京西路，从这个方位看，灯火暗淡，看不见平安电影院的轮廓线，怀恩堂恢复了礼拜，不露一点光亮，只有上海展览馆，孤零零一根苏联式尖塔，半隐夜空，冒出顶头一粒发黄五角星，忽明忽暗"（第359页）。以地理方位上的居高临下的俯视视角写尽了这场所谓"革命"的无意义及一片狼藉的残留景象。问题在于，沪生、阿宝们对"革命"的反思，是起于"文革"终于"文革"呢，还是将"文革"的负面影响扩大到世界范围内一般意义上的"革命"？《繁花》作者在这一点上似乎缺少透彻的辨析力。

三　1980年代"不响"：知识分子的缺席

如果拓宽对"革命"一词的理解，它不仅在激进意义上强调对政治制度、社会结构及经济基础的颠覆性改变，而且将"革命"理解为急剧式的社会变革，那么，《繁花》对"革命"的质疑其实也体现在对改革开放风潮退却后，主人公们在社会急剧变化中的现实境遇的观察与描写中。

政治的"革命"的"不响"，不同于"政治寂静主义"。"政治寂静主义"这一概念是德国社会民主党在阐释马克思的历史概念与思想时奉行的对历史的解释方式，它坚持某种历史进步论，认为历史是遵循客观规律自动地直线往前运动的，因而也取消了个人在历史进程中的主体性。军人干部的后代沪生、资本家后代阿宝、工人阶级小毛所体现的对"文革""革命""进步""阶级斗争"等宏大语词的疏离与失语状态，正是对"政治寂静主义"的一种本能的质疑与消极的抗拒。对沪生而言，他是在林彪坠机事件发生后才开始怀疑的。"政治寂静主义"在本雅明的《历史哲学论纲》中，是他所批判的"历史胜利者"的逻辑，即"移情于胜利者总是有利于统治者"的，"现时的统治者从匍匐在地的失败者的身上迈步而过"。① 所谓的历史合理性又转变成了一种可怕的优胜者的历史逻辑。"政治寂静主义"由此一厢情愿地取消了被迫害者申诉的动力。作为那些在林昭生活过的城市中继续生活的普通人，作为那些经历过向死刑的政治犯家人收取五分钱子弹费（这一点在《繁花》中亦有提及）丑闻事件的一代人，沪生、阿宝、小毛是"文革"蹉跎一代的代表，他们都是金宇澄自身的一部分，他深感作为蹉跎一代的代表，"记忆，即便怀旧"，但它"被疾风暴雨的狰狞现实阻断"。② 对胜者为王的"政治寂静主义"逻辑的警惕不允许他赋予怀旧以理性价值。

　　现在的问题是，这些"生活在一种混沌状态下"③ 的失败者群体，在集体对进步、革命与政治反应迟钝之后，有无可能并如何生长出变革社会的动力，以阻止"政治寂静主义"的历史悲剧重演？阿格妮丝·赫勒在分析"个体的个性"时说过："人只有通过履行其社会功能才能再生产自身，自我再生产成为社会再生产的原动力。"④ 作为被剥夺了自我主体性与自我再生产能力的一群人，金宇澄并未从知识分子的角度居高临下地俯视他们，而是遵循着他的"位置很低的说书人角色"，"尽量免俗，尽量免雅"⑤ 地注视他们。这是笔者所谓小说中"知识分子缺席"的一个方面。为何放低自己的位置？恐怕金宇澄是以一种自觉的意识克制着自己以知识分子的启蒙方式去观看并分析他的叙述对象，因为对"文革"的批判并不能必然地

---

① 〔德〕瓦尔特·本雅明：《本雅明文选》，陈永国、马海良译，中国社会科学出版社，1999，第422页。
② 南人：《金宇澄：小说可以大声疾呼，也该允许我一声不响》，《江南时报》2014年3月26日。
③ 何晶、肖安芝：《对话金宇澄：我们拥抱在，用言语照明的世界》，《羊城晚报》2013年11月10日。
④ 〔匈〕阿格妮丝·赫勒：《日常生活》，第4页。
⑤ 金宇澄、朱小如：《金宇澄推出〈繁花〉：我想做一个位置很低的说书人》，《文学报》2012年11月9日。

推导出知识精英的正确，或者说他探讨的是，在知识分子的思考方式之外，市民社会本身有无促进社会生长变革的可能与途径？当然精英身份的搁置虽部分削弱了其思想力度与对市民阶层的批判力度，但克制自己的启蒙冲动并未太多地耽误他们作知识分子深度的理性思考。"知识分子缺席"的另一方面是，《繁花》里几乎没有知识分子形象，知识分子角色是缺席的。但沪生、阿宝等小市民阶层思考的同样是知识分子思考的"革命"与"启蒙"的命题，并且他们的日常存在就是他们同世界进行的知识分子式的抵抗与搏斗。

但金宇澄并未给他的主人公们在 1990 年代安排一个妥善体面的结局。与这种日常层面的"知识分子缺席"相应，《繁花》的都市叙述中，"1980年代"是"不响"的。长达 40 年之久的故事中间，一条线索是从 20 世纪60 年代落笔的，一条线索是从 20 世纪 90 年代开始的，唯独将 1980 年代匆匆略过，这就是评论家王春林所发现的"悬置 1980 年代"的叙事，[①] 这种悬置是一个有意味的悬念。如果从隐喻的意义来理解，不妨称为"1980 年代不响"。"悬置 1980 年代"从积极的意义看，正以其不在场的方式宣示了其事实上的在场，它以一场缺席的审判方式审视并映照了它之前与之后的两个时代。而 1960 年代与 1990 年代又是互为镜像的。1990 年代的威权政治新趋向进一步解构了 1960 年代集权制度恶的荒诞性，1960 年代社会充斥的极端的伪政治性又凸现了 1990 年代极端的"去政治化"的种种恶果。但"悬置 1980 年代"也有明显的缺陷，它带来的一个隐患与"知识分子缺席"的问题是同构的，即它搁置了从政治失效到改革开放、市场与计划双轨运行乃至走向政治重建的更曲折、更复杂的历程，因而也回避或难以呈现市民社会在从"文革"政治走出后，如何在都市日常生活与政治文化实践中更开放、更人道地实施政治诉求的难题。他只是通过一场接一场无休止的饭局，通过梅瑞、李李、汪小姐、小琴等女性追逐欲望后痛苦不堪的命运，见证了这个消费主义泛滥的时代欲望的破产，以及对这种欲望的贪婪追寻的无意义。他用男女主人公的各种失败命运暗示我们，这种中国特色的消费主义是溃败的，至少是不如人意的。

由此也引出上文所说的《繁花》所质疑的"革命"或社会变革的第三个问题，即对上述两个时代进行总结后抽象出来的作者对社会重建过程中

---

① 王春林：《民间叙事与知识分子批判精神的艺术交融》，《当代文坛》2013 年第 6 期。

普遍意义上的革命与改良、激进与保守的看法，作者虽对此语焉不详，但主人公们的悲剧结局暗示了金宇澄的无奈。在此方面，福柯在《生命政治的诞生》中援引的弗格森的观点是引人深思的，他认为语言与沟通是人类的某种永恒关系；市民社会确保了个体们的自发综合，但综合是通过组成社会的个体对幸福的满意度的累计来实现的。① 而在《繁花》中，金宇澄借穆旦的诗表达了人与人之间言语沟通的可能与不可能，也暗含着作者对爱与信任的社会伦理秩序重建可能或不可能的探讨。诗曰："静静地，我们拥抱在／用言语所能照明的世界里，／而那未成形的黑暗是可怕的，／那可能和不可能的使我们沉迷。／那窒息着我们的／是甜蜜的未生即死的言语，／它底幽灵笼罩，使我们游离，／游进混乱的爱底自由和美丽。"（第 71 页）如将市民社会仅仅看作经济主体间的联合，而不是看作还存在着一种非利己的情感的、同情的、友善的纽带，那么这种爱是"混乱"的，它的"自由与美丽"也只不过是因其盲目而引发的虚假虚幻的文学修辞而已。如果将市民社会看作政治权力的永恒母体，将之作为历史的动力要素，利己利益、经济游戏的确促进了市民社会的历史进化，但是它又不止步于此，那么可以说公民社会的概念比市民社会的概念是更能体现其政治功能与诉求的。《繁花》在这一方面因其对知识分子角色的有意规避而未能穿透这一市民社会的"混乱"与"黑暗"，这是有些令人遗憾的。

在这方面，杰弗里·C. 亚历山大对公民生活与文学关系的理解或许有助于我们看清金宇澄的局限。杰弗里从市民社会概念出发来研究同伴情感（fellow feeling）和有关市民社会凝聚性的构建、毁灭和解构问题。他认为，为民主所驱动的人"能够形成开放的而不是秘密的社会关系；他们将信任他人而不是多疑，将直截了当而不是处处算计，将坦诚而不是欺骗"。② 与此相反，非民主的准则体系形成的关系是秘密、多疑的，是遵从秘密社团权威的，是自利、贪婪、欺骗、算计的，是爱搞阴谋的，它将他们群体之外的人视为敌人。如何让自由话语以有意义的方式成为市民社会的内在民主品质，文学作品承担着艰巨的符号呈现、分类、界定和鉴别的任务，并

---

① 〔法〕米歇尔·福柯：《生命政治的诞生》，莫伟民、赵伟译，上海人民出版社，2011，第 261~263 页。

② 〔英〕J. C. 亚历山大：《作为符号性分类的公民与敌人：论市民社会的极化话语》，邓正来、J. C. 亚历山大编《国家与市民社会》，中央编译出版社，2002，第 217 页。

需在相互冲突、多元的理想和价值中寻求普遍性与可通约性。

金宇澄在让文学言语成为众声喧哗后的忠实记录者方面是审慎的，并且也是成功的，对"文革"的权力压迫话语也有清醒透彻的体察与认识，但在如何让这群工人新村里的居民，在经历十年浩劫后重新培养起一种真实的政治能力方面，金宇澄的 20 世纪 90 年代的都市叙事并未体现这样的诉求。假如金宇澄能在整合信仰资源、以仁慈与悲悯之心让众多杂沓的声音复调重现的同时，又能以市民社会的开放性为根基，将个体间的同情与交往、物质精神的生产与创造、道德信仰体系的重建等需求吸纳到公民社会建构的思想交响乐中，那么《繁花》中卑微地活着的主人公们，或许可以走出《繁花》中的寂静状态，以更悦耳的乐声击破当代中国公民政治实践中的寂静状态，或许至少可将噪音调制成背景轻音，让爱与信任的繁花在未来中国变得更可期待。

《第九个寡妇》：
底层视角下的中国革命书写

郭云娇*

摘要：严歌苓的《第九个寡妇》是一部从底层视角反思中国革命历史的小说，它通过塑造王葡萄这一女性形象，表现了革命时期人性的坚守与分化。从底层视角重新审视当代中国革命历史中，小说完成了一次"民间伦理"对"革命伦理"的突破和超越，同时也展现了严歌苓在多重视野下对当代中国社会主义实践的反思。

关键词：民间伦理　革命书写　底层视角　《第九个寡妇》

Abstract：Yan Geling's *The Ninth Widows* introspects China's revolutionary history in subaltern perspective. Portraying the female image Wang Putao, it demonstrates the adherence and differentiation of human nature during the revolutionary era. In this novel，"folk ethics" conquers "revolutionary ethics". By questioning violent revolution，it implies Yan Geling's rethinking on the socialist practice in contemporary China in multiple perspectives.

Keywords：Folk　Ethics　Revolutionary　Narration　Subaltern Perspective　*The Ninth Widow*

严歌苓的小说《第九个寡妇》讲述的是从 20 世纪 40 年代初到 70 年代末发生在一个叫史屯的小村子的历史变迁故事。女主人公王葡萄自幼在孙

---

* 郭云娇，首都师范大学文化研究院博士研究生。

家做童养媳，在抗日战争时期，丈夫铁脑被杀害，她成了史屯最年轻的寡妇。公爹孙怀清在"土改"运动中被划为地主，并因此险遭枪毙，王葡萄将死里逃生的孙怀清藏匿于家中的红薯窖里长达20年。聪慧、能干、"一根筋"的她，以不变应万变，使公爹孙怀清度过了一次次天灾与人祸。小说塑造了"生坯子"王葡萄的形象，并通过这位普通乡村女性的奇异人生来观照史屯的历史变迁，以及发生在中国大地上的那段革命历史。

在动荡纷繁的历史旋涡中，每个人都在经历一场人性与人伦的巨大考验。回望那个伦理颠覆、浮躁狂热、众生万象的年代，严歌苓抛开历史的"大"叙事，以边缘化的"小"视角重新反观中国革命史，在底层人物身上寻找人性的光辉，展开了一部别开生面的民间历史，从而在人性与阶级、人性与历史等宏大问题上，提出了一系列值得认真反思的重要话题。

一　革命伦理的水土不服

"民间是与国家相对的一个概念，民间文化形态是在国家权力中心控制范围的边缘区域形成的文化空间。"[1] 在《第九个寡妇》中，民间视角给作家提供了充足的想象力和自由度，同时也渗透着作家的写作立场和价值取向。与正统的教化伦理、政治伦理和革命伦理相比，民间伦理是不定型的、由普通民众在其实际生活中自发形成、在话语表达上居于主流之外的价值观念，它广泛地表现在人们的风俗习惯、生活方式等非理论化的现实状态之中。[2]

新中国成立后，革命伦理的"下乡"宛若民间伦理的一次"沦陷"。故事一开始，史屯的乡亲们就听说，"几十万国军让十万日本鬼子打光了，洛城沦陷了！"她（王葡萄）便说："哦，沦陷了。"她想的是"沦陷"这词儿像外地来的，大地方来的。[3] 在那个疯狂"运动"的年代，似乎没有人的生存命运能与之完全隔离，政治上获得了合法性并以"为穷苦老百姓谋福利"为正当性的暴力土改，也是对平静的乡土中国进行的一次强行干扰。闺女兵来到史屯，不知道王葡萄嘴里说的老八是个啥：在王葡萄眼里，老

---

① 陈思和：《民间的沉浮》，《上海文学》1994年第1期。

② 贺宾：《由谣谚所见的民间伦理观念》，《中州学刊》2006年第2期。

③ 严歌苓：《第九个寡妇》，作家出版社，2010，第1~2页。以下引文随文标注页码。

八就是专门割电线、掀铁轨的。白天睡觉晚上出来，没吃的就找个财主，把他的粮分分。"老八烧鬼子炮楼，偷鬼子的枪炮。老八就是这！"（第41页）农民也不知道"解放"是个啥：解放了这个，就会打倒那个。想解放谁，得先打倒谁。"革命"就是：你打我我打你呗，你说你革命、我说我革命呗。如火如荼的革命运动，经王葡萄的嘴这么一说，似乎也不那么严肃和受欢迎了；和老百姓亲如一家的八路军形象，经王葡萄的嘴这么一说，似乎也不再那样的光明正大了；象征着前进和正义的政策举措，经王葡萄的嘴这么一说，似乎也不那么人性和美好了。严歌苓便以这样一种底层视角将历史进行了一番调侃。

（一）"适者生存"的为我所用

新中国成立后，随着社会主义实践的全面展开与革命伦理的"下乡"，原有乡土社会的以血缘、地缘关系形成的社会结构逐渐被打破，阶级关系全面取代了人情关系。但是，固有的民间伦理对强势的革命伦理的登场提出了挑战，严歌苓以一种细腻而又诙谐的笔调，将革命话语在乡土中国出现的水土不服状况，淋漓尽致地表达了出来。革命伦理的"下乡"则首先是以革命话语的全面登场为发端的，与此同时，革命话语的入侵也对普通百姓进行了一次阶级教育，对传统人伦观念进行了颠覆，人伦五常的规范遭到一次分崩离析的瓦解。"识时务"又求"进步"的孙少勇上缴家里的大洋，并主动请求政府枪毙亲爹孙怀清，以求与之划清界限来立功赎罪。由此，人们也明白了"进步"的真正含义：原来分大洋不叫分大洋，叫进步，杀爹也不叫杀爹，叫进步。

虽然民间伦理处于一种被支配、被排斥的弱势地位，但"解放""革命""进步""阶级""觉悟""翻身""剥削""集体""模范"等革命话语，在受民间伦理主宰的乡村中却依然出现了水土不服。作家主要以民间伦理坚守者王葡萄的言行举止和民众的人伦观念的转变来讲述故事，展现民间话语对革命话语的戏谑性解构，以及弱势的民间伦理对强势的政治伦理的阳奉阴违、分庭抗礼、见机行事和精明的为我所用。当革命伦理试图以口号及标语式的宣传，来改变民众既有的所谓落后的观念时，而农民因缺乏对超验价值的追求，将革命伦理做了巧妙的转化，变成了适者生存的为我所用：史屯的百姓一直都没彻底明白啥叫"翻身做主人"，孙二大被划成地主恶霸后，孙家百货店的东西就要分给村民。大家顿悟：啥叫翻身？

这就叫翻身！王葡萄也因为喂猪喂得好，被社里推举为"模范"，出于生存和劳动本能的王葡萄，精于喂猪，虽然不懂蔡支书的树立榜样的发言和自己喜欢听猪们"吧唧吧唧地吃"之间有何干系，但她还是乐意当模范，因为当了模范年底分红就会多些，就有馍有饭了。如此一来，"适者生存"的生存哲学就对革命伦理完成了一次为我所用的转换。

（二）"看风使舵"的半信半疑

革命伦理的水土不服，还表现在民众对革命伦理所持的半信半疑的态度与摇摆不定的"看风使舵"立场上。费孝通曾提出："中国乡土社会的基层结构是一种我所谓'差序格局'，是一个'一根根私人联系所构成的网络'。这种格局和现代西洋的'团体格局'是不同的……'公民'的观念不能不先有个'国家'……可是在一个安居的乡土社会，每个人可以在土地上自食其力地生活时，只在偶然的和临时的非常状态中才感觉到伙伴的需要。在他们，和别人发生关系是后起和次要的，而且他们在不同的场合下需要着不同程度的结合，并不显著地需要一个经常的和广被的团体。因之他们的社会采取了'差序格局'。"① 革命热潮的持续喧嚣早已模糊了往日乡土的单纯，不同批斗大会上的不同结合，与不同政策下的不同立场，使"举手"成了最沉重的体力消耗，多变的政治运动使"随大溜"成了最保险的集体生存法则。

严歌苓将此呈现在民众举手表决的乡村大会上。女队长让老乡们举手表决谁是恶霸，然后举起右手，问："懂了没懂？"乡亲们说："懂着哩！""二大！孙二大！"女队长又说："从现在起，不能再叫他二大，叫他孙怀清。懂了没懂？"老乡们说："懂着哩！"（第51页）。而在同意给孙怀清戴恶霸帽子时的举手中，似懂非懂的老乡们又出现这样一幕：手都举起来了。有快有慢，有人含含糊糊举上去又放下来，看看周围，再含含糊糊举上去。手落下去的老乡中有的说："谁知道你们解放军在俺们这儿住多久？我有四个儿子哩，万一国军打回来，收拾我儿子……不都是你来我走，我走了你再来，谁在俺们史屯也没生根。孙怀清有个儿子在国军里当大官，回来还了不得了？"当银脑返乡反对土改、营救自己父亲时，马上和土改工作队认起生来的老乡们，快速地为迈着大步子走向人群中的银脑，开好一条平展

---

① 费孝通：《乡土中国》，人民出版社，2008，第35～36页。

展的路。如此精明又识时务的老百姓，让土改女队长感叹老乡们的薄情。"让她明白什么阶级、成分都靠不住，再同甘共苦她也是外人。"（第 53 页）在史屯的百姓看来，让他们似懂非懂的革命口号和变来变去的革命政策都不重要，"什么都不信"与"识时务、随大溜"才是他们在非常时期生存下来的唯一可靠的办法。

回顾 20 世纪中国革命史，《太阳照在桑干河上》《创业史》《山乡巨变》等红色经典广为流传，塑造社会主义新人与歌颂革命进步性已成为占据主流的叙述模式。基于那些经典叙述，对于历史上的革命行动和政治运动，我们的记忆是：这些都得到了人民群众的坚决拥护，尤其是得到那些贫苦农民的拥护，因此，这些运动的历史进步性与革命正当性似乎是毋庸置疑的。相比之下，严歌苓在《第九个寡妇》中对 20 世纪中国革命史所进行的讲述是另类的。她用民间伦理的实用性与保守性再现了革命伦理的水土不服，并通过对民间生存伦理的挖掘，质疑了革命伦理对民间生活的伤害。

二　历史之外的逍遥人：王葡萄

有别于其他作家对乡土女性形象的选择，《第九个寡妇》以无"觉悟"的女性，取代了更为常见的"进步"的女性。作者将王葡萄置于动荡的历史变迁之中，展现王葡萄数经灾难却坚韧犹存的持久生命力。通过描写王葡萄的求生意识和爱的本能，表达出这个寡妇的底层生存立场。从王葡萄十四岁时救下自己丈夫的"我行我素"，到偷偷救活和赡养地主公爹的"不觉悟"和"胆大包天"，王葡萄的寡妇身份和另类性格不仅成为作者对历史进行反观的载体，而且成为作者从个体的女性经验出发对过往历史进行重新审视的对象。作家通过塑造一个仿佛处在历史之外的逍遥人——王葡萄，来表达了自己对人性的理解。

（一）"躲躲就过去了"的时局

《第九个寡妇》是以王葡萄的视角来看世界的。王葡萄的传奇一生经历了从抗日战争到改革开放中国半个多世纪的历史运动，但是这些历史事件在小说中都像女主角王葡萄演出时的背景一样，背景一直在更替，然而她却一直未变，永远只有七八岁的童稚目光。在这个女人眼里，历史就是从门缝下面往上看到的许多条匆忙而过、不断更换的腿。在她的理解中，运动就是折腾，就是"打"，"她不懂得都打些什么，但她知道过个几年就得打打，不打是不行的"。每一次"打"的来临，她都以"躲"的姿态接应。她以朴素的生存观相信："什么人什么事在史屯都是匆匆一过，这么多年，谁在史屯留下了？过去了，史屯就还是一样活人过日子。什么来了，能躲就躲，躲过了就躲过了。"（第69页）在接连不断的政治运动中，"打"与"躲"展现了王葡萄最为朴素的历史观和生存之道，也同样代表了慌乱年代中，广大乡民极为被动和无奈的心理状态。"躲"与"藏"是她面对历史时的被动动作，然而隐藏在被动背后的却是其对生活的主动选择。她没有在随波逐流中放弃自己的人伦坚守，成了自己真正的主人。

（二）"再咋阶级，我总得有个爹"的亲情

在革命运动中，革命伦理以其强大的力量干涉和制约了民间伦理，忠孝节义的血缘与地缘亲情受到了挑战。"亲不亲、阶级分"的革命伦理以其毋庸置疑的权威性，颠覆了人与人之间自然的血缘亲情关系。

王葡萄性格中的特立独行，在小说开篇鬼子逼媳妇认亲的情节中，用寥寥数笔进行勾勒，就呼之欲出了。史屯九个花样年华的妇女中，其中八个为了掩护八路军，甘愿把自家男人送到鬼子枪口下；唯有王葡萄反其道而行之，铁了心护着从来没好气给她受的丈夫铁脑。她的理由很简单：他是我男人，不救他救谁？她的这种选择，显然是与革命伦理要求的牺牲精神背道而驰的。

在孙怀清被定为反动派后，女队长对王葡萄进行改造，试图提高其觉悟："葡萄，咱们都是苦出身……你能管孙怀清那样的反动派叫爹吗？"王葡萄说："那我管你爹叫爹，会中不会？你爹养过我？"认死理的王葡萄恪守着她自己的道理："再咋阶级，我总得有个爹。爹是好是赖，那爹就是爹。没这爹，我啥也没了。"（第85页）在革命时期，民间的人伦秩序发生了翻转，要求人们六亲不认地揭发、批斗，而王葡萄却始终是个政治觉悟低的农村寡妇。在荒唐的年月中，她始终遵从自己内心的判断，拒绝革命伦理和阶级话语对人的区分。

（三）"好歹也得活着"的乐观

对个体生命的尊重程度可作为衡量社会历史进步的尺度。王葡萄的求生观念正是严歌苓对生命的尊重意识在作品中的反映：个人是渺小的，也

是不可复制的，活着就是对生命最基本的尊重。在不断变幻的历史背景下，王葡萄没有政治理念、阶级情感，在她的生活信念中，最简单、最朴素的就是活着，正如王葡萄多次对公爹孙怀清所说的"好歹也得活着"，由此，帮别人活着也成为她最朴素的信仰。

在王葡萄眼里，"啥事都过得去，过去了还得好好活"。她对生活始终有一种过眼烟云般的乐观，无论外在环境如何变迁，她始终未被大时代的革命伦理所影响，仿佛一个游走于历史之外的人。王葡萄能在特殊的历史时期坚持这样一种生存方式，依靠的并不完全是求生的本能。如果说趋利避害是人的本能，那么她窝藏"地主"孙怀清，显然是"趋害避利"的选择。她的善良似乎也与我们常见的启蒙、文明、进步、道德这些词语无关。与善变的大多数人相比，她似乎一直未变，固守一套不容冒犯也绝不退让的价值观念和处世原则。

（四）好恶分明的情爱

对于主人公王葡萄的名字，严歌苓曾解释说，葡萄本多汁，这一命名不仅闪烁着玲珑剔透的外在之美，也蕴含着甘甜欲滴的内在之美。陈思和也认为，葡萄是在干燥的环境下生长出的甜蜜多汁的果实，以此影射了主人公的女性体味。[①] 作家对王葡萄情爱史的描写，展露的是这个女人的自然灵性，意在在一个僵固、紧张的历史环境下，挖掘一种来自生命本能的力量，塑造一个自由奔放、元气充沛、无拘无束的女性形象。

王葡萄不受传统贞洁观念束缚，坦然面对男女两性之间的情感，并用自己的本真之心去爱这些生命：无论是对曾经善良、后来背弃亲情的孙少勇，还是对朴实的村干部史冬喜、苦闷的作家朴同志，她都敢爱敢恨甚至能身与心分离，她与男性间的爱恨纠葛始终充满着好恶是非的判断，也一直掺杂着义气和良知。王葡萄虽然置身于史屯的政治生活之外，但她的命运和感情一直都在受时事影响。她的心不曾有苦难，但是身未曾远离过苦难，她以时而"身心分离"的肉欲、时而"身心合一"的爱欲，分别完成了对男人的救赎和征服。严歌苓以一种无拘的笔触描摹出王葡萄能动的"身心"分裂，呈现了一段爱恨与荒诞交织的女性史诗。

---

① 陈思和：《自己的书架：严歌苓的〈第九个寡妇〉》，《名作欣赏》2008 年第 3 期。

三　好人"地主"：孙二大

在经典的"土改"小说中，人物塑造的焦点多集中在农民及新人身上，作为剥削者的地主，常常以刻板的反面形象出现。如在丁玲的长篇小说《太阳照在桑干河上》中，地主钱文贵长着"豆似的"眼睛、"两撇尖尖胡须"；在周立波的《暴风骤雨》中，韩老六长着"秃鬓角"和"一嘴黑牙"，杜善人则"身材发胖"，有一双"细眼睛"。相比之下，严歌苓在《第九个寡妇》中对地主形象的颠覆性塑造，也颇具反主流意识形态的用意。《第九个寡妇》塑造了一个好人"地主"孙二大的形象。作家有意抛开政治意识形态的面纱，还原历史中乡土民间的荒诞，完成了对"社会主义新人"所代表的历史方向以及暴力革命的深层反思。

孙怀清在家里排行老二，是史屯一带的大户，种五十几亩地，开一个店铺，前面卖百货，后面做糕饼，酿酱油、醋。周围五十个村子里的人都和孙二大的店有往来。孙二大精明仁义，明事理、守规矩。没现钱他一律赊账，秋后再收账。当"土改"的脚步来到史屯后，有劲的腿再次光顾史屯，吼唱变成了吼叫。孙怀清一开始心里还坦坦荡荡地想："一共种五十来亩地，开一家店铺，看能给个什么高帽子戴戴？"（第 39 页）当王葡萄看见田里长出数不清的拳头和胳膊，吼着"打倒地主伪保长孙怀清"时，孙怀清就成了众矢之的。法国社会学家古斯塔夫·勒庞在《乌合之众——大众心理研究》中在谈到个人在融入集体时的文明退化时说："单单是他变成个有机群体的成员这个事实，就能使他在文明的阶梯上倒退好几步。孤立的他可能是个有教养的个体，但在群体中他却变成了野蛮人——即一个行为受本能支配的动物。他表现得身不由己，残暴而狂热，也表现出原始人的热情和英雄主义。"[1] 在政治运动狂热的环境下，一旦形成了一个群体，群体中的几乎所有的人都会陷入类似的疯狂，不能自控地跟着集体去实施暴力。在一轮又一轮紧张的阶级斗争中，人们被革命伦理所控制，丧失人情，涂上保护色，对个体生命没有了尊重，而更多的是具有仇恨与蔑视。残疾转业军人陈金玉，在"三反""五反""打老虎"运动中，被打成了老虎，

---

[1] 〔法〕古斯塔夫·勒庞：《乌合之众——大众心理研究》，冯克利译，广西师范大学出版社，2007，第 45 页。

从此也就没有人知道他的名字，史屯人都叫他瘸老虎，村中更无人与他说话。矮人一等的他，在史屯好几年才混成"半个敌人"，可到了三年自然灾害时期，他又因饥饿去偷蜀黍，遭到少先队里的十来个孩子的侮辱和痛打，最后投池自尽。

当"阶级斗争"的革命意识形态全面侵袭乡村民间之时，民众几乎成了政治意识形态的执行者，人性中最不友好的部分无限奔流出来。恰如勒庞所描绘的："在某些既定的条件下，并且只有在这些条件下，一群人会表现出一些新的特点，它非常不同于组成这一群体的个人所具有的特点。聚集成群的人，他们的感情与思想全部采取同一个方向，他们自觉的个性消失了，形成了一种集体心理。"① 就这样，批斗场中的人不断发出狮吼虎啸，喊着喊着，下头跟着喊的人也生起气来。他们不明白自己是怎么了，只是一股怒气在心里越拱越高。他们被周围人的理直气壮给震撼了，也都理直气壮起来。剥削、压迫、封建不再是外地来的新字眼，它们开始有了意义。几十声口号喊过，他们已经怒发冲冠，正气凛然。原来这就是血海深仇，原来他们是有仇可报、有冤可伸的。他们祖祖辈辈太悲苦了，应该从一声比一声高亢，一声比一声嘶哑的口号喊出来。喊着喊着，他们的冤仇有了具体的落实对象，这就是他们面前的孙怀清。往常乡亲们心里尊敬并感激的孙二大，瞬间成了逼债如虎的恶霸，那个热心帮自己垫钱的孙二大，瞬间成了贪污他们钱财的奸商恶人。在可获得眼前利益的时势下，往日淳朴厚道的乡土人情似乎不堪一击。唯独可以为孙二大撇清事实的壮丁替身刘树根，怕惹祸上身也终究没有在批斗大会上站出来。

满身是本事、爱逞能的孙二大就在暴力"土改"运动中，由人变成了只能隐匿于红薯窖中的"鬼"。经历了数不清政治运动的史屯百姓，也会在闹饥荒的年月时常想起那个"地主恶霸"孙二大，人们常常说漏嘴：孙二大活着的时候，咱这儿啥都有卖。或者说：孙二大活着就好了，他能把那孬人给治治。村里人渐渐忘了孙二大是被他们斗争、镇压的人，他们又把他看成一个能耐大的长辈，遇到事，他们就为不再有这样的长辈为他们承事而感到遗憾（第 250 页）。

当在红薯窖中生存了二十几年的孙二大被乡亲们发现时，已经成了白毛老怪。王葡萄一个人的秘密成了全村人的秘密，史屯的人都心知肚明而

---

① 〔法〕古斯塔夫·勒庞：《乌合之众——大众心理研究》，冯克利译，第 51 页。

又不约而同地守口如瓶。丈夫被打成"老虎"的李秀梅，暗自帮王葡萄为孙二大转移住处，继续藏匿这位"老地主"。当了干部的史春喜，也身不由己地成了王葡萄的"帮凶"。过去常向孙二大借钱的史老舅，仍记着孙二大爱吃猪尾巴，偷偷为孙二大送去，并给王葡萄出主意为孙二大挖窑洞。

严歌苓曾说："我的是非观被洗得乱七八糟。我没有道德裁判，我的仲裁不会落下来。所以我的作品里从来不会告诉读者什么是善什么是恶，很多东西我留给读者去想。在我的小说中见不到绝对的反面人物，这些只有在好莱坞电影中才有，这是它低级的地方。"① 严歌苓作品的价值正在于注重人物在历史情境中合乎人性的动作及心理活动，她抽去了"伟大""崇高"等词语的意识形态含义，只留下世俗的悲悯供人们去思考。

不难体会，在《第九个寡妇》中，严歌苓的目光已经超越了对"土改""文革"等事件本身的关心。她思考的是暴力与人性、阶级与人性等问题。《第九个寡妇》中充斥着民间伦理与革命伦理的冲撞，也流淌着作家对荒谬历史运动的悲情反思，这种反思既建立在对人性的深刻体认之上，也建立在对个体生命的尊重之上。她的笔下没有控诉，而只有用自己的创伤性记忆诉说的那些人性的扭曲和痛苦，由此，她从底层视角完成了一次对"革命中国"的重新审视。

---

① 严歌苓：《十年一觉美国梦》，《学习博览》2014 年第 5 期。

身体与灵魂的革命改造

——重读张贤亮的《绿化树》

孙　珂[*]

摘要：《绿化树》描写了章永璘从被动到主动接受革命改造的心路历程。章永璘接受革命改造的过程，也是他接受极左革命意识形态蛊惑的过程。因此，章永璘没有能力反思自己悲惨命运的真正原因，甚至还要在革命著作中为极左革命运动寻找种种理由。最终，他在"文革"后的特权飨宴中，将自己的劳改生活变成了捞取权力的资本，忘记了那些曾经帮助过他的善良朴实的普通人。

关键词：劳动改造　思想改造　《绿化树》

Abstract：*Mimosa* described the mental change of the hero Zhang Yonglin who accepts the revolutionary transformation from passiveness to activeness. The process of remolding indicates that Zhang Yonglin has been fascinated by the ultra-left revolutionary ideology. Therefore, Zhang is unable to attribute the real cause of his tragedy to the revolutionary movements. On the contrary, he actively seeks various excuses for the severe revolutionary persecution. Finally, he uses the reform-through-labor experiences as capital to gain privilege, yet no longer cares about the tragedy of those ordinary people who have helped him on the collective farm.

Keywords：Reform-Through-Labor　Ideological Remolding　*Mimosa*

---

* 孙珂，首都师范大学文化研究院博士研究生。

一　对知识分子进行整风

劳动改造，是很多经历过反右和"文革"的作家书写的重要主题，巴金、王蒙、张贤亮、从维熙等都曾写过自己在牛棚、劳改队或农场中进行劳动改造的经历。这是因为，在 1949 年之后，社会主义新中国对小资产阶级知识分子有了新的设想，需要将旧社会的知识分子根据社会主义革命的需要进行回炉重炼，将他们改造成适合社会主义革命运动的新知识分子。当然，这种对于个人的改造并不局限于知识分子群体，也包括了没有经过共产主义革命洗礼的农民和工人群体（因此，在解放后，需要针对工人和农民进行革命宣传），但是由于知识分子的阶级出身问题——红色革命血脉的缺乏——使他们成了革命运动天然的斗争对象；同时，知识分子又是最关心国家政治的一个群体，他们对于公共话题有着强烈的参与冲动，一旦他们的言论不合乎意识形态的要求，就会对国家政权的稳固产生潜在威胁，因此，对知识分子的改造就成了塑造社会主义新人的重要任务。

那么，为什么要选择体力劳动的方式对知识分子进行改造或思想教育呢？知识分子最需要改造的不正是他们的头脑吗？这就需要追溯到延安整风运动。《在延安文艺工作座谈会上的讲话》一文中，针对知识分子的整风问题，毛泽东提出：

> 一切共产党员，一切革命家，一切革命的文艺工作者，都应该学鲁迅的榜样，做无产阶级和人民大众的"牛"，鞠躬尽瘁，死而后已。知识分子要和群众结合，要为群众服务，需要一个互相认识的过程。这个过程可能而且一定会发生许多痛苦，许多磨擦，但是只要大家有决心，这些要求是能够达到的。[①]

这意味着，对于革命运动而言，不需要横眉冷对的自由战士，而需要"孺子牛"，一头为群众服务、被革命驯服的"牛"。那么，知识分子如何才能与群众结合在一起呢？在这篇文章中，毛泽东阐述了自己的体会：

[①]　毛泽东：《毛泽东选集》（一卷本），人民出版社，1966，第 878 页。

　　你要群众了解你，你要和群众打成一片，就得下决心，经过长期的甚至是痛苦的磨练。在这里，我可以说一说我自己感情变化的经验。我是个学生出身的人，在学校养成了一种学生习惯，在一大群肩不能挑手不能提的学生面前做一点劳动的事，比如自己挑行李吧，也觉得不像样子……革命了，同工人农民和革命军的战士在一起了，我逐渐熟悉他们，他们也逐渐熟悉了我。这时，只是在这时，我才根本地改变了资产阶级学校所教给我的那种资产阶级的和小资产阶级的感情。①

　　毛泽东认为，对体力劳动的态度，是区分知识分子和工农兵群众最好的标准，知识分子只有对体力劳动产生了感情，才可能成为真正的革命战士。在革命意识形态的设想中，知识分子通过参加体力劳动，体会到农民和工人阶级日常工作的辛苦与劳累，才能与劳苦大众产生深厚的情感，洗掉他们身上的小资产阶级气质与性格，认识到革命运动的存在价值与必要性：只有通过革命运动才能将广大中国民众从地主、资本家的残酷剥削中解放出来。如此一来，劳动的过程也就成了知识分子自我改造的过程，在其中，知识分子主动丢弃头脑中的旧思想、旧感情，迎接革命意识形态的进驻，将自己改造成为革命运动所需要的新人。

　　但这只是一种理论上的乐观，不是所有的知识分子都发自肺腑地拥护革命运动，愿意接受革命的改造，即使被动地接受了改造，也没有真正地接纳革命意识形态。因此，在实践层面上，革命时期的劳动改造实际上成为一种针对右派知识分子的十分有效的惩罚措施，革命政权把他们从正常的社会生活中隔离出来，通过强迫劳动来实施惩罚，使其回归到一致化的革命生活模型当中。体力劳动是繁重而劳累的，对于缺少劳动经历的知识分子而言尤其如此，因此体力劳动引发的痛苦想象，就成为对右派知识分子的有效警告。

　　《绿化树》中的章永璘就是这样一位被革命运动强迫进行劳动改造的知识分子。他出生于一个资本家家庭，自小接受的是"封建文化和资产阶级文化"；因为某种未知的原因，章永璘被打成了右派分子，关进了劳改队中进行劳动改造。而《绿化树》所描写的则是他从劳改队释放，成为一名

----

　　①　毛泽东：《毛泽东选集》（一卷本），第 853 页。

"自食其力的劳动者"后的生活。通过对这段生活的描写，张贤亮展现了章永璘从"一个出身于资产阶级家庭，甚至曾经有过朦胧的资产阶级人道主义和民主主义思想的青年，经过'苦难的历程'，主动地接受革命意识形态改造，最终变成了一个马克思主义的信仰者"① 的心路历程。

二　向无产阶级兄弟靠拢

不同于一般右派作家笔下的主人公，《绿化树》中的章永璘不是一个将要接受劳动改造的右派分子，而是已经"睡了四年号子"，从劳改队中释放出来的没有摘帽的农场工人。这说明《绿化树》不是要讲述一个劳改队里发生的故事，而是要描写右派知识分子在劳动改造之后与革命意识形态产生的新的联系。

在四年的劳改生活中，章永璘承担着高强度的劳动任务，差点死在劳改队中，是"从死人堆里爬出来的那个"，但是他从来没有将自己遭遇的苦难、自己的人生悲剧与极左革命运动联系起来，而是把这一切都归结到了自己资产阶级的出身上。虽然章永璘从来没有剥削过别人，但因为他出生在一个资本家家庭，这就成为他一生难以逃脱的原罪。因此，他将自己的劳改经历视作一种赎罪的过程。当从劳改队释放，暂时结束自己的劳改生活后，章永璘觉得自己可能已经部分赎清了自己的罪行。"今天，我已成了自由人，如果说接受惩罚是为了赎罪，那么，惩罚结束了就可说是赎清了'右派'的罪行；如果说释放标志着改造告一段落，那么，对我的改造也就进行得差不多了吧。"（第389页）

但问题在于，章永璘自己也不清楚是否已经摆脱了血脉里的原罪，是否已经获得了革命意识形态的认可，成了一名光荣的革命群众。而借口修炉子躲避集体劳动后的酸楚感受、在萝卜交易中欺骗农民兄弟后的深深懊悔，都加深了章永璘对自己的怀疑，他怀疑自己是否真的成了革命意识形态所需要的那种新人，是否真正融入了广大革命群众之中。面对自己内心的质疑，章永璘选择了体力劳动方式来治疗自己的"心理疾病"。章永璘为马缨花改造火炕的劳动行为，就起到了这样的作用，扫去了章永璘心中因

---

① 　张贤亮：《张贤亮中短篇精选》，宁夏人民出版社，1994，第360页。以下引文随文标明页码。

为在萝卜交易中欺骗农民兄弟而带来的阴霾。

萝卜交易之后，章永璘在病中进行反思，觉得自己确实是个资产阶级右派分子，"一九五七年对我的批判，我抵制过，怀疑过，虽然以后全盘承认了，可是到了'低标准'时期又完全推翻。而现在，我又认为对我的批判是对的，甚至'营业部主任'那心怀恶意的批判也是对的"（第416页）。但是现在通过与革命群众一起劳动，章永璘突然就忘记了自己的阶级身份，不再觉得自己应该受到批判了。在劳动结束之后，章永璘回到了宿舍，他在睡梦中与那个自己认可并羡慕的标准体力劳动者海喜喜合为了一体，在这种身份的同一化过程中，章永璘不再为欺骗农民兄弟而感到悔恨了，他给自己定下的欺诈交易、剥削农民的罪行凭空消失了，因为他已经通过体力劳动摆脱了那些先天注定的东西。

然而，章永璘既没有把骗来的黄萝卜还给那位老乡，也没有向那位老乡道歉，他的罪行实际上并没有得到赦免，那么为什么章永璘就不再觉得自己是罪犯了呢？问题的关键在于，真正让章永璘坐卧不宁、心神不安、懊恼后悔的并不是他的欺骗行为，那不过是特殊情况下的一种求生本能，而是章永璘自己的资产阶级知识分子的身份。体力劳动恰恰帮助章永璘解决了自己的身份问题，正是在体力劳动中，在与革命群众的交流中，章永璘获得了对自己身份的全新认识，使他不再在意自己曾经的欺诈行为，而是沉浸在自己新身份的甜蜜美梦当中。

在给马缨花改造火炕的劳动中，章永璘验证了自己的新身份——一名"自食其力的劳动者"。"我坐在那不能移动的土坯凳子上悠闲地吸烟，第一次感觉到劳动会受到人的尊敬。这种感觉，扫除了昨天接受她施舍的时候多少还有一点的屈辱感，维持了我的心理平衡。我想，我现在是'自食其力的劳动者'，是农业工人了。"（第436页）在体力劳动过程中，章永璘发现自己已经拥有了成为劳动者的基本素质，只要给自己一定的条件，一定可以成为一名优秀的革命战士。

通过体力劳动，章永璘甚至把自己幻想成了电影中的劳动英雄。"我边吃土豆边干活。我很小的时候就欣赏电影上的男演员一边吃东西一边干活的作派，欣赏水兵们听到'甲板上集合'嘴里嚼着面包就冲出舱房、爬上桅杆的神气。我觉得它表现了男子汉的忙碌、干劲、帅气和对个人饥寒饱暖全然不顾的事业心。"（第435页）在体力劳动中，章永璘第一次不再悔恨自己的剥削阶级出身，而是觉得自己正在向无产阶级兄弟靠拢，能够成为一名拥有劳动者血脉的革命群众，为革命事业贡献自己的一份力量。

而此后跟着海喜喜的马车去装肥的过程，则让章永璘获得了劳动人民的认同。当别人都无法和海喜喜一起劳动的时候，章永璘则顶住了海喜喜的挑战，他与那个"使牛劲"的体力劳动者有着不相上下的力气和劳动技巧。"装完第四趟，我明白无误地知道我顶住了，我胜利了！我几乎还和装第二趟时那么有力。"（第461页）劳动能力上的超越，使得章永璘更加坚定地相信，自己通过劳动成了一名真正的革命群众。更重要的是，在他战胜了海喜喜之后，马缨花也觉得他"倒挺像咱们的人"。这一进步加强了章永璘对自己身份的认知，他认为自己在体力劳动过程中，已经被无产阶级群众接纳了，成了他们中光荣的一员，相信自己最终一定会获得革命意识形态的认可，成为共产主义革命的参与者和推动者。

但是，章永璘对劳动群众身份的不断追求，终究不过是一场美梦而已。革命运动最终也没有认同章永璘的改造成果，还是把这个能干的、积极改造自己的右派知识分子送回到了劳改队中。这样的结局，本来充满了巨大的嘲讽意味：你不是要改造自己吗？革命意识形态偏偏就是不承认你的改造！但是，章永璘本人根本没有感受到自己改造生活的讽刺意味，反而觉得劳动改造生活给了自己新生，给了自己坚强活下去的信心。"现在，我健康了，我相信我不论走到哪里，我都有一种新的力量来对付险恶的命运。"（第549页）他依旧沉迷在极左革命意识形态所宣传的那套劳动改造理论当中，而没有任何的反思和批判。

章永璘没有看到他的个人悲剧以及身边所有人的悲惨生活，都是极左革命运动强加给他们的。革命运动所承诺的劳动改造，根本不可能帮助他摆脱悲惨生活。他的生活悲剧不是自己的出身遗传给自己的不得不承受的罪孽，他也没有理由为自己家族的先人犯下的罪行承担什么责任（也许家族中的先人根本没有做错过什么，这种罪行本身就是极左的革命意识形态强加在他们身上的）。极左革命的劳动改造，并不是要教育和改造触犯了法律的犯罪分子，而是要通过这种方式压制任何敢于质疑的声音，将那些敢于发出这种声音的知识分子规训成一个个"章永璘"。沉浸在革命意识形态中的章永璘，只能痴迷于通过劳动改造来拯救自己，但结果正如他自己所说，"受苦受难的命运是不可摆脱的"。

三　灵魂深处闹革命

　　无论章永璘怎么重视体力劳动，他毕竟还是一名知识分子，虽然他想要摆脱自己的出身，但是知识分子的生活已经在他身上留下了深深的烙印，章永璘不可能完全切断与过去生活的联系，将知识分子的记忆从头脑中切除。在《绿化树》中，大量出现了聂鲁达、普希金、李白等著名诗人的诗歌和阿姆斯特朗、卡鲁索、夏里亚宾和勃拉姆斯等音乐家的名字，这些细节显示章永璘对于知识和文化的珍重，即使在革命运动时期，他也需要为知识（即使是革命知识，而不是他更熟悉的小资产阶级的文化知识）寻找一个存在的空间。但是中国的革命运动重视的是劳动和实践，与之相比，对于革命的理论和知识就比较轻视了。因此，如何处理知识和革命运动之间的关系，就成为章永璘面对的新难题。他解决这一难题的方式，就是通过对革命经典著作的阅读，发现革命的理论知识对革命运动有着至关重要的作用，以此来为知识在革命运动中的地位辩护。

　　首先，革命知识对于革命运动有着巨大的精神推动力，甚至可以让顽固的旧知识分子主动地认清自己过去的罪责，从思想层面对自己进行改造，真心地接纳和拥护革命意识形态。当章永璘处在一种彷徨无助状态的时候，突然一个神秘的声音降临了——这个神秘的声音并不是宗教意义上的天启，而是章永璘内心的无意识地对自己的提示。在其提示下，章永璘寻找到了解放自己的革命经典，"我摸到了一本精装的坚硬的书——《资本论》"（第 489 页）。通过对《资本论》的阅读，章永璘从内心深处醒悟到自己在接受改造之前确实是一名革命的"罪人"，需要革命群众对自己进行批判，而自己之所以没有真心地接受革命群众的批评，是因为他们没有找到正确的革命理论依据，"一九五七年对我进行的批判，竟也没有一个人使用这段文字来把我从所谓人道主义文学的睡梦中唤醒。我有点愤慨了，我愤慨的不是他们对我的批判，而是对我没有做像样的批判，把批判变成了一场大喊大叫的可笑的闹剧"（第 495 页）。而通过对革命理论经典的阅读，章永璘完成了革命知识对自己的洗礼，开始努力改造自己的精神世界。

　　章永璘所谓的自觉性，是指知识分子以革命知识为指导，能动地从灵魂深处对自己进行批判，完成对自己过往生活的完全否定。在这种自我否定中，他不再抗拒那些针对自己的批判，而是"真心地接受革命群众的批评"，甚至要为革命群众批判自己寻找理由——正确的革命理论依据。通过这一过程，章永璘完成了自己在思想层面上的改造，真正地从灵魂深处闹起了革命。

但是，章永璘所谓的自觉的思想改造，其实并不是他个人主动追求的结果，而是在革命意识形态宣传和体力劳动惩戒的双重作用下被革命知识进行"洗脑"的结果，是在一个特殊的极左革命运动时期才会出现的现象。如果不是在那样一个政治压力巨大的极左革命时代，哪一个心智正常的人愿意如此贬损自己，愿意诚心诚意地接受别人的辱骂，并对这种辱骂甘之如饴呢？极左的革命知识对章永璘进行的改造，实际上已经剥夺了他作为"人"的天性，成了被极左革命运动所裹挟的行尸走肉。

其次，革命的知识和理论其实是极左革命意识形态的组成部分，它们建构了革命运动的合法性；因此，中国的革命运动虽然不重视革命知识，却永远也离不开革命知识，正是革命知识为革命时代的劳改运动提供了充足的理论支持。章永璘差点死在劳改队中，通过阅读《资本论》，他却认为这个害死了许多人的改造运动，是按照最正确的革命理论设计出来的，因此每个知识分子都应该欣然接受革命运动给自己安排的体力劳动，积极地完成自己的改造：

> 过去的四年多里，因为我在不断地改造着自然，所以我也在被改造着。但那是不自觉的，甚至可以说是荒唐的改造；强制着我用原始的、粗蛮的方法来改造自然，因而我也几乎被改造成原始的、粗蛮的人。只有自觉地、用合乎规律的方法改造自然和社会环境，自身的改造才能达到具有自觉的目的性。（第505页）

原来极左革命运动把所有持异见的知识分子投入劳改农场或劳改队中，是这么的英明睿智。只有通过外在的体力劳动，知识分子才能丢掉小资产阶级的臭习气，才能成长为社会主义的新人！没有了这种外在的体力劳动，知识分子永远不能真正地改变自己的思想世界，永远都落后于社会主义社会前进的步伐，因此满身小资产阶级习气的知识分子就必须要挨饿受累，就必须要接受贫下中农的再教育；而革命运动唯一做错的事情就是对知识分子的改造过于粗俗和原始了，没有发动知识分子自觉地进行革命经典著作的学习，使他们从内心接受革命意识形态的宣传。因此，单纯地迫使知识分子进行体力劳动不可能改造得完美，还必须让知识分子们改造自己陈旧肮脏的思想世界，掌握革命的知识；从身体和思想两个层面对知识分子进行规训，才能将他们改造得完美。

通过章永璘的这番对革命理论知识的解读，不禁令人产生这样一种错觉，极左的革命运动并没有做错什么事情，也没有对任何人进行过伤害，只是它改造人的方式有些粗糙；而那些被革命运动迫害的对象，其实是应该进行改造的一批人，他们应该主动地去接受革命意识的改造与洗礼，主动地去迎接体力劳动的艰辛，来把自己改造得更为完美。从表面上来看，章永璘的这番言论非常合乎逻辑，理论的推演也难以找到破绽，但是章永璘没有看到，他论述的是一条要人命的"革命"逻辑，这套"革命"的改造理论造成了大量无辜平民的死亡。

作为革命意识形态组成部分的革命知识，其目的就是要从更深层次上完成对人的控制，让身处革命运动中的每一个人都主动地去接受革命观念，主动地去接受令自己更为完美的改造，从而将有思考能力的个人异化成革命机器上的零件。而章永璘对革命知识的理论阐释，则为人的"革命异化"寻找到了一件完美的"隐身衣"，遮掩了极左意识形态的种种罪行；使得没有经历过极左革命风暴的后来人感到似乎没有理由去批判劳改运动，因为这些改造运动的出发点都是善意的，是为了让我们更加完美，是为了让我们能够领会人类的全部智慧；而在"完美"和"智慧"下面掩盖着的那些血淋淋的历史真相，却再也没人在意了。

四 收获甘甜的果实

在结尾部分，20 年的时间过去了，极左的革命运动已经结束，章永璘这个时候已经有条件重新思考极左革命运动造成的悲剧了，但是章永璘只是以故事叙述者的身份说了一句"二十年，五分之一世纪！我们国家和我都摆脱了厄运，付清了历史必须要我们付的代价"（第 551 页）。我们国家和我都摆脱了厄运之后，就再也没有任何对极左革命运动的思考和评论了。同时，这句话看似简单，却又非常令人费解，"厄运"很好理解，就是指席卷全国的极左革命运动，但什么是历史要我们付的"代价"呢？是他和马缨花爱情的夭折，是章永璘这些年以右派身份度过的苦难生活，还是极左革命运动对每一个人造成的悲剧？其实这三者是一回事儿，都是由极左革命运动造成的悲剧。但问题是这些人生悲剧本来都是可以避免的，都可以不用发生，怎么到了章永璘的口中就成了"历史必须要我们付的代价"？

章永璘这种所谓的历史"代价"其实是他的一种幻觉，他借此摆脱对极左革命意识形态的思考，而将自己的痛苦经历转化成获得特权身份的晋身资本。朱大可曾将章永璘的这种行为称为"张贤亮症候群"，[①] 他提出，对于章永璘们而言，一方面，痛苦是必要的，而受虐是无限美妙的，受虐的右派知识分子把痛苦视作获得荣耀的必要代价；另一方面，苦难成为对个人忠诚度的最高探查，通过为制造自身悲剧的势力进行辩护，受虐的知识分子重申了对国家的永久忠诚。章永璘正是通过为制造自身悲剧的极左革命运动进行辩护，将自己痛苦的经历变成了获得荣誉的必需代价，从而为自己赢得了国家权力的青睐，跻身于国家管理者之中。"一九八三年六月，我出席在首都北京召开的一次共和国重要会议。军乐队奏起庄严的国歌，我同国家和党的领导人，同来自全国各地各界有影响的人士一齐肃然起立"（第553页），这时的他已经有资格"在人民大会堂同国家和党的领导人共商国事"。

章永璘获得了国家从权势和财富上的双重赔偿，坐上了那时非常罕见的进口丰田小轿车。但这对其他那些同样遭受了极左革命灾难的普通人而言，是极大的不公平，他们的悲惨生活并没有得到任何补偿，他们在极左运动中的苦难记忆绝不是一句轻飘飘的"我们国家和我都摆脱了厄运"就可以轻易抹去。章永璘虽然号称"人不应该失去记忆，失去了记忆也就失去了自己"，但他其实早就失去了自己的记忆，遗忘了帮助过他的马缨花、谢队长、海喜喜这些普通的劳动者，忘记了他们所遭遇的恐怖与悲伤，他将与马缨花们在一起的生活视作一种获取心理安慰的途径：我曾经和马缨花他们这些普通体力劳动者一起经受过苦难的生活，已经成了他们中的一员，因此他们就有必要扶着"我的双腋"，帮助我"开始踏上通往这座大会堂的一条红地毯"。

通过这样的自我暗示，章永璘放下了心理包袱，甘之如饴地展现着自

---

① 朱大可：《国家修辞和文学记忆——中国文学的创伤记忆及其修复机制》，《文艺理论研究》2007年第1期。

己的痛苦经历，以换取更多的特权来享受生活。至于那些他视为同伴的普通体力劳动者，则泛化成了一棵棵的"绿化树"，成为章永璘卖弄自己记忆的资本和展示自己苦难的符号。而"树"的悲辛生死，马缨花是否和章永璘一样获得了补偿，是否也能够大度地面对极左革命运动制造的人生悲剧，则不在章永璘的视线之内了。

被"浪漫"遮掩的"血色"
——《血色浪漫》解读

翁立萌*

摘要：在都梁的小说《血色浪漫》中，钟跃民等大院子弟从叛逆少年成长为社会精英的过程，是由其继承来的优越资本支撑的。大院与胡同的空间划分，体现的是不同的权力等级，这使得大院顽主与胡同平民之间形成了一种天然的对立，他们之间的裂隙无法依靠个体之间的友谊来消弭。同样，钟跃民与李奎勇等人命运轨迹的差异，也是由他们所占据的不同社会资源决定的。

关键词：《血色浪漫》 都梁 顽主 "文革"记忆

Abstract：In *Bloodily Romantic* written by Du Liang, the growth ofZhong Yuemin and other children in compound, from rebellious youth to social elites, is supported by superior capital they inherited. The spatial boundary between "compound" and "alley" implies the ranking of social power. It thus forms a natural opposition between "Wan Zhu" and common people living in the alley. The gap cannot be eliminated by the friendship between individuals. Similarly, the different life trajectories of Zhong Yuemin and Li Kuiyong are pre-determined by the different social resources they occupied.

Keywords： *Bloodily Romantic* Du Liang "Wan Zhu" Memory of the Cultural Revolution

---

* 翁立萌，首都师范大学文化研究院博士研究生。

继《亮剑》之后，都梁创作的另一部小说《血色浪漫》同样引起了大众的广泛关注。《血色浪漫》主要讲述了以钟跃民为中心人物的一群大院子弟从"文革"到改革开放的成长经历。都梁以旁观者的姿态在小说中诉说着属于钟跃民等人的青春岁月：顽主岁月的奇特经历、陕北插队的蹉跎苦闷、投身商海后的起起伏伏。这些充满传奇色彩的个人经历，加上弥漫在小说中的怀旧情怀，催生出读者的情感共鸣。

一　大院顽主的成长轨迹与"文革"记忆

钟跃民是小说中作者着墨最多的人物，故事主线以他三十年的人生经历分为四个阶段——恣意江湖的顽主岁月、插队陕北的知青岁月、为国效力的军队生活，以及改革开放后的从商经历。

钟跃民是典型的大院子弟，相似的成长背景使他很自然地和袁军、郑桐等人走到了一起，之后又结识了来自其他大院的张海洋，大院子弟是他们共享的社交身份。"文革"时期社会的全面失序，以及父辈因政治问题造成的权力暂时失效，使这些大院子弟获得了一段能够"无法无天"生活的叛逆时期。

刘心武认为，"文革"将当时的人们划分为了三个世界——第一世界是从"文革"中得到好处者以及或清醒或盲目地加入"文革"中的人们所构成的世界；第二世界是那些在"文革"中受到打压和迫害的人们所构成的世界；第三世界则是由那些处于边缘的人们所组成的世界，这其中便包括军队大院里的孩子们。在刘心武看来，"第三世界"中的人们所拥有的特殊家庭背景和成长经历，使得他们处于一种无责任的生存状态。[①]

显然，钟跃民等人便是处于这样的"第三世界"中。他们能够背上菜刀，在日常生活中上演"一笑泯恩仇"，也热衷于阅读《基督山伯爵》，观看《红色娘子军》芭蕾舞剧，倾听柴可夫斯基的音乐，无聊时也会去冰场溜达一圈，去体验一场风花雪月的爱情。对钟跃民而言，他一点也不怀念"文革"之前"死水一潭"的生活，认为所谓"养儿防老"只不过是一种带有功利色彩的自私想法。于是"文革"的到来解开了钟跃民身上所背负的"乖孩子"枷锁，使他有机会过上无须承担使命，远离父辈期待的自由

---

① 刘心武：《"大院"里的孩子们》，《读书》1995 年 3 月。

生活。都梁在小说中反复强调"1968 年的北京",但这一特殊的时间节点被误化为钟跃民等大院子弟恣意挥洒青春的背景舞台,于是"1968 年的北京"成为钟跃民等人的记忆符号,承载着他们彼时的年华。

当然,"文革"也冲击了大院子弟的物质生活,一个典型的例子是袁军因为月底没钱,饿极了的他决定"拿自己家开刀"以缓解目前窘迫的情况,而这种想法还得到了好友郑桐的支持:"你得这么想,袁光北不是你爸爸,他是三反分子,咱们顺了三反分子的东西,就是革命行动了,不是老教育咱们要和家庭划清界限吗?怎么划?怎么能证明你袁军和反动家庭辙了?"① 生活困顿与伦理道德底线发生冲撞,社会秩序错乱,而父亲"三反分子"的罪名恰好为袁军的偷盗行为赋予了合法性,于是以偷盗来求得自己的更好生活就成了一种合情合理的行为。

但是钟跃民等人的江湖式生活方式,因为国家号召青年上山下乡而终止。1968 年的知识青年上山下乡运动,几乎改变了当时中国社会所有青年一生的命运,钟跃民的人生阶段也由此进入了"知青岁月"。

此时钟跃民的特立独行又有所表现,当其他青年都在挥泪呼喊着"这是最后的北京"时,他却点燃爆竹,兴奋于崭新生活的开始。面对改变,钟跃民始终持有乐观的态度,对他而言,对新生活的感官体验比居于北京城中的无聊状态更具有吸引力,他的乐观坦荡是同无聊感的对抗,无聊感正源自其作为文革"第三世界"子弟所处的无责任的生活状态。

钟跃民和郑桐插队到了陕北的石川村后,第一个任务就是解决村民的粮食问题,而这也成为能否入党的先决条件。当蒋碧云感叹接受贫下中农再教育就是让知识分子承受屈辱,沿街乞讨时,钟跃民却将乞讨变成了街头卖艺和杂耍,他无非是再次转换了生活方式:"在我看来,当年插队时要饭和现在当兵只是两种不同的生活方式而已……如果这两种游戏都玩烦了,我会再换一种游戏玩,总之,要玩得高兴。"(第 248 页)所以当其他知识青年还在为明天的口粮发愁的时候,钟跃民却开始迷恋信天游,钟跃民的特立独行成为在此插队的知青们的一点灵气。

入伍后的钟跃民成为一名侦察兵,重遇张海洋,还结识了宁伟等一干好兄弟。此时军人家庭的出身背景,让钟跃民在军队中如鱼得水,凭借出色的军事才干屡获战功,发展前景一片大好,但是他趁百万裁军之际提出

---

① 都梁:《血色浪漫》,长江文艺出版社,2004,第 26 页。以下引文随文标注页码。

转业，并且拒绝了到公安局当刑警的安排。对钟跃民而言，转业意味着另一种生活方式的开始，而脱掉军装穿上警服的生活失去了转业的价值和目的。之后无论是经营煎饼摊，还是经理饭馆，钟跃民都是呈现一种全心接受的姿态。

在小说的叙述中，钟跃民全然接受生活突变，总以一种体验大于享受的姿态来面对人生的种种转折，所以他能够在上山下乡时将乞讨变成街头卖艺，能够在参军后神情庄严地诉说着军人和国家之间的"契约精神"，而当决定转业之后，他就义无反顾地投入市场经济的浪潮之中。

在都梁的笔下，钟跃民似乎成了一个完人：在顽主时期，他是三人小团体的中心人物，可以和李援朝这样的狠角色平起平坐，也能够和胡同平民李奎勇称兄道弟；他被知青们称作苦闷生活中唯一的一点灵气；在军队中，他可以不恪守规章制度，却拥有一群训练有素、忠心追随的部下；即便投身商海，他也能够成为让"80 后"高玥敬佩的非拜金主义者。钟跃民的特立独行使他能够适应成长历程中的每次转型，但是，他对生活转变的全盘接受，依托的是大院子弟的"英雄后代"这一优良血统所继承的优越资本。这种特殊身份使得他们从一开始便占据着不可能与平民共享的社会资源。

一方面，钟跃民追求自由，极其反感父辈赋予的使命与责任；另一方面，他在面对李奎勇质问大院子弟和胡同平民不平等的时候，却又强调"我们的爹妈提着脑袋干革命的时候，你们在做什么，现在想起来不平等了"。钟跃民虽对李奎勇称兄道弟，却始终认为二人分属不同的圈子，自觉秉持着一种圈里圈外的界限意识，这种身份的认同感无疑源自对革命英雄后代的身份认同，并且这种身份意识在钟跃民的心中呈现为一种直觉的、原始的、英雄式的革命情怀，这一点从他对周晓白哥哥的嘲讽中便可以看出。

虽然"文革"暂时将钟跃民等大院子弟悬置在边缘地带，但是这并未彻底隔断他们父辈已经结下的社会关系，所以在钟跃民带领几个知青大闹县城时，因为偶遇父亲老部下而提前结束陕北插队的苦闷生活，之后进入部队的钟跃民更可谓如鱼得水。

即便后来钟跃民顺应国家号召，投身于市场经济的浪潮中，也依然没有彻底脱离部队大院的关系网，但当李援朝将"官商合作"一语道破时，钟跃民的惊叹则显得过于生硬与天真。钟跃民三十年成长历程中的每次起承转合，都和其自父辈处继承的优越资本难脱干系，我们甚至可以说，正是凭借着这些特殊的资本，钟跃民才可以践行他所认可的特立独行的生活方式。

布尔迪厄将资本理解为一种积累的，认为它是以一种物化的、具体的、肉身化的形式存在的劳动，并且当这种劳动为私人或者小团体占有的时候，这些人或者团体便获得了这种劳动形式所占有的社会资源，最终成为这种社会资源的受惠者。[①] 小说中钟跃民的父亲是副部级干部，袁军、郑桐的父亲是局级干部，钟跃民、袁军等人作为他们的子女，顺理成章地成了其父辈所占有资本的继承者和受惠者，特殊的成长环境造成院内子弟和院外平民所占有的社会资源存在分化和差异，也是二者具有不同的生活圈子、不同的生活方式，以及在遭遇相同的历史转折之时拥有不同的命运轨迹的根本原因。但在小说中，占有特殊社会资源的钟跃民等人一直试图为一代人立言，这不禁让人质疑：拥有如此优越社会资源的钟跃民等人，他们三十年的人生经历能够在多大程度上展现中国历史进程中的社会现实。

李敬泽曾这样评价《血色浪漫》："在《血色浪漫》中，一个人，从1968 年穿越漫长时间，来到现在；他经历了当代中国的历史，他始终是时代旋涡的边缘上一个特立独行的细节。"[②] 此番评价并非没有道理，钟跃民的特立独行凸显着他在这段横跨三十年历史进程中的个体生命价值，但也正是这样的独特行为方式遮掩了其作为历史亲历者的见证价值与反思责任。于是小说对于这段特殊历史的展示，最终幻化为了对钟跃民个人的特立独行生活方式的描述，也正是在这样一种对过往青春岁月的追忆中，形成了属于当代人的对"文革"历史的想象及对逝去青春的缅怀。

二 大院与胡同：无法消解的对立

《血色浪漫》中的另一条叙事脉络，是钟跃民与李奎勇之间横跨近三十年的兄弟情义，而这也是钟跃民另一个特立独行之处。李奎勇是钟跃民在大院圈子外唯一的胡同平民朋友，他们的兄弟情义成为大院圈子与胡同圈

---

① 〔法〕皮埃尔·布尔迪厄：《文化资本与社会炼金术——布尔迪厄访谈录》，包亚明译，上海人民出版社，1997，第 189 页。

② 李敬泽：《〈血色浪漫〉：那个年代"浪漫"的事》，《文汇报》2004 年 9 月 13 日。

子的唯一交叉点。由钟跃民和李奎勇所牵扯出的大院圈子与胡同圈子间的对立，也成为小说中一条若隐若现的叙事线索。

大院可以说是中国社会的特有产物，王军在《城记》中梳理了北京大院从无到有的发展过程，军队大院是伴随着新中国成立而出现的，最早主要集中于复兴门以西的长安街沿线上，这里是军队重要部门及其重要机关单位的聚集地。[①] 大院是军队强化其在国家权力体系中的地位以及政治权力的重要载体之一，并且依循其在国家权力体系中的地位而选取城区中的优势位置。院墙内，如工作、生活、教育、娱乐等多位一体，有着严密的警备系统，空间分化使得大院自成体系，成为城市中的一个相对自立的空间。

也正因为大院所具有的相对自立性，它与城市其他空间相隔，建构出了一个彼此熟悉却又相互监视的内部生活空间，从而编织出较为紧密的人际关系。在《血色浪漫》中我们能看到钟跃民、袁军等人相互打闹，将其父亲的私人事件拿出分享。大院子弟所形成的交往圈子也因大院的自立性而带有一种相对稳定、明显排外的特征。

大院在国家权力体系中所处的特殊地位，使其具有了一种权力象征的政治内涵。但与此相对，北京的胡同则属于民居的范畴，是北京城平民的生存场所与生活领域。如此再来反观小说，大院与胡同的空间对立意识早已在钟跃民等人的心中根深蒂固，并且形成了一套约定俗成的界定标准：

> 天桥的热闹虽然不复存在，但在这一地区居住的居民成分却没有改变，这里远离工厂区，产业工人很少，居民多是引车卖浆之流，在钟跃民等人的眼里，这里相当于敌占区，平时若是没有浩浩荡荡的大队人马，他们绝不会来这儿。
>
> ……
>
> 如果你站在 1968 年北京的街头，你可以毫不费力地分辨出这两类出身不同的青少年。他们的区别在于举止和气质，还有说话的腔调，胡同里长大的孩子都说得一口纯正的北京话，喜欢带儿音，而大院里长大的孩子则一口标准的普通话。（第 14 页）

由此可见，大院与胡同分别象征着中央与地方、中心与边缘，大院所

---

① 王军：《城记》，三联书店，2003。

特有的神圣感与神秘性，和胡同所具有的世俗性与日常化，形成了空间的隔离与意义的对立。正因此，大院内生活的军队高干及其家属笼罩在神圣的光环中，这样的神圣感与血统的优越意识代代相传，使得大院子弟自出生起便意识到自身的与众不同。细数小说中几个主要人物，他们无不有着优越的家庭出身，这驱使他们自觉划分出了大院与胡同的界限，在隔绝中不断确认自身的优越感。他们从一出生便被树立起国家革命与建设事业接班人的意识，在其成长过程中，大院内和大院外的相互对立，墙内和墙外的相互隔绝，不断生产、巩固着大院子弟的身份认同。即便是钟跃民曾经因为父亲的政治问题，被暂时悬置在大院权力场域之外，拥有了和李奎勇成为同学的短暂时光，但是所谓的同学之情、兄弟之义并没有消除大院与胡同的对立关系。《血色浪漫》中钟跃民对于自己与李奎勇的差异自始至终都很清楚，所以在面对李奎勇的平等言论时他就当即反驳。在处理 "小混蛋" 的问题上，钟跃民也清楚地指出大院圈子与胡同圈子的不相容，因为李奎勇不是 "圈子里的人"，所以他不会理解钟跃民和李援朝之间的复杂关系，而圈内人所占据的天然优势也注定了钟跃民与李奎勇的意见分歧。由此可见，钟跃民与李奎勇因为特殊时期所建立的友谊属于私交，当涉及 "小混蛋" 这一事件时，分属不同阵营的二者只能公私分明，最终也只有刀兵相见。

无疑，"小混蛋" 是大院空间与胡同空间相互挤压中所催生的畸形儿，大院顽主对他的压榨最终形成了反弹力，激发 "小混蛋" 的造反欲望，成了杀人不眨眼的胡同顽主。显然，"小混蛋" 的存在破坏了大院与胡同之间的原有秩序，成为社会中的不稳定因素，这也是后来李援朝清除 "小混蛋" 的直接原因。时过境迁，当李援朝和钟跃民回忆起围剿 "小混蛋" 这个事件时，则将他的死亡原因归结为群体暴动事件的局面失控。至此，三十年前 "小混蛋" 的死亡原因被转化为他自己的 "恶贯满盈" 和司法系统的瘫痪，以及相互牵制的复杂社会关系。因此，这场针对 "小混蛋" 的有组织、有预谋的集体谋杀，似乎带有了一种 "替天行道" 的正义光环。更令人不解的是，最终这场故意杀人虽然如冤假错案一般被平反，但李援朝等人依旧能够占据社会精英的地位。

小说中，当钟跃民从军队转业，开始自己经营煎饼摊，一个偶然间与李奎勇重逢时，他们二人进行了一段十分有意思的对话：

李奎勇说："我记得你爸是副部长，你又是转业军官，我可没见过你这种身份儿的人当摊贩。"

"这没什么奇怪的，靠劳动吃饭又不丢人。"

"你可真是独一份，我还是挺佩服你的，你从小就和别人不一样，你还记得吗？那时你老去我们院和我一起练摔跤，和我们胡同里的孩子也玩得挺好。"（第 302 页）

在这场久别重逢的对话中，市场经济所带来的自由、公平、多劳多得的价值观念似乎为钟跃民与李奎勇之间的身份对立提供了消解的契机。于是在此，钟跃民和李奎勇之间的友谊，抹平了大院与胡同之间的对立与隔阂。如此缓和的对话不断暗示，改革开放的到来更新了原有的社会秩序，钟跃民也摇身一变，成了社会主义新人。

但是改革开放后所谓的机会均等，又被李奎勇的"宿命论"否定了："当爹的干什么，当儿子的接什么班，再怎么蹦跶也蹦不出这个圈儿去。"（第 302 页）钟跃民对此却不予认同。后来郑桐进入中国社会科学院，袁军成了一名外交官，李援朝成了商海精英，即便是转业的张海洋也成了一名刑警队长。同为"老三届"，彼此间境遇的差异却为李奎勇的悲观"宿命论"不断提供佐证。当然，这其中发生转变的还有钟跃民，昔日玩世不恭、游戏人间的钟跃民，如今却扮演着一个大家长的角色，他竭尽所能地帮助同一知青点的老知青，这种转变的原因被郑桐归结为叛逆青年的回归。

20 世纪 70 年代末以来，高考的恢复以及商品经济的发展，为中国社会带来了转型，昔日的顽主也发生着身份的转变：从一开始游走在体制边缘的大院顽主，转变为社会主义新体制的捍卫者。于是在都梁的笔下，钟跃民、郑桐、袁军等人在经过上山下乡、军营生活之后，最终从边缘重新回归主流，由顽主成长为精英。这三十年的人生历程最终呈现为一种圆形轨迹，用理性回归完成对叛逆青春的补白。

与此相对则是平民"老三届"的窘迫：李奎勇为生活奔波最终患癌、张广志和钱志民下岗，赵大勇靠蹬三轮车维持生计……但小说将其归咎为因果报应："这是报应，文革初期打老师，砸东西，坏事干了不少，老天爷要惩罚咱们。"（第 427 页）若果真如此，身为老红卫兵的钟跃民等人为何没有"自食恶果"？

　　钟跃民认同李奎勇关于命运天注定的论调，于是，以李奎勇、张广志等为代表的胡同平民，和以钟跃民、李援朝为代表的大院子弟，二者命运轨迹的差异最终被归结为一种命中注定。本是身份对立的两方却在关于生命的理解上达成共识，反思过往生命历程的结果是：永远不要抱怨。

　　　　我想起石川村的乡亲们，记得当年我曾问过村里的杜老汉，他最盼望的是什么，杜老汉的话使我感到震惊，他说他只想吃白面馍……他们好像不这样抱怨，只是把苦难默默地咽进肚子……那种人类在苦难中的感情宣泄，是一种深刻的无奈。都是人呐，同在一块地上生活，谁又比谁高贵多少？我们有什么好抱怨的呢？（第446~447页）

　　钟跃民这段关于个人苦难的陈述，将知识青年上山下乡的意义诠释得淋漓尽致，他站在过来人的立场，以历尽沧桑的口吻诉说着，只有经历过最底层的生存状态，见过自然的苍凉悲怆之后，才知今日生活之不易，而抱怨那段苦难岁月的行为就显得如此幼稚与无知。于是在钟跃民的叙述中，大院子弟与胡同平民之间的身份对立与资源不等，被如杜老汉一般的山区平民对于生存困境的忍耐所消解，最终上升为生命平等，无分贵贱的价值判断。

　　诚然，每个生命个体都拥有等同的生命价值，但是生存在社会网络中的个人并非赤裸的、毫无任何依附的存在，个体生命所附带的经济资本、政治资本以及文化资本共同作用，使得个体最终获得了其在社会网络中的地位。小说中，钟跃民所代表的大院子弟、李奎勇所代表的平民子弟，以及杜老汉所代表的山区农民，显然并不共享等同的社会资源。

　　我们不应该为了某种目的将苦难无限夸大，但是钟跃民的关于人生苦难、生命平等的感慨，不禁让我们产生迷惑，在《血色浪漫》的故事叙述中是否存在这样一种逻辑：在杜老汉一样的农民面前，那些经历过"文革"、上山下乡的知青群体所承受的苦痛已经不值一提。若照此逻辑，面对现实、反思历史又是否有其存在的必要性呢？与自然抗衡、为求生存所遭受的苦难，与出于政治目的被强行进行革命改造所遭受的苦难，二者是否存在可比性呢？

三　在怀旧中重塑"文革"记忆

《血色浪漫》以一种回忆式的口吻诉说着钟跃民过往三十年的人生历程，小说中作者对于钟跃民等人过去的追述，读者自身所处的时代背景与 20 世纪 60 年代之间的时空错位，使得小说笼罩在浓厚的怀旧氛围之中。

关于怀旧，美国学者博伊姆在《怀旧的未来》中将怀旧划分为修复型怀旧和反思型怀旧，前者旨在维护绝对的真实，通过博物馆、纪念碑、纪念活动等国家仪式来对过往历史中的家国形象进行修复，以实现重返故乡、重建家园；后者则是立足于集体记忆的立场对所谓的真实记忆进行反思和追问，于是怀想本身成了怀旧的焦点。① 无论是怀旧还是追忆，这个行为本身都是对曾经的遭到消解与删除的生活现实进行修复，是一种体验的集体再现。小说中的怀旧或者追忆，是以集体的名义来表达群体声音的，是通过个体来展现和铺陈历史的。

《血色浪漫》以钟跃民的个人经历为主线，试图展现的是钟跃民个人关于过往青春的记忆。但我们不禁要质疑，小说中如钟跃民一般的大院子弟，他们的经历以及关于这段岁月的追忆，能在多大程度上代表整整一代人的记忆？

都梁在《血色浪漫》中，将中国社会自 20 世纪 60 年代末到改革开放后的三十年历史，借由钟跃民的人生经历来体现，这样的叙述方式显然和 20 世纪 90 年代以来"文革"题材小说的个人化书写不无关系。所谓个人化，并非对小说创作者个人风格的强调，而是对切入历史与社会的视点、叙述身份以及位置的强调，它能够呈现某些为宏大叙事所遮蔽的细节。也正是在这样的创作思路之中，关于"文革"的记忆摆脱了主流话语及传统历史观的局限，尝试回到最本真的书写状态，试图展现对"文革"历史的别一种姿态。

毋庸置疑，"文革"小说向日常生活叙事的转移，的确弥补了之前同题材小说忽视日常生活的这一缺陷，正如洪子诚所言：

> 在那几年的作品中，我读到了不少对苦难和伤痕的撕心揭发和控

---

① 〔美〕斯维特兰娜·博伊姆：《怀旧的未来》，杨德友译，译林出版社，2010。

诉，也读到不少有关与邪恶力量斗争的英雄的技术。……我当时产生一种模糊的想法，如果上面的那种'历史叙述'有它的道理的话，那么，也应允许有其他的叙述，即使后者作为'补充'也罢。因为作为一个普通人，我们在'文革'中的日常生活，我们的痛苦和希望，似乎有着别一种的形态。①

显然，都梁在《血色浪漫》中试图呈现"别一种的形态"，钟跃民的经历呈现着历史的一个侧面。许子东在谈及"文革"题材小说时说，对于年青一代以及后人和外人来说，所谓"文革"，首先便是一个故事，一个由不同人讲述的故事，一个内容情节大致相同，格式细节却千变万化而且可以引出种种不同诠释的故事。而这个故事的小说版本，可能会比政治文献或历史教科书流传更广，影响更为深远。② 肖复兴在《绝唱：老三届》中同样肯定了知青文学的价值，他认为知青文学不会消亡，知青文学的未来将有下一代人继续书写，就像苏联的卫国战争文学一样，我们的知青文学并不会因为"老三届"的老去而消失殆尽，知青岁月这段历史依然会震颤着、骚扰着后来者的灵魂。"文革"十年是新中国漫长历史中断层的十年，亲历者无法忘怀，而未经历者也借助于文学、电影建构自己的"文革"记忆。

于是，关于"文革"这段历史的记忆也伴随着文学、电影等媒介的发展而不断被重构，呈现为一种复合式历史记忆，"文革记忆同时由当事人经历的'真实历史'和由传媒（影视、印刷出版物、网络文字、新闻报道、评论等）所传递的'人为历史'所构成"。③ 如何满足受众的期待成为左右作家创作的一个重要因素。都梁在采访中反复强调，自己只是想讲述一个故事，从文学市场的接受度来看，都梁确实是一个讲故事的高手。这段关于钟跃民、袁军、郑桐等人的青春往事先后被长江文艺出版社和人民文学出版社出版，同时由小说改编的电视剧也获得了不俗的收视率，可见《血色浪漫》的故事模式和叙事风格与大众文化市场完美契合。小说中钟跃民、袁军、李援朝等人的青春岁月成为今天的人们建构知青历史记忆的重要素

---

① 洪子诚：《读〈鼠疫〉的记忆》，《文学与历史叙述》，河南大学出版社，2005，第214页。

② 许子东：《为了忘却的集体记忆：解读50篇文革小说》，三联书店，2000，第2页。

③ 徐贲：《全球传媒时代的文革记忆：解读三种文革记忆》，爱思想网，http://www.aisixiang.com/data/8850.html，2005年9月23日。

材。然而,这些只属于大院子弟的历史记忆,显然不能为整整一代人立言。

虽然都梁在小说中试图抽离自身,但在这种抽离在叙事过程中无意识地显示中国社会体制的等级分化,而这种分化所催生的大院与胡同之间的对立,根本不可能逐着个体间关系模式的改变而消解。《血色浪漫》中关于叛逆青春、渴望自由等的表层叙事,淡化了这些大院子弟凭借优越的血统所继承的权力资本,当他们体验过充满传奇色彩的人生之后,重新回归正途的他们,凭借着继承而来的社会资源,再次成为新社会的精英群体。

结 语

或许正如都梁在接受采访时所强调的那样,他只是想讲述一个故事。讲述视角的选择决定了这段故事的呈现方式,因而,作为读者的我们所知所见也不过是真实的一个侧面。显然,钟跃民等人作为新中国这段历史的亲历者与见证人,以最直接的方式参与其中,但是在小说中,这一系列牵动全国的事件淡化成了叛逆青年的成长转折点。钟跃民等人经历过上山下乡的沉淀,最终退去青春躁动,完成了从边缘到中心的回归。这场以对知识青年进行改造为目的的政治运动所引发的最终结果是整个中国社会文明的倒退,这也是过往三十年中国社会历史中真正的血色所在。关于血色,都梁在小说开篇便借钟跃民之口,论述了1968年世界范围内的动荡,钟跃民等人的打架群殴被置于这一特殊的时代背景之中,也就具有了为自由而战的革命血色,钟跃民也因此成为“一个背着菜刀的诗人”,浪漫得还有几分悲壮。

显然,在都梁的叙述中,钟跃民等人的浪漫青春覆盖、淡化了这动荡三十年的真正血色。如果说钟跃民只是这段历史中的一个细节,那么都梁对这个细节的展现也反映他对于这段历史的选择性记忆。诚然,历史具有多个层面,记忆也会因为时间的流逝而发生变形,这使得当事人在叙述时无可避免地要进行选择性记忆,但是,当这一代历史的亲历者有意识地对这段历史进行包装以图淡化负面过去时,实际上已经在表达对这段血色过往的集体认同。当都梁用浪漫的笔调展现钟跃民等人的传奇经历时,他遮掩了这传奇经历背后的残酷血色。

专题二

城市文化研究

后海：空间与文化

蒋原伦[*]

摘要：后海，可以看成是新都市文化的缩影，是生产消费文化并承担各种新都市生活协调功能的空间，作为一个意义开放的空间，后海不是静态的休闲之处，而是动态的和混杂的空间，同时又是不断演变的空间，它不会凝固在某种单一的形态之中。今天的后海延续着以往的日常生活功能，更重要的是发挥着夜生活的创造功能，并开创了各种社交生活的模式，因此其文化意义不仅是指向当下的，而且是指向未来的。

关键词：新都市文化　空间意义　开放型文化　夜生活创造功能

Abstract：Houhai, an epitome of new urban culture, is a space not only produces consumer culture but also affords all kinds of new urban functions. As a space with open meanings, Houhai is not a pure leisure place, but a dynamic and mixed place, and always changing. It cannot stay in a single form. Nowadays, Houhai continues its old daily functions. More importantly, it also creates new night lifestyles, and develops new social relationships. The cultural meanings of Houhai exist both in the present and the future.

Keywords：New Urban Culture　Space Meaning　Open Culture Night Life Creating Function

---

* 蒋原伦，北京师范大学文学院教授。

一 新都市文化

21 世纪的头十年，后海（什刹海）一带的热闹足以使人们将它看成特殊的文化现象，后海的吸引力似乎是在短短的两三年间喷发出来的，继而光芒四射，许多外地的小青年来北京，不是惦记着参观故宫，而是想到后海来扎堆。在这狭小的天地里，举首四望，不仅有湖光山色、烟桥柳巷，有酒吧餐馆，还有诗酒泛舟，宛若当年的秦淮风光。

2001 年深秋，当我和几位好友在银锭桥附近唯一开张的一家茶馆聊天时，周围一片黑暗，几家灯火在远处闪烁，虽然没有客船钟声，但也有枫桥夜泊的意境。我们讨论的话题是人文期刊和大众消费文化的关系，座中没有人会料到短短数年间，周围的宁静将被喧哗取代，夜色将被彩灯驱逐。在某种意义上，后海一带的热闹与农贸市场和一般集市的热闹没有多大区别，只是换了人群，年轻人和都市白领成了这里的消费主体。在农贸市场，人们购买的是日常生活用品和食品，在这里人们购买的是某种感觉，如夜生活感或都市生活感。至于美酒和咖啡，只是一种媒介，人们以高出数倍或数十倍的价格来支付酒水、饮料，不是为了啜饮酒水混合的"红粉佳人"，或远远不够地道的蓝山咖啡、卡布其诺等，而是为了品尝这里的氛围，就像前几年人们在三里屯酒吧街观赏"西洋景"一样。

后海的热闹表面上得自偶然的契机。2003 年春夏之际，"非典"（SARS）肆虐，北京三里屯的酒吧街一片萧条，什刹海沿岸却一派兴旺景象，感觉是挨家挨户大兴土木，所有的门面房都成了商机捕捉的对象，所有的商机都简化为一种模式，那就是投入餐饮业，如酒吧、咖啡吧或餐馆。连西海那几条仿古的船舫，也是为船菜的名目而存在，待到秋来十月，它们赫然已成规模。多年的沉寂蓄势为一朝的喷发做了铺垫。

其实没有"非典"，后海一带也早晚会被消费文化所占领，这一大片地域，为新都市消费文化的发展准备了极好的空间，满北京找不到这么一块风水宝地（以商业用语来说，这叫黄金地段），地处市中心，既有历史遗迹又有自然风光，远山近水加之清风明月，可谓得天独厚。当然在北京市的规划中，政府没有将其交给开发商来盖楼，也是明智之举，城市的管理者和规划者原本是想让市民有个休闲的好去处，还是作为旅游景点别有留用？是早有打算，还是狐疑不决？不管是哪种情形，只要留下了就是好的。

　　1990 年，什刹海地区被确定为北京历史文化保护街区，这里的历史文化就是指明清以来的空间格局和建筑样式，而所谓的保护也就是大致的空间格局和自然环境没有遭到太大的更动或破坏。然而颇有意味的是，当人们在修缮湖畔的名园故宅、寺庙、道路、拱桥时，周边悄悄滋长的新的文化氛围。当休闲的、现代化的、西洋风情的一排排咖啡吧和酒吧沿湖两岸亮出时，所谓的历史文化就呈现光怪陆离的形态来。

　　如果历史文化仅仅留存在化石、文物和各种史料记载中，它们则是静态的形象，如果历史文化处于某种开放的空间中，那么情形就要复杂得多，因为开放的空间是动态的和混杂的，同时又是不断演变的，它不会凝固在某种单一的形态之中。不过，就在笔者撰写此文时，据说西城区有关管理部门对后海一带的酒吧建筑风格提出统一着装的要求，就是要把鳞次栉比的门脸重新装修成明清风格式样，如有古色古香的屋檐和瓦当、雕花镂空的窗户和仿旧的装潢等。那些有着大玻璃开间和落地飘窗式样的建筑、现代风格的酒吧，据说要推倒重来，尽管它们已经在过去短短的几年中形成了后海一带新的历史文化，但是为了更早的历史文化，它们必须让路，因为它们不符合某种历史文化的定义。

　　然而，在一个开放的空间中，无论复古到哪一阶段，无论在表面上做什么文章，都不能重构"以往的"历史，[①] 也无法抗衡时代的侵蚀，因为大的社会语境有着强烈的感染作用，改变着符号的意义和功能。后海一带的仿古建筑在今天的社会语境中虽然仍有中国历史文化的意味，但是从根本上说，它们只是历史文化的某种痕迹或遗迹，更多地提供有关历史文化的想象性功能，或者作为全球化的旅游文化的组成部分获取其意义，再或者是多元文化中（而不是以前中西文化孰优孰劣相比较中）的民族文化象征……而我们更愿意将它们作为新都市文化来加以论述。后海文化着重讨论的是 2003 年以来的新都市文化。由于新都市文化是动态性、生产性的概念，是在与大众媒体的互动中演化和建构的，其必然会滋长一种历史文化无法涵盖的新内容，所以我们的研究工作必须具有发现性和描述性的，以此来展示新都市文化。这里不是要界定什么是新都市文化及它有哪些特点，因为在若干年以后来看今天的什刹海文化，也许会更加清晰一些。

　　新都市文化不是定型的类型文化，而是指正在建构中的，对当下的市

―――――――――――

　　① 之所以加"以往的"三字，是为了对应克罗齐"一切历史都是当代史"的说法。

民生活做出迅速反应的文化。今天的后海文化，是比较典型的个案。尽管后海有丰厚的文物和历史遗产，占据有利地形，但是现在这一切都成了某种象征，成了新都市文化韵味的一部分，即成为一幅风味浓郁的背景图，而在这种背景图前上演的，则是最为时尚的活报剧。

二 空间意义

把后海当作都市文化的舞台是，因为它拥有一片自然空间，一片宜人的风光。自然风光本无价，自然空间的功能也是难以规划的，但只要向人们敞开，它就会不断地产生新的功能和意义。

说得极端一些，后海的最大意义，就是拥有一片敞开的空间，没有高楼大厦，没有压得人喘不过气来的水泥森林。

现代都市的最显著特征就是楼宇广布，四处耸立的高楼使得生活在其间的市民成为蝼蚁，无论目光向哪个角度扫射，都为坚硬的水泥楼板所阻断，由此产生的被困守的焦虑，只有在一片相对开阔的空间里才能有所释放。自然，在都市的中心保留较大的空间会付出相应的代价，例如，城市建设效率方面的代价，都市交通方面的代价，但是这一付出所带来的心理和精神方面的益处，是难以估量的。经济效益的计算法则在这一领域中并不适用。这就是荷兰阿姆斯特丹市民反对市政当局关于填平若干河道改建行车道设想的原因，这也是韩国的首尔市政当局将建成的马路重新开膛破肚，为清溪川恢复河道的缘故。那条马路位于市中心，承担着繁忙的运输任务，现在由车水马龙回复到碧波粼粼，虽然必将带来经济上的损失，然而首尔市政当局的这一举措获得了市民们的极大好评。这里，与其说首尔市政当局有健全的现代城市建设理念，不如说他们就是投市民所好而为，他们理解当代都市人的心理需求和空间焦虑。

应该说这种需求和焦虑是大都市人所特有的。如果在一片矮房中，偶尔有高楼矗立，人们往往会表示欢迎，因为它们的存在增加了空间的立体感。人们甚至会用"巍峨""拔地而起"这样的词语来表达自己的惊奇感受，就像杜牧当年写《阿房宫赋》，极尽夸张之能事一样。该宫殿居然"覆压三百余里，隔离天日""骊山北构而西折，直走咸阳。二川溶溶，流入宫墙。五步一楼，十步一阁。廊腰缦回，檐牙高啄。各抱地势，钩心斗角。盘盘焉，囷囷焉，蜂房水涡，矗不知乎几千万落"。无论是杜牧，还是那个年代的其他人，都根本不会去考虑这座方圆三百里的超巨型建筑可能带来的生态和心理方面的危机。

以现实生活为证，巴黎的埃菲尔铁塔就是典型的个案。当初施工时，它颇遭市民的非议，但是当其落成，巴黎市容因此而改变，它之所以超越卢浮宫、凯旋门、协和广场等成为巴黎的标志性建筑，不在于它的文化和历史内涵，而在于其高度和空间优势。埃菲尔铁塔的存在，不仅使俯瞰巴黎全城有了制高点，还使巴黎城的空间在其衬托下，显得丰富而多姿，人们在俯仰之间有了更多的意趣。

然而，随着现代都市的扩展，摩天大楼的崛起，都市人的空间焦虑也日益加剧，可以说这种焦虑几乎是与钢筋水泥建筑的历史同步增长的，钢筋水泥的历史也就一百多年，有人把钢筋水泥和柯布西耶的建筑理念联系起来，声称他发明的"多米诺式住宅"和钢筋混凝土框架模式，改变了城市的面貌，他将建筑看成"居住的机器"。这在某种意义上确立了现代都市建筑的新型空间关系和秩序。如果以上这类说法成立，那么现代城市的历史就更短，不到百年的工夫。然而，都市人惊恐地发现，短短几十年间，自己已经被一片水泥森林包围，难以自拔。人们寻找各种解脱的方法，寻觅自由的空间，以减缓空间焦虑和紧张的工作节奏带来的心理压力。曾几何时，摩天大楼被看成都市人摆脱喧闹困境的一帖良方，例如，德赛都就在一篇文章中提出："上升到世界贸易中心的最高处即摆脱了城市的控制，人的身体不再被街道挤压，它们依照某种不知名的法规来回驱使着你的身体：无论是作为游戏者还是被游戏者，它都不会被诸多差异的喧嚣和纽约交通的紧张所占据"。[①] 然而，今天登上摩天大楼，不再有"一览众山小"的感觉，因为周围同样是摩天大楼或小摩天楼，尽管它们参差不齐，但是拥挤和被包围的感受是难免的。很难想象交通和被挤压的紧张不被另一种紧张——楼群包围的紧张——所取代。

地处大都市中心的后海，是人们缓解心理压力的首选或可选之地。因为这有相对宽敞和自由的都市空间，平静的湖面和四周的绿荫让人有回归自然的感觉，湖岸的林荫道和周边的胡同、小巷，鸡犬之声相闻而亲切怡人。尽管今天后海的自然风光中已经有许多人造的成分（人造景点陆陆续

---

① 转引自〔美〕约翰·费斯克《解读大众文化》，杨全强译，南京大学出版社，2001，第217页。

续地浮现，例如，东沿的金锭桥，南岸的野鸭岛、各个船码头等），但是比起外围那气宇轩昂的大楼和各种新款轿车飞驰的马路来，它仍呈现一副古旧的、安详的面孔。连近两年来变得十分夸张的灯红酒绿、橹摇轻舟、如豆船灯也仿佛昭示着某种历史曾有的景象，不免使人产生古老的联想……

如果后海像杭州西湖那样早早被规定为旅游风景区，其意义空间就不一样。如北京的各大公园，作为旅游景区，是老人们晨练的场所，观光客白日旅游的景点，恋人们黄昏后幽会的去处，时段和功能似有着对应的关系，约定俗成。当然，具体到每个人，可以不受约束。然而实际上人们往往受习惯支配，公园的制度，包括那些公园的门票，就成为自由的某种障碍，虽然这类障碍很微小，但是其在人们心理上的作用远大于物质上的作用。

后海一带当然也具有以上这些功能，既可以休闲也可以游览，但同时它还有特殊的功能，那就是想象的功能，想象的可能来自其未被规划的部分。笼统地说，后海的自然空间为市民的休闲提供了方便，然而休闲的多样性是难以预设的，特别在信息时代，传媒的发达为后海打开了巨大的象征性空间。在这方圆三五里的地界里交叉重叠着多层空间含义，它既有都市气象，又有小桥流水；既有西洋式的酒吧、餐馆，又有民俗购物的烟袋斜街；既有当下的市井风俗，又有前朝的四合院和古老寺院。因此，后海一带既人文又自然，既传统又前卫，既现实又梦幻。所有这些相对立的文化因素，我们居然都能在这里找到它们的象征符号。而当这些文化因素结合在一起时，又会产生奇特的共鸣效应，使其想象性空间得到无限的伸展。

这里不能不说到北京的年轻消费群体和他们的空间需求，他们是相对有点儿特殊的群体。按理，年轻的白领阶层似乎在各大城市都一样，他们是最容易走向全球化的社会阶层，但是北京的年轻白领和别处不太一样，他们是最有梦想的一群。亦可说是各地年轻人中的寻梦者和最不安分者都选择留在北京，聚集在北京（自然，北京的开放性和包容性也吸引了他们，北京话不像上海话和广东话那样有排斥性，增加了这个城市的亲和力）。

之所以这么说，是因为有以下的一些依据：一是北京的大学生人数庞大，他们作为白领的后备军，不仅为这一阶层带来了蓬蓬勃勃的生气，而且为这一阶层注入了新的梦想，甚至可以说他们本身就是各种梦想滋长的温床。二是北京特殊的社会阶层结构及其历史和户口制度，使得北京市民与外来人群体保持着一定的距离。上海和广州等地的市民的世俗心态或实用精神，渗透到社会的各个角落，似乎杜绝了浪漫主义理想和追求存在的各种可能。北京则不然，市民们的实用精神、过太平日子的心态对外来的年轻人群体没有深刻的影响。特别是 20 世纪 90 年代以来，从各地进入北京的年轻人那跃跃欲试的心态和不甘寂寞的劲头，与一般的小市民心态格格不入。受消费文化影响，他们的理想不仅五彩缤纷，而且充满物欲，对空间消费也有自己的要求。后海那光怪陆离的酒吧名称似乎正是因应他们的梦幻而来的。

　　自然，说到北京的有梦想的青年人，只是提年轻的白领显得过于狭隘，它不能涵盖北京大量的没有户口的自由职业者群体。自由职业人群其实是最富有理想色彩的群体，他们之所以选择了（或者忍受着）不安定乃至动荡的工作方式和生活方式，是因为怀揣梦想。这二十来年的神话般的发展速度，使北京和周边地区拉开了距离，年青一代人和上一代人之间的代沟及个体之间的命运反差更使这部分人增添了梦幻色彩，促使他们留在这座各种文化交汇的城市。为此，人们专门创造了一个词"北漂"来命名这一人群，他们"漂"在北京的各个角落，也"漂"在自己的梦幻之中。"北漂"作为一个群体，其界定是相对模糊的，以职业的自由度或者北京户口为标准来划分都不够准确，也可以两种标准互相参照，其实这都无关紧要，紧要的是"北漂"们具有的某种生活方式和精神状态，这种精神状态在年青一代人中具有普遍性，他们在寻找自由空间，从刻板的现代都市社会生活节奏中解脱出来，不为五斗米折腰。当然，他们不是要学陶渊明返归田园，他们对都市生活有很大的认同，他们的理想就在这光怪陆离的都市生活之中。如果说变"朝九晚五"为"朝酒晚舞"（酒吧名）有点夸张，那么深陷喧闹都市中的他们，所企求的就是在其中有自己的小小的行动自由。

　　在拥挤的都市中寻找自由空间是十分奢侈的事情，自由空间的替代品就是想象空间，后海的湖面和酒吧在满足空间想象方面，同年轻人的心思十分契合。

三　开放型文化

　　如果不深入里巷小街，在 21 世纪的今天，你满大街似乎看不到北京的风貌，当年的作家老舍和后起的一代作家如李龙云等笔下的北京，已经为现代都市景观所覆盖。拔地而起的高楼、宽阔的水泥马路、巨大无比的广场、无所不包的超市将古老的北京装点成十分摩登的超级大都市。然而从喧闹而宽阔的北二环或平安大街转入什刹海沿岸，顿觉清爽无限。千万不要以为就此找到了隐世的桃花源，其实后海一带是现代都市的另一副面孔。

作为消费时代的产物，后海文化在某种意义上说就是新都市文化，尽管后海的风貌基本保持着以往的格局，似乎不那么时尚，但是其开放性空间不仅不妨碍它接纳最时尚的文化，而且有利于时尚的生长。人们认为时尚就是某种风潮，强劲而短暂，它没有稳定的内容，也没有连续性。另外，时尚还具有排他性，排斥一切旧有的、非时尚的事物。然而，在新都市文化的语境中，一切都在改变，时尚既是推陈出新的，又是包罗万象的。新都市生活的节奏使得时尚成为一种常态。在什刹海一带多少可以证实这一感觉，这里仿佛是时尚的橱窗，环湖的店面和周边的环境似乎日日在翻新（其实，这里白天最忙碌的是建筑工人，尽管一到夜晚他们就会悄悄隐去），你能感觉到每天在发生变化，有新鲜的事物冒头，有别样的风景闪现。当然，什刹海的自然风貌是稳固的背景，在这稳固的背景中有某种深厚的积淀是不能完全用时尚来概括的，时尚中也有某些元素是长存不衰的，因此称后海文化为时尚不是要切断后海与历史和传统的联系，而是强调后海今天所发生的一切，都有着共同的情景。即便是古旧的风物，在新的情景中也会生出新的含义，这种含义虽然是因人而异的，但是它有一定的约束力，会把周围的一切纳入自己的体系之中，变成新文化的一部分。

（一）夜生活的创造功能

笼统地说，都市文化的表征就是时尚，与传统的乡村生活的封闭、自给自足相反，都市生活是向当下开放的，所以都市文化是面向时尚的，由于它和现代工业文明是孪生兄弟，因而获得了点铁成金的魔力。它能让故旧的风物露出时尚的笑容来迎接大众，可以在一夜之间把它们变成著名的旅游景点或采风的好去处。如果需要，还能开路，造索道，建星级宾馆连带豪华厕所，在将观光客带到它们那里的同时，也将自身延伸到周围的每一个角落。

由此可以说后海就是时尚，后海发生的一切变化都是时尚的作用，后海既是时尚的发源地，也是时尚的表征。后海的时尚不仅仅是酒吧街，不仅仅是购物和小吃，也不仅仅是古旧的建筑和名人故居，它是以上所有具象的综合，并且时尚就在这综合的语境中诞生。西美尔曾认为，时尚是一种复杂的结构，似乎可以这样来理解：时尚不是体现在某一些具体对象中的，它主要是情景的产物。时尚或不时尚不是由某些具体的行为所决定的，而是取决于大情景。这里说的大情景就是夜生活。

在都市文化中，夜生活最具创造能力。都市文化的一个显著标志就是夜生活，夜生活本身就是都市生活和都市文化的产物。这不仅是相对于乡村生活，而且也相对于小城镇生活。大都市的喧哗使日常生活速度加快，并且都市文化将日出而作、日落而息的自然规律倒置过来，或者说把白天的时间延长，延长到深夜两点或者更晚，现代的照明技术和都市环境为夜生活的展开提供了很完备的保障，白天是旅游观光客的天下，夜幕降临，都市年轻人出动，既从事消费，也从事生产，夜晚的生产和消费关系更加直接，不是生产具体的消费品，如酒和其他饮料，而是生产出娱乐的各种方式。

日出而作、日落娱乐，这日落的娱乐同时也是一种生产活动，需要资本的投入，需要一批产业大军，东直门簋街的昌盛，王府井大排档的热闹、三里屯酒吧的红火都不是简单的供求关系促成的，而是大都市环境中生长出来的新的生活方式和内容。从农业文明的角度来看，它们都是"恶之花"，尽管艳若桃李，却散发出腐败气息，但是这种气息是大都市夜生活最合适的土壤。当年著名作家茅盾写《不夜城》时，旧上海是农业中国的一个特例，曹禺先生的《日出》写的也是上海，上海的夜是罪恶的渊薮，健康的生活从太阳升起的时候开始。然而工业文明和市场机制却偏偏将罪恶之夜扩展到所有的都市，让"恶之花"开遍全球。

在一些文明研究者的眼里，晚近的城市应该是反自然的，如斯宾格勒在其《西方的没落》一书中是这样论述城市文明的："它希望成为一种和自然不同并且高于自然的东西，这些高耸的山墙、巴洛克式的圆屋顶、尖阁和尖塔既不是也不愿意成为跟自然有任何关系的东西。宏伟的大城市，即作为世界的城市接着开始建立起来，它除了自己以外不能容忍别的东西的存在，而且要去消除乡村的图景。"[①] 我们可以质疑这一截然对立的划分方式，但是城市发展的逻辑中确实有对大自然的排斥性，它以楼宇和水泥制品来侵吞自然空间，恨不得利用一切机会将周边的一切都变为自己的领地，

① 〔德〕斯宾格勒：《西方的没落》，齐世荣、田农等译，商务印书馆，2001，第205页。

即便是修复古建筑（古建筑因其古旧而在今人眼里有了"自然"的意味），城市发展的逻辑也会大做文章，它以修复的名义大肆扩建，添油加醋地在周边造出许多景观来。无论是修复岳阳楼，重建圆明园，还是再造滕王阁，都市文明都有一种冲动，那就是侵吞大自然，以技术制作的奇观来覆盖一切可以利用的空间。只是现实的情势不会只按一种逻辑运行。另一种价值逻辑具有反抗性，它会在都市中心开辟公园和绿地，甚至人造草坪，来加以抵抗。

现在好了，人们把"恶之花"从四周水泥楼宇中移植到自然环境中，移到当年有"西湖春、秦淮夏、洞庭秋"美称的什刹海，不仅使之开得更加灿烂夺目，而且省却了许多成本和麻烦。

当然，最能反映都市文化和风貌的是追赶时尚的人群，他们也是后海情景的最重要组成部分。入晚，没有熙熙攘攘的人流，没有灯红酒绿下朦朦的身影，后海就不成其为后海，在这里，每个人都希望从热闹的人群中获取力量，从别人身上窥到时代的气息，或者通过夜生活的氛围来感受时尚，并试图创造出与白天不同的生活来。

（二）夜色

20 世纪 90 年代以来，胡同游成为什刹海一景，一溜儿的三轮车队，车夫们穿着红色或黄色马甲来回穿梭，北京风情吸引观光客，国外的游客对老北京的民居民风似乎比国人更感兴趣（国人来京旅游的关注点是故宫、八达岭、颐和园，还有大大小小的人造景观），管理当局则慢慢地修缮，整治环湖一带的景观和建筑，也修路，也疏通河道，只是节奏缓慢，有点例行公事的味道，依稀之中有一些变化。但是城市的四围在大拆大建，都市建设的力气基本用在三环、四环、五环一带，拔地而起是公寓和写字楼，是巨大的超市和购物中心，那里真正是日新月异。而城市的中心，什刹海一带风光依旧，安详又宁静，除了附近的百姓，匆匆来去的就是外来观光客。在 2003 年以后，这里成了年轻白领的好去处，显然吸引他们的不是前朝的古迹，不是衰败的王府，更不是湖水的韵味，而是夜生活。说得全面一点，这里的夜生活有了湖水和老宅的衬托，别致而富有情趣。

在银锭桥畔有一个"后海夜色"的茶餐酒吧，占据了一个很好的观景位置，在"烤肉季"的西侧，把着一个街角，可以西眺，亦可南望。其实就自然风光而言，后海的夜色不如后海的白昼，白天有湖光潋滟，有杨柳依依，有青砖灰瓦，还有飞栋画梁、古色古香。特别是秋日的下午，户外绿水如洗，景色宜人。后海夜色没有特别之处，只有酒吧街的夜色，除了有时湖中有篷舟摇过或河灯漂移外，和别处热闹一点的酒吧街相比，没有明显的特色，周围一片都沉浸在摇曳的彩灯和广告灯箱之中，然而，后海的夜色中有人气，有熙熙攘攘的人群，有灯红酒绿和觥筹交错，在夏日，更是如此。

当自然和都市文明奇特地交融在一起时，就会爆发出巨大的能量，吸附着夜间游荡的人群，这些人群由各种社会成分组成，如都市白领、北漂、商人、观光客、艺术家、青年学生等，他们的共同点是内心的欲望需要外部情景来调动和激发，而夜生活是一个巨大的、有着奢华的光彩夺目布景的舞台，它会使踏上这个舞台的每一个人情不自禁地摆出各种姿态，投入角色之中。应该说后海夜色就是都市夜生活的典型。

这里有一种微妙的关系变化。白天这里以名园故宅和古旧的风貌吸引着观光客，他们三五成群，哩哩啦啦，漫不经心，有关管理部门缓慢的修缮节奏倒是与之相称；一旦入夜，夜生活的兴旺使其成为闹市，什刹海周边就加快了整治和修缮的速度，旧有的、翻盖的、仿造的各色建筑，统统装点一新。灰瓦粉墙、簇新红门，新贵的气息和旅游胜地的做派混杂。其实在夜幕笼罩之中，只有咖啡馆和酒吧奇异而刺眼的光泽吸引着游客，而游客们也是冲着灯光而去的，像趋光的飞虫。黑夜中的灯光和流行音乐成为某种坐标，将游荡的人会聚到一起，全不顾也不必知晓什刹海的今昔变迁和历史底蕴，他们关注的只是今宵，关注的是夜生活的质量，关注的是湖边那一溜咖啡馆和酒吧。

（三）夜生活衍生公域的新功能

说起咖啡馆，它在哈贝马斯有关公共领域的理论中，曾有了不起的地位。哈贝马斯认为，17~18世纪的咖啡馆和沙龙，是市民社会的公共空间，在这一空间中，一个介于贵族社会和市民阶级知识分子之间的有教养的中间阶层逐渐形成，并对公众舆论保持其影响力。当然在哈贝马斯的论述中，它们是有着这样一些排序的，即作为公共领域，它们"首先是文学批评中心，其次是政治批评中心"，这是结合当时社会上发行的一些人文周刊而言的，因为在当时，"新的杂志和咖啡馆生活的内在联系十分密切，以至于随意翻阅某期杂志都可以完整地复述出咖啡馆里的生活"。可以这么说，"那些周刊完全成了咖啡馆里讨论的一部分，并且同样也把自己看作是文学的一部分"。①

但是今天后海一带以惊人的速度建起的咖啡馆，不再是哈贝马斯笔下的 18 世纪的咖啡馆，因为在电子网络几近普及的时代，公共的舆论空间早已转到了网络，公众的交往和公共舆论的形成很大部分是由电子传媒促成的，特别是在今天的中国。所以，当这部 1961 年出版的《公共领域的结构转型》在 1990 年再版时，哈贝马斯吸收了梅洛维茨的观点，于再版序言的结尾处强调，电子传媒改变了公共交往的方式，动摇了原有的社会边界，这不仅是指原有的经济和社会地位的边界，也指时间方面的界限，即在电子传媒时代"不是同时发生的事件也有了共时性效果"。②

尽管电子传媒取代了以往沙龙和咖啡馆的功能，咖啡馆依然红火，特别是后海的咖啡馆和酒吧，它们有着想象性、象征性功能。当然在一个社会学学者那里，他会运用所谓的"社会学想象力"来看待咖啡或咖啡馆，会解读出许许多多内容来，比如，英国著名社会学家吉登斯轻而易举地罗列了咖啡的五种社会学内容。

第一，我们能够指出咖啡并不只是一种提神的东西。它作为我们日常社会活动的一部分还具有象征价值。

第二，咖啡是一种含有咖啡因的饮品，对大脑有刺激作用。……在西方文化中，大多数人并不把嗜好咖啡的人看成吸毒的人。就像酒精一样，咖啡是一种社会能够接受的毒品，而大麻便不属于此类。

第三，某个人一旦喝了一杯咖啡就等于卷入了遍及世界的一种复杂的社会与经济关系中。咖啡是一种把地球上一些最富裕和最贫穷地区的人们联系在一起的产品。

第四，饮用一杯咖啡的行为足以推定过去社会和经济发展的全过程。实际上，我们今天在西方国家喝的所有咖啡都源自西方人的前殖民地（南美和非洲），因而根本就不是西方饮食中的一个自然的部分。殖民时代留下的遗产对全球咖啡贸易的发展有着巨大的影响。

第五，咖啡是当代许多关于全球化、国际贸易、人权和环境破坏的争

---

① 〔德〕哈贝马斯：《公共领域的结构转型》，曹卫东等译，学林出版社，1999，第 46～47 页。
② 〔德〕哈贝马斯：《公共领域的结构转型》，曹卫东等译，第 32 页。

论的焦点。随着咖啡的日益普及，咖啡的消费已变得品牌化和政治化了。①

当然咖啡和咖啡馆在概念上并不同一，咖啡馆作为一种场域，有着更丰富的内容。正如咖啡馆的菜单，除咖啡以外还列着各类酒水饮料、干鲜果品等，在理论上，这张菜单还可以无限扩展，所以它们在意义和功能上也有着无限的可能性。

（四）社交功能及其模式

不过在无限的可能性中，人们首先会注意到这一场域的夜生活和社交功能，无论是咖啡还是茶水，鸡尾酒还是软饮料，都是以上功能的点缀或辅助品。夜生活虽然是休闲的和娱乐的，但不是自娱自乐的，它发生在社交场合和公共场合之中，因此来咖啡馆的人很少有独饮独酌的，他们三五成群、呼朋引伴地到来，并确信除了自己的小圈子外，别人或别的小圈子在此时此刻会蜂拥而至，而其他人群的到来更确证了这个地方值得逗留，说到底，这是在互相证明彼此都找到了消磨时光的最佳方式和最佳地点。

如果说白天在公司、企业、单位等有关机构上班，是维系生存意味的生产活动，那么夜晚的休闲活动则是带有生活意味的情趣活动，相比前者，后者似更加高尚一些。然而，夜生活中，这些情趣活动是象征性的，它并不根植于个人内心深处，对情趣的理解和领会虽然因人而异，但社交活动的方式是被规定的：聊天、啜饮料、享受电子摇滚、观看前卫录像，或干脆将以上活动从陆地搬到船上，泛舟于湖心，平添几分风雅。所有这些看似是个人的喜好和选择，与个性和情趣的关联并不紧密，因为夜生活有自己的模式。如长沙的洗脚和沈阳的听歌，很是风行，其实湖南人并不比其他省份的人更爱洗脚，东北人也不比别的地区的人更爱歌喉（当然，这不妨碍某些专家考证出其历史渊源，如历史上楚国人就喜欢洗脚，有"沧浪之水浊兮，可以濯我足"的说法为证），但是，当洗脚或听歌成为一种时髦的休闲方式时，它们立即风靡全城，左右着消费人群的选择。可以说夜生活的模式开发和再造了都市人的情趣生活方式。这种生活方式有两大要素，即聚会和喧闹，使人时时刻刻处于热闹的情景之中，正是在聚会和喧闹中，个人可以从斤斤计较和精于算计的交易环境下解脱出来，得到放松，因此，西美尔将都市人看成"用头脑代替心灵来作出反应"的社会群体，人们基

① 〔英〕安东尼·吉登斯：《社会学》，李康译，北京大学出版社，2009，第5~6页。

本处在"克制和冷漠以及理智生活状态"之中。[①] 但是，在喧闹的夜生活中，人是可以例外的，人们隐身在喧闹的情景下，由心灵来做出抉择而是理性的思考。当然也有人熟练地将夜生活作为一种应酬方式来运用，这只是白天工作的延伸。而这里所讨论的夜生活，基本是属于消费范畴的，它受特殊的需求关系支配，是大都市生活不可缺少的组成部分。

当然，夜生活的模式必须是一种社会的消费模式，不仅因为它是在都市生活环境下被创造出来的，还因为，依照鲍德里亚的理解，它是一种积极的关系方式，它利用都市人集中居住的便利条件，能有效地调动一切社会资源——人力、物力和资本的投入，其间还能产生巨大的利润回报，使得这一模式不仅能维持运作，还能不断扩大其规模，吸引更多的消费者。

这就注定都市夜生活不是私生活，它带有公共性，是娱乐性的社交活动，至于在这一过程中具体是哪种娱乐方式流行，成为时尚，有较大的偶然性，不取决于理性的设计和规律的必然性，而是取决于即时即地的情势，包括商业上的造势，某一娱乐方式一旦被品牌化，即会招徕大量的消费者。如果说三里屯酒吧是老品牌，那么后海就是一种新品牌。培养夜生活情趣和学习烹饪没多大区别，看别人怎么做，照着模仿即可，不同的是，学习烹饪需要一定的技能，培养夜生活情趣则取决于对大语境的感悟，这一大语境是综合的，不仅是指沿湖一带由细节到整体的夜生活，还包括酒吧街外部的都市生活。就酒吧街而言，每隔一段时间，细节会有或多或少的变化，街道的整修、门脸的翻新、店面的易手和改换，然而这些细节的变换正是作为整体语境的需要而变换的，正如牌局，尽管打法一样，但每次发到手里的牌都不相同，这就有了变换所带来的乐趣。

（五）氛围与想象

很有意思的是，每一家咖啡馆或酒吧都有一个至数个书报架，每个书报架上都有几种时尚类杂志或地产类杂志，时尚代表潮流，地产代表财富，这样时尚—潮流—IT—财富—地产（确切地说是房产）和咖啡馆、酒吧结合在一个空间中，给光顾者提供某种想象，所谓想象，并非文学或艺术想象，而是信息氛围下的某种提示和暗喻，有着一定的规定性。这一氛围的

[①] 参见〔德〕西美尔《大都会与精神生活》，《时尚的哲学》，费勇等译，文化艺术出版社，2001，第 186～199 页。

构成还需要一部分古今中外的书籍，其中外文书籍要占相当大的比重，以显示其国际化程度，在墙上应该有小幅的油画，是古典派的或印象派的。如果别出心裁，搜集有关民风民俗的艺术品和器物如民间艺人的剪纸、陈年的陶罐、绣花的土布、老照片等来展示，则更有韵味。在全球化语境下，民间的艺术和器物有着特殊的价值，既使是它们的复制品和仿制品，因为这些都是传统文化、民风民俗和民族精神的象征物。

艺术收藏或古旧的器物喻示着品位和财富，这似乎是今天忙忙碌碌的现代人的大语境，无论是咖啡馆的常客还是偶尔光顾的过客，都需要这一氛围，在此氛围中啜饮、谈生意、谈恋爱、聊天甚至发呆，一切都顺理成章，酒吧或咖啡馆的经办人不言而喻的职责就是制造氛围和品位，或者说制造有品位的氛围。

品位和氛围，不是由一两家酒吧和咖啡馆来完成的，它似乎是一种社会性认同，应由相当的数量的酒吧和咖啡馆来呈现，特别是在后海，单个的咖啡馆与湖面相对，就有了些许情调，而鳞次栉比的酒吧、咖啡馆则构成了大的氛围，氛围比情调更重要，虽然情调也是一种氛围，但是氛围似有某种裹挟的力量、暗示的力量，想象力就在这些力量的推动下蠢蠢欲动。

前文说过，这里不是讨论文艺创作时的个性张扬的想象，而是讨论白领阶层的都市梦幻。都市梦幻中有西方的老电影的底色，有最时尚广告的提示，当然也必须有美酒加咖啡、旋律明快或暧昧的音乐、昏暗摇曳的灯光、前卫的画作、可以隔窗观望的熙熙攘攘的过客，等等。或许还会有许多更加奇特的意象，如精致或奇特的玻璃制品、旋转而上的木楼梯、洒落玫瑰花瓣的洗手池、别出心裁的空间格局……不过，无论如何，在都市梦幻中肯定有关于财富的梦幻和欲望，因为所有这一切的基础就是财富。

自然，接下来还有关于财富的想象，它不太仅是银行里的数字，或者是股市里的希望，它应该有一些具体的形态，如带有草坪和车库的别墅、豪华的轿车、靓丽的服饰、奢侈的化妆品，以及时尚的健身方式等，而这些想象正好都在唾手可得的方便处，在就近的书报架里。不必翻看这些书报杂志，事实上没有什么人会在这里下功夫阅读（真正的阅读者会自备书籍），也不必关注杂志的花里胡哨的封面和诱人的彩页，只要这类物品的存在，就足以引发人们的财富想象。是的，人们不一定翻看它们，但是它们必须存在！它们是环境的一个重要部分，而不是一种可有可无的装饰。

后海的氛围，还来自其地域优势，这样一片风景区不是在城市边缘或城乡接合部，而是在北京城内，在二环以里的中心地段。北京的写字楼大多在城区的外围，在三环、四环，甚至更远的聚居区，年轻的白领从城区边缘进入市中心，多少有一些朝圣的意味，这里是想象的精神中心，尽管并不存在这样一个划定的中心，但是人们在心理上需要这样一个中心。而后海的地域优势转变为心理优势，吸引着四方来客。这和三里屯酒吧街形成有趣的对比，三里屯作为外国使馆的集中区，有西方文明象征的意味，它的地理位置贴近东三环，偏于一隅，和后海遥遥相对。在改革开放初期，三里屯就是一个令人瞩目的地方，使馆的高墙和森严的警卫，似乎是捍卫着某种生活方式，不让其外泄，这间接导致三里屯酒吧特别火爆，因为这里成为一个窗口，可以窥视西方世界的某种生活方式，自 1980 年代后期到整个 1990 年代，一直如此。而后海一带安详幽静，是外国人旅游观光的一个绝妙去处，后海是以古都风貌、市井景观的混合体示人的，它是老外窥视中国人生活的一个窗口。

北京的一些特殊的地方是作为地理位置的中心而不是都市生活的中心而存在的，如故宫、中南海、天安门广场等地均缺少都市生活中心的功能，那一片巨大的空间，庄严肃穆，供人瞻仰，发挥着其现实性或象征性的政治功能和文化功能。每有重大的庆典，那里更是万众聚集，一片欢腾。然而所有的这一切却与喧嚣的都市生活无缘，当曲终人散，这里依旧回复到肃穆而空旷的寂寥之中。夜生活的所在地应该是在都市中心的附近，当原本的地理中心无法施展这一功能时，这些地方就直接承担了这一功能，后海由于依傍中南海，具有承担这一功能的先天优势。此外，还有东直门的簋街、南锣鼓巷等地，它们共同发挥着都市生活中心的作用，也承担着新都市文化的生产和创造功能。

作为都市空间的法源寺

——空间意义的生产与再创造

许苗苗*

摘要：法源寺是北京城内现存历史最悠久的寺庙，目前承担着佛学院和宗教博物馆的功能，发挥着现实宗教空间的作用。李敖在小说《北京法源寺》里，虚构了一个与戊戌变法紧密相关的空间，赋予它家国大义的使命感和历史意义。在新的时代主题和媒体环境中，法源寺又显现多重意义："花会""诗会"使它成为值得向往的时尚空间，博客游记使它成为藏匿珍宝的奇幻空间，微博签到使它成为获取认同的虚拟空间，城市消费媒体则将寺庙与饮食购物并置，使它成为充满物欲、解构戒律的享乐空间。人们乐于为空间赋予意义，特别是当代都市所稀缺的传统意义。有一定历史的空间成为当代都市对传统的一种想象性接续。空间意义在各类媒体的一次次描摹中逐渐形成并得到再创造。

关键词：都市空间 法源寺 空间意义

Abstract：Fayuan temple is the oldest existing temple in Beijing. As a Buddhist institute and museum, it has both religious and virtual functions. In the novel *Martyrs' shrine*：*the story of the reform movement of* 1898 *in China*, the author Li Ao created a space which was full of patriotism. Recently, Fayuan temple appears to have more meanings. It has become a fashion

---

* 许苗苗，北京市社会科学院文化研究所副研究员。本文为北京市社科基金青年项目"都市新空间与历史记忆"的阶段性成果。

space, a magic space, a self-showing space, and a consuming space. In a modern city, the traditional meaning is very rare, and that is why people intend to give these kinds of meanings to urban spaces. A historical space can be viewed as an imaginative continuation of tradition. The space meaning was created and recreated in the mass media descriptions.

    Keywords：Urban Spaces   Fayuan Temple   Space Meaning

    数说北京寺庙，法源寺很难排进前几位。这座藏匿于内城的中型寺庙，在名胜众多、古刹林立的北京并不突出。但是，如果将法源寺与北京联系起来，虽然只是两个词语的并置，却立刻显得不同之处：北京法源寺是真实的建筑空间；《北京法源寺》是小说里虚构的文化空间；北京法源寺则是网民们随手拍照、评点、上传的公众空间。在这一系列的演变过程中，法源寺的不同层面被有选择地凸显、删改、修正，添加了一重重不同的意义。

一　历史上的法源寺

    法源寺始建于唐朝。贞观十九年（645），唐太宗李世民深悯东征阵亡的忠义将士，诏令在幽州立寺纪念，至武则天万岁通天元年（696）建成，初名"悯忠寺"。武宗会昌五年（845）下令毁削佛寺，幽燕八州的地界上，只留下这一座寺院。① 自此，这座寺庙不仅成为古幽州的象征，而且它的历史也与忠君爱国、悼亡追思脱不开干系：北宋末年，宋钦宗被拘禁在此；元初南宋遗臣、诗人谢枋得因受寺中曹娥碑气节触动，绝食而死；明末袁崇焕遭剐刑，其家仆收尸后在此超度亡魂。与许多古建筑一样，法源寺也未能逃脱火灾、地震等劫难，如今七进六院的建筑格局基本上是明代形成的。1550 年左右，明朝将北京城向东北扩展，原本偏安一隅的悯忠寺被圈入城内。清雍正十二年（1734），该寺被定为律宗寺庙，传授戒法，并改称法源寺。② 就这样，一千多年过去，朝代频繁更迭，宗教流派变迁，就连偌大的北京城都免不了变换形态，只有这座寺庙，虽不够显赫，却未曾湮灭，始终立在那里。寺里收藏的《悯忠寺重藏舍利记》中有"大燕城内，地东

① 缪荃孙辑《顺天府志》，北京大学出版社，1983，第 10 页。
② 潘荣陛编《帝京岁时记胜》，北京出版社，1961，第 16 页。

南隅，有悯忠寺"一句，这自唐会昌六年（846）保留下来的记录，后来竟然成为史地学家推断唐代幽州城规模和大致格局的有力依据。

虽然位置不变，但法源寺的气质或文化意蕴在各时期有所不同。它曾经地处幽州城外偏僻一隅，周边荒冢累累，弥漫着阴郁气氛，如今却置身北京城区二环以内的寸土寸金的中心位置，且承担着中国佛学院和佛教图书文物馆的功能。算起来，拥有约1400年历史的法源寺竟已是北京城里最古老的寺院了。它地处内城，规模不大，香火也说不上衰败。且这里学僧众多，虽是清净的出家人，却依然洋溢着与别处寺庙不同的青春与明朗的气息。有时还可见一干年长游人围着一两个学僧提问。长者经历的丰富和对生活的参悟是他们提问的资本，而信仰的坚定和教义的熟稔则是学僧信心的来源。僧俗对答之间，法源寺从一个单纯孤立的宗教场所转换成了宗教与俗世接触、沟通的所在地。每天香雾缭绕、课业频繁，院落里时常可见安详聪慧的学僧侍佛诵经。法源寺的建筑也具有寺僧自由居住的随意性，① 寺庙没有专门的花园，却在院内遍植绿植，殿堂掩映于其中，更体现有无相生的禅意。其空间虽然不如郊野佛寺宽敞，但寺院里坦然摆放的日常佛具和生活用品，使宗教多了几分柔和的生活气息，少了一些神秘肃穆。

法源寺并不破败，却也没有什么显赫声名。本来，宗教就离寻常人生活很远，它又藏身市中心隐秘处。虽然规模不小、建筑古雅，却被周边的小区包围得严严实实。哪怕是经常活动在其周边菜市口、牛街一带的人们，也未必知晓或涉足过这里。卧佛寺、碧云寺，掩映在京西苍翠的山峦中，是踏青、消暑、赏红叶的盘桓处；雍和宫则顶着北京最大藏传佛教寺院的头衔，坐拥六万余平方米的与紫禁城近似形制的院落，气势恢宏、游人如织。对想要规避凡尘俗世的人来说，这里比不上潭柘寺的清净；对追求闲情雅趣的人来说，这里又没有大觉寺的玉兰、香茗和素斋。这里没有灵签、转世、舍利子之类令人眼前一亮的传奇宝物，甚至连座残破的古代宝塔都没有，最著名的建筑悯忠阁，也是1949年后修复的，算不上历史遗迹。法源寺没有这些亮眼的优势，它只能低调。

地理位置也是法源寺的短板。它地处内城，确实不偏远，但白塔寺、天宁寺等更具有优势，这些寺庙周围的建筑已在城市改造过程中拆除殆尽，

① 金秋野：《宗教空间北京城》，清华大学出版社，2011，第160页。

院墙和碑塔直接面向街道，甚至连庙名也成为公交车站名，一切完全为交通的便利性来安排。而法源寺，好像是故意难为那些驾车造访的人们：它被密密麻麻的小区和社区公园裹挟，要找到它还得经过一个停满了车的单行死胡同。技术不好的司机想要通过它门前的小路还得小心谨慎。按照麦克卢汉"汽车是腿的延伸"的说法，深陷小胡同迷魂阵中的法源寺等于用一团由横七竖八的车辆和安居房混搭成的乱麻绊住了外人的腿脚。

现如今，很多寺庙作为当代城市的依附而诞生，为了某个历史典故重新粉刷贴金、招募僧侣，却看不到肃穆的积淀；还有些寺庙变成了景观项目，将焚香诵佛作为一种奇观的仪式展示在游客面前。这样的寺庙，虽号称宗教空间，但最缺乏的是宗教信仰。它们匆忙地将信仰叠加在一堆由砖瓦搭建起来的空间上，难以遮蔽的虚假从飘着油漆味的簇新的雕塑上流溢出来。而法源寺却让人看到真实：它得到了一定的保护却并没有太多的宣传；它有明确的功能定位，却是纯宗教的、专业性的，难为更多人了解和喜爱。它不时操办悼亡法事，却多半隐讳不声张。作为佛学院，它担负着佛法的传承，作为佛教图书馆，它负有经典保藏的义务。在"槛外人"看来，法源寺是举足轻重的，它是寺庙中的务实派，顺理成章地保持低调。功能明确的法源寺是鲜活的，专业性的法源寺是严谨的，青年学僧众多的法源寺是易于沟通的。它既没有因过于严肃的宗教气氛而与日常生活划开界限，也没有在商业化的社会里失去神圣空间应有的矜持。

真实的法源寺并不出名，对于宗教空间来说，声名隆盛并不一定是好事。法源寺的建立源于死亡，它的历史也与死亡相关；但如今，它是一座活着的寺院，有历史，有传承，有沟通，也有坚守，这种低调与坚持，正应当是寺庙作为神圣空间的持守；而声名，却往往来源于俗世。

二 小说里的法源寺

在我印象中，第一次听说法源寺，是在台湾作家李敖的小说中。《北京法源寺》是李敖在 20 世纪 60 年代获刑入狱期间的构思所得，以寺庙与一干忠义之士的生死纠葛为线索，描述了从 1898 年到 1911 年辛亥革命期间，谭嗣同、康有为、梁启超、大刀王五等志士为中国的振兴所做的努力和活动。小说虽依托历史，却直指当下，借古讽今，针砭时弊。从作品本身看，《北京法源寺》不失为佳作，但文学品味言人人殊。李敖学的是历史，只写过这部唯一的长篇小说。它号称文学作品，读来却像史书，真实姓名、虚拟经历，真实事件、虚构关系，浸润着浓郁京味儿的春秋笔法虽颇有文采，但书里大段大段的议论有失趣味。2000 年，小说《北京法源寺》一跃成为许多媒体争相报道的话题：它为李敖赢得了当年诺贝尔文学奖的提名。按理说，报道这一消息，多少应当涉及作品，但显然人们对获奖可能性的博彩性预测更感兴趣。即便在文学新闻中，文学作品也是缺席的。2005 年秋，李敖又开始"神州文化之旅"，行程中演讲、参观、同学会络绎不绝，就是看不到与其渊源颇深的法源寺的新闻。如果细致查找新闻线索，就会发现李敖此行并没有忽略这个地方，只是媒体热情的目光多数集中在李敖的惊人之语甚至情史的"八卦"上，法源寺被文化名人的光芒遮蔽了起来。

欲向真实法源寺空间追究小说里的情节是幼稚的，这也许可以解释媒体不关注李敖法源寺之行的原因。媒体需要话题，时局和"八卦"最能吸引普通人的眼球。法源寺里没有擅长写诗的仓央嘉措，酝酿不出"第一最好不相见，如此便可不相恋。第二最好不相知，如此便可不相思"式的达赖情歌；也未曾培养出释永信，能把寺庙打造成文化品牌，开拓出一条产业链。寺庙不具备娱乐大众的功能，又涉及真实宗教信仰，记者们只好索性避而不谈。但以"狷狂才子"形象示人的李敖，却在不断生发新的话题，他的大陆背景，他的台湾牢狱，他的明星情人，他的诺贝尔提名都是亮点。过不了多久，只要再有类似"中国白话文写作排前三位都是李敖"的言论抛出，李敖无疑能再度成为媒体头条新闻关注的焦点。

虚构与真实的法源寺提供了现实与想象交织、勾连的样本。那个真实低调的寺庙就在身边，它传经普法，遗世而独立；而那个虚拟的法源寺却积极而入世，是思想、权力交锋的战场。小说把法源寺构造成一个藏龙卧虎的传奇寺院：庙里有世代守候的忠仆，他身在槛外却心系天下；有集董必武、熊十力、李大钊原型为一身的共产党人李十力，他为革命事业慷慨捐躯。庙外还有康有为为之心心念念，数次来访。虚构的法源寺被塑造为一曲以"故国""义士""气节"等音符合奏的慷慨悲歌，其本质是具有文化张力的献祭地，是爱国精神和民族大义的具体依托。小说张扬的家国之情与寺庙执守的宗教信仰，都凭借精神的力量一以贯之，都是人们的向往与追求。因此，二者虽然脱节，却也显得水乳交融，真假难辨。

李敖在小说里大肆抖搂史学考据功夫，但实际上，对当代都市意义丰富的空间来说，细节真实与否并不重要。打动人们的并不是丝丝入扣的历史，而是时代氛围和精神力量。这种时代氛围与精神力量需要落实在一方空间里，但这个空间是悯忠寺还是法源寺无有大碍。如今，多数人甚至是北京人、北京南城人，都还不甚了解法源寺，一些听说过《北京法源寺》的，甚至将它与小说重叠起来，以为它早已随着"康梁变法""百日维新"之类的往事，湮没在动荡辗转的历史尘埃中。法源寺，以具体建筑的身份被挟裹到历史的宏大叙事中，成为一个亦真亦幻的意象。它是遥远的、隔绝的，是抽象和概念化的，仿佛历史书里的名词一般——人们将它当作事实来接纳，确信它的存在，却从不将它投射到现实生活中，也从不试图去印证它的存在。

三 多元媒体解读中的法源寺

真迹被小说遮蔽，其实值得庆幸。唯其如此，法源寺才不会迎合制造出话题，而是不急不徐地行进着，慢慢与都市的步调相磨合。

（一）赏花吟诗的闲适空间

赏花、诗会、文人雅集与衣食日用的都市节奏相去甚远，对普通人来说，这些似乎只在古代才子故事里才有所耳闻。谁知道，在那一堆杂乱停车场包围着的法源寺内，竟还延续着这般雅趣。

算起来，法源寺花事已延续数百年。虽然脱不开家国今昔的主调，但这座寺庙并没有笼罩在阴郁气氛中，反而生机勃勃。这份生机从视觉上来说，来源于遍植其中的鲜艳芬芳花木；从精神上来说，也许正是忠魂滋养了沃土，才能开出格外蓬勃的花朵。法源寺初因海棠闻名，清代洪亮吉曾留下"法源寺近称海棠，崇效寺远繁丁香"的句子；到同治、光绪之后，又以丁香闻名，五月间前庭后院繁花盛开，享有"香雪海"美名。丁香色泽清淡、香气馥郁、枝干秀雅，无论开花与否都自有一番清矜的姿态，在诵经声、香烛气中映衬着寺内建筑，活现了"禅房花木深"的名句。曾与崇效寺牡丹、恭王府海棠一起并称京畿三大花事的法源寺丁香，如今依然在每年四五月间悠然绽放，虽然时间已经流逝了千年，但恍惚依旧能将人带入当年的花丛、当年的香。①

---

① 邓云乡：《增补燕京乡土记》，中华书局，1998，第 321 ~ 322 页。

起源于明代的诗会是法源寺又一盛事。当时，寺庙虽已被围入城内，但相对偏远。多数人只有在清明前后踏青远足时才会到来。断魂的微雨，追思的氛围，难免引人嗟叹欷歔，到明清时逐渐形成诗人吟哦唱和的传统。每年春天丁香盛开之时，法源寺僧人备好素斋，邀集文人名士赏花对诗，这在清代已是有名的雅集。纪晓岚、洪亮吉、顾亭林、何绍基、龚自珍、林则徐等人和名噪一时的宣南诗社都曾在这里留下诗篇。印度诗人泰戈尔也曾在徐志摩、林徽因、梁思成等陪同下到此赏花，现代文学史上一干诗家风流的侧影拓印在庄严肃穆的法源寺中。可惜自那以后，战乱频仍、内忧外患，人们忙于谋生而无暇自顾，遑论雅集闲情。新中国成立后，感怀世事沧桑，诗坛多了几分激情飞扬的思辨，少了几分神闲气定的从容，即便在诗歌最为活跃的 20 世纪 80 年代，法源寺诗会也未能恢复。自 2000 年开始，文学、文化观点在日渐宽松的媒体氛围中，逐渐多元，休闲、审美理念日见显露，北京传统民俗的保护也提上日程，一系列本土民族文化活动被发掘出来，予以恢复。2002 年秋，北京"宣南文化节"首次召开，是年春天，法源寺"丁香诗会"已作为宣南系列文化活动的先声重新召开，并自此固定于每年 4 月 10 日举办。作为诗歌节，法源寺诗会未必名声显赫，但在将传统、民俗、地域文化融为一体方面，它十分独特，不仅聚集了京城诗人，还吸引了不少外地文人，他们不辞路途艰辛慕名而来，齐聚法源寺。如今的法源寺诗会由北京市作协与地方文化机构合办，虽然少了民间的自发性，却从一开始就定位明确，并获得资金保障，成为京城特色文化品牌。

法源寺花会不是超大型辗转世界各国的园博会，丁香诗会也没有名家云集、粉丝追捧，直到如今，虽然已举办十来届，但这两项活动依然十分小众。类似的活动虽然面向民间，却给人私密、小众的感觉，外行即便有所耳闻，心向往之，也不敢贸然涉足。对一处当代都市空间来说，高于日常生活的文化主题活动却使它成为值得向往、追逐和效仿的所在。法源寺在宗教的肃穆、庄严之外，显露文雅闲适的传统文化韵味。

（二）个性选择的趋同空间

花会、诗会虽让法源寺多了几分文艺范儿，但网络上网友自发描绘的法源寺又呈现不同的风格。

涉及法源寺的博客多半是游记，侧重所见所想。遗憾的是，其中的景物却不出寺庙网页上推介的那几种。确实，但凡有些历史的寺院，在风雨相侵的岁月中都会遗留些宝物，人们最期待的也是看到这些宝物。他们热衷于辨认斑驳石碑上的文字，关注落款者的官职与名望；他们在佛像前端详、凝视，为的是找出它的年代和材质。不同的博客重复着同样的内容——因为它们最容易记忆。人们寻觅到这座藏匿于都市深处的寺庙，并专门记录自己的足迹，就是为了展示一些不寻常的所见与所感。奇珍异宝是不寻常的，所以它们替代了寺庙本身，但即使是这些珍宝，具体细节与形态已被时间冲淡，只剩下猎奇和估量。

虽然博客中的法源寺十分单一，但不同网站还是呈现了它的不同侧面。"豆瓣读书"以书为题，以书评为内容，以读书筛选关注对象，其中与法源寺相关的话题都列在了《北京法源寺》一书的条目下。除书评、读后感外，也能看到读者所留的慕名去法源寺的感受，他们的游历和探访侧重历史，关注小说里提到过的景物，带有几分在现实中寻梦、考证、重温作品角色的心思。

在微博"随手拍"和"签到"里，法源寺又是另一番模样，它被迅速分享，呈现其活动和交互性。网民们利用智能手机随时在地图上标注自己的位置，并上传微博与朋友分享，一个个虚拟的数码足迹在电子地图的虚拟空间中，记录着真实世界里的真实主体的位移过程。为增加真实感，网友还时常拍照上传，真是"有图有真相"。由此，真实的人在真实法源寺的游历，成为虚拟世界的一部分。关注者毫不怀疑微博的真实性，他们将发微博者在这一空间的真实在场当作事实接受下来，却丝毫没有想到过这种模式其实有作弊的可能：它只是手机的在场，是微博 ID 的在场。法源寺不由自主地成为虚拟旅程的一个节点，在微博中飞向众多网络终端。这种真实与虚拟杂糅，将真实虚拟化的过程，在网络上已成生活常态。

诞生于网友键盘敲击之中的法源寺就这样散落在博客里、微博上，又在邮件列表、朋友圈、社交网络中传来传去。人们各自撷取感兴趣的侧面渲染和传播，以极度私人化的小叙事描摹法源寺，构造出网络上的多维空间。这个空间虽然众声喧哗，却又是极其单一的，并不具有开创性，如果究其不同，则大都不在内容而在所依托的网络平台：博客游记复述景物，豆瓣书评追究考据，微博突出人物的在场，等等。总体来说，在互联网上随手拍、随时秀、随意写的行为，其实是通过自我曝光来寻求认同和回应，是牺牲个性去吸引公众目光。所以无论对象的选择，还是话题的设计，都带有强烈从众心理，不太注重全新的开拓性。

（三）消解戒律的享乐空间

赏花、诗会和品味生活中的闲适之美，发掘旧民俗和文化记忆，是历史空间接续传统得天独厚的优势。而拍照留影、写游记、随时随地上网发微博的做法，又是时尚空间所特有的待遇。二者之所以在法源寺得到统一，得益于休闲理念的兴起，城市功能由生产型转向消费型、由物质消费转向文化消费的定位转换，以及营造都市文化潮流的大趋势。

虽未曾声名显赫，但法源寺始终不乏关注。2006 年，一本以它为题的散文专辑《花落的声音：法源寺散记》出版，在网络发帖轻而易举、文字生产轻松随意而不加修饰的时代，能专为一座不大的寺院潜心创作十余万字，且经过一重重审核校对出版成书，可见作者与之情缘之深重。2009 年，又有一首与它同名的歌曲在网络上流传，这是一首节奏感强烈的说唱歌曲，歌词出自佛经："须菩提说无色相无声无空，然法无定夺；须菩提说缚束千百律规终始，然法源未拓；须菩提说万律是流寻诚是源，溯源无法得法则果，失果则堕……"在城市歌曲专辑《连城记》中，代表北京城的不是《我爱北京天安门》而是这首《法源寺》。向千年文化积淀中寻灵感的歌曲面对的不是当代政治性和意识形态色彩浓重的北京，而是与传统息息相关、一脉相承的历史北京。

2013 年初，法源寺突然又和其他几十处古老北京空间一起，以"长微博"的形式被发掘出来，大肆转发，像《50 处值得去的北京秘境》《100 处秘境带你真正认识北京》《北京不可不知不可不去的秘境》等，都少不了它。虽在微博平台，但它们不是网友原创，内容大同小异，发帖者也都是"北京号外""Vista 看天下""点评团""北京人出门攻略"等媒体，且不约而同地以"秘境"称之。究其根源，这些北京"秘境"原来是从《Time Out 北京》杂志同名栏目整理而来。Time Out 是一个城市消费杂志，创刊于伦敦，在世界多个城市都有当地版本，中国有北京版和上海版，以消费主义一视同仁的慷慨，将京沪这两个在文化品位和生活趣味方面历来争执的城市一起纳入麾下。

作为城市消费杂志，展现城市不为人知的美，增加城市魅力，并将之与消费主题相联系，是《Time Out 北京》的立身根本。与普通消费杂志不同，基于城市的空间梳理和组织消费主题是它的优势。《北京秘境》栏目谋求将地图上的点与历史、民俗、文化联系起来，凸显寻常之地的不寻常之处。那篇以《一座法源寺　半部中国史》为名的专栏文章，并没有比网络搜索"法源寺"词条多提供多少信息。但这一次，它以消费城市为基点，除了叙述寺院历史沿革、文化记忆之外，还附有一段题为"牛街制造解馋，报国寺旁捡漏"的周边信息。它贴心地告诉读者：游览完毕饥肠辘辘之时，可以去品尝老字号"爆肚冯"，或在牛街吃上一顿地道的清真菜，意犹未尽的话，可再到左边临近的报国寺市场去淘淘纪念品。这一页面，与前面大殿、禅房网页一样，在醒目的页首位置，放有一张特色照片，这一页面放的是一张"大伙烤肉"照片。介绍佛门清净地的文章说素斋是风雅的，将烤肉腥膻纳入实在显得唐突。但是，在这本以享乐都市为目标的杂志里，出现这样安排，毫不意外。在这里，法源寺不再是寺庙，而是"北京秘境"，它成功地被去除了意识形态。什么悲天悯人、什么家国信仰，在这里，通通化作都市里一个有说头、有卖点的话题。过于庄严的气氛，会增加游客的压力，降低消费的快感。于是，在文字编辑的精心选择下，法源寺悠远的历史感是必需的，但悲凉的氛围大可不必，说完"帝王囚于此"的悲怆，就得配上"花海灭杀气"的风情；在摄影记者的镜头里，它更是呈现为纯粹的平面设计效果：大雄宝殿与"大伙烤肉"的区别只在光影、角度和构图上而已。

除法源寺外，《北京秘境》还罗列了正乙祠、西什库、炮局等都是说得出典故，得到了保护，却并没有成为公众热点的地方。它们在老北京人的口中是亲切的，青年人却不甚了解。对于游客来说，北京值得一看的景致太多，这些不够显眼的小地方似乎只是民国戏里的对白；而对于那些专门随着城市攻略找过去，试图一探究竟的都市行走者或者"驴友"来说，这些遗迹又不够偏僻，不能形成"独家记忆"。都市信息太密集，如果这些地方真能给人以文案中那样深的震撼，必定早已获得了更大的声名，不再是"秘境"。它们那还不够鲜明、咂摸起来也未必耐人寻味的小小风情，令一干循着攻略而来的人们多少有些失望。

为寻常的地方创造意义，将地理空间与人文、传统、民俗联系起来，包装成一小部分熟谙城市、生活优渥者的私享，正是 Time Out 之类城市消费媒体的目的。它声称"负责一切享乐"，内里满是介绍吃喝玩乐的小栏目，还配有地址、电话和人均消费水准，与当年的企业黄页在功能上并无二致。它就是一本赤裸裸的广告书，目标是将店铺信息传达给尽可能多的消费者，但它看起来不但不恶俗，而且流溢着时尚光彩、情感气息和私人品位。它就像一位精通潮流步伐、将都市节奏拿捏得恰到好处的摩登女郎，人们满怀期待地翻阅，寻求品位的投合、消费的建议，甚至都市生活的指导。每一篇文章主体部分都是煽情的，还配有艺术品般精美的图片，而那以细小字体附在下方的电话号码和交通路线、停车难易指数等信息，则像是闺蜜们口中轻轻传递的私房话，成功勾起你的欲望之后，又贴心地敦促你赶快出发。

法源寺再一次被媒体捕获，包装成为北京"秘境"，实景图片、地理位置等真实信息在某种程度上使它回归了真实。这座传授戒律的寺庙被安置在张扬享乐的媒体中，成为城市行走者的小众私享，成为寻美食、探珍玩的线索，成为畅销书上的一页。这一次，它的发现者是会享受、善与生活讲和，能以国际眼光发现京城独到之美的年轻媒体人。书里是这样介绍他们的：轻中度"都中心"原教旨主义者，旧京式慢生活的初中级践行者，"京作"精致文化的非典型服膺者。消费主义就这样，以它一视同仁的温柔之手，解构了庄严，抚平了差异，把那个恪守本分、悯忠爱国、文雅个性的法源寺，变成了充满荒诞、自相矛盾的公众"秘境"。

四　城市脉络的想象性接续

真实的法源寺，虚构的法源寺，流传中演变的法源寺，空间意义一重重叠加，最终生成的是真实与虚拟、信史与传言、官方媒体与私家原创的综合体。

如果从芝加哥学派算起，人们对空间的研究有了一段较长的历程，物理意义上的功能曾是空间研究的依据。列菲弗尔将考量空间的目光引向政治和经济。其后，在杰姆逊、索耶等诸多后现代理论家的努力下，考量空间的目光又从政治经济转向了文化。媒体是文化观念的舞台，在其中，同样的物理空间因叙述角度的不同而变得不同。古代空间的生成需要砖瓦、碑刻，需要修缮。人们对其认识也大多依赖实在的到场，媒体的传播范围有限，力量较弱。而如今，足不出户就能遨游宇宙，已不是梦想，认识空间多靠媒介和想象，空间在媒体中生成。空间从自然走向人文，从实在走向概念。

作为当代都市空间的法源寺是各类媒体制造的结果。导览图以精确的数字复述真实的空间，小说以动人的情感描摹虚构的空间，诗集、结缘簿以独特的趣味营造情趣的空间，游记、歌曲以个人的经历塑造交流的空间，消费导刊以精当的文案策划诱发欲望的空间。它们的力量都很强大，但又是驳杂的，彼此塑造又相互消解。法源寺空间的韵味就在这不同媒体力量的协商和博弈中形成。它并非是由文化产业链打造的，也不是由若干媒体话题集中式报道而形成的。这值得庆幸。法源寺的空间意义并非一蹴而就，而是在这种散漫的、自说自话的媒体氛围中，经历了小火慢焙，逐渐呈现出来的。在不经意之间，它将其本身的历史韵味与新都市空间的不同主题细密地结合了起来。

人们乐于为空间赋予意义，特别是赋予传统意义，因为它是稀缺的，而这种稀缺的传统空间最能体现城市的时间维度，这样的空间越多，城市越能显现深厚的历史感。在北京这个时时处处邂逅历史文化遗迹的都市中，法源寺这样的空间其实并不特殊。它与许多残留下来却没有被专门围成公园的历史遗迹一样，不断被忽略，又不断被认知与想象。古代中式砖木结构的建筑通常都不够高大，那一度"去天一握"① 的高阁，如今被老旧居民区里的几栋筒子楼遮蔽了起来。都市越来越大，而人们活动的范围却越来越小，人们疲于应付繁杂的生活，找出种种偷懒的借口，在真实的空间里裹足不前。人们生活在北京的地域上，自以为拥有这座都市，却不料对北京的空间如此疏离和陌生。而日益发达、逼真的媒体技术更助长了这种人身对物理空间的缺席。媒体经验代替了直接经验，接触这一类媒体，就可以对一个空间进行再生产、再发现。在法源寺真实—虚构—解构的线索中，这一都市空间的意义日益丰富。

法源寺为城市的时间脉络提供了基于空间的想象性接续。实际上，这种接续只是幻觉，在延续的时间里，城市是断裂的，即便现有的历史，也是媒体有选择的叙述。幸好，虚置的历史背景不会妨碍法源寺作为真实建筑空间实实在在地立在那里。真实性是与全球化、普遍性相对的概念，将虚幻等同于真实接受下来，是全球化经验的前提；而真实性的佐证，则是法源寺之类被保存下来的空间遗迹的意义；也许，这个意义还是地方性对抗全球化的手段。

---

① 潘荣陛编《帝京岁时记胜》，第 16 页。

城市景观与文化自觉

——清前期（1644～1796）北京城市景观书写方式的转变

鞠　熙[*]

摘要：清代前期（1644～1796），文人笔下的北京城市景观经历了从"无"到"有"，再到形成审美模式的过程，与官方意识形态的影响相比，文化自觉意识兴起对此有更深层的影响。文人从对北京视而不见，到重新发现，再到指导他人观看，内在原因是北京居民从文化不自觉到认同觉醒，再到有意建构其文化影响力。文化自觉促成了城市形象的转变，使包括民俗风情在内的城市景观获得了审美价值乃至政治价值。

关键词：北京　城市景观　景观书写　文化自觉

Abstract：Based on local literatures in Beijing, this paper analyzes the generations of the aesthetic models of the cityscape of Beijing. It reveals the process that the cityscape emerged out of void and evolved to a model which was used by the local literates to construct soft power. The internal cause of this process is the gradually construction of cultural self-consciousness of Beijing local residents. They evolved from cultural unconsciousness to the wakening of identity and further to the consciously forming of their cultural influence. This facilitated the transforming of the city image and made the city

---

＊ 鞠熙，北京师范大学文学院讲师。本文为中央高校基本科研业务费专项资金资助项目"宗教民俗学的中国问题"的阶段性成果。

landscape (including the folklore) gain its aesthetic value and political value.

Keywords：Beijing　Urban Landscape　Cityscape Writing　Cultural Consciousness

　　明清两代文人对北京城市景观的书写呈现不同的面貌，这是一个中外学者已经注意到的问题。对这个问题讨论比较多的，当属美国学者韩书瑞（Susan Naquin），她在《北京：寺庙与城市生活 1400—1900》一书中，用了大篇幅讨论明代北京虽几乎没有官修地方志，但帝京游记鼎盛一时；而与之正相反，清代北京的官修地方志虽蔚为大观，而私人记述作品却成书甚迟？这究竟反映怎样的权力关系与社会变迁？鉴于其著作在大陆目前尚无中译本，有必要首先对其观点进行简要介绍。

　　韩书瑞将描写城市景观的作品称为游览性文献（tourist literature），她认为中国的这类文献来自三种传统：（1）忆故都的传统。自汉代开始，中国文学中即出现了都城赋，其后的《洛阳伽蓝记》《梦粱录》《东京梦华录》等，都以回忆都市繁华为主旨，寺庙建筑、宫廷生活与商业活动在这些文献中成为被观赏的对象。（2）地方志的传统。明初即有明确规制的地方志，在这些文体中，地理志与名胜志占重要地位，它们都涉及对城市景观的描写。（3）游记的传统。文人不仅写游记，且重视寻访著名游记中提到的地点，因此游记不仅是记录，实际也是导游，对同一地点的反复游览与赋诗，使游人形成共同想象，而地点因而获得文化意义。通观明清两代北京文献，这三种传统呈现不同的发展态势。明代北京的诗咏游记不少，它们都力图塑造北京景观的独特性，然而直到明后期才出现《宛署杂记》与（万历）《顺天府志》两种地方志，此前只在《北平八府图经志书》与《永乐大典》中有类似的地方志记载，这与明成祖对修纂地方志的重视并不相称。韩书瑞认为，这是由于北京处于复杂的行政体系控制之下，北京文人在帝国官僚体系中居于边缘位置，故官修地方志少而私人著述多。但入清以后，情况发生了很大变化，北京作为八旗子弟的主要生活空间，它的政治地位更为牢固。一方面，江南城市已经完全不能与之相比；另一方面，出于政治安全的目的，文人对北京的描写多是历史性、全景性的，直接描写当下城市景观的作品非常少见。对当下北京的欣赏，首先来源于皇家趣味，康熙六旬时的《万寿盛典图》与乾隆时的《京城全图》等，都是其具体反映。

早期考证北京景观的文献如《日下旧闻考》《金鳌退食笔记》与《京城古迹考》等，无一不有皇家支持的背景。实际上，清政府不鼓励私人修志，而将修志完全变成官方行为，《日下旧闻考》是这类景观书写的巅峰之作，在此书中，明代北京成为历史考证中的一环，成为现实北京的背景。对城市景观的历史考证是《日下旧闻考》的重点，因为清帝的目的很明确，就是要通过强调北京历史的连续性，来建立满洲人统治的合法性。①

法国学者陆康（Luca Gabbianni）基本延续了韩书瑞的判断，但更强调清代皇廷重塑北京城市形象的努力。他提醒我们注意，一方面，入主中原的旗人具有强烈的民族自豪感与优越感；另一方面，他们的"异族"身份又不具备继承中原大统的合法性。因此，除了皇帝们极力展现自己克绍道统的一面外，作为帝国首都与旗人聚居地的北京城，其形象也远比明代时更为敏感。为将北京及其旗人居民塑造成天命之所系者，仅仅从1683年到1739年间，北京就有五部官修地方志问世，② 这些地方志总在强调北京历史的继承性：八旗只是住在北京并没有摧毁它，它的辉煌仍然与明代一脉相继，并可以追溯到宋乃至周。这种意图在《日下旧闻考》一书中体现得最为明显，它由乾隆皇帝亲自下旨编纂，且将18世纪中期的北京视为整个北京史的最后一段。居民身份的改变、权力主体的更迭都被淡化了，现实北京被融入历史之中，完成了它"百年熙皞繁文物，似胜三都及两京"③ 的形象想象。受这种官方书写方式的影响，那个《帝京景物略》中的文人北京一度消失，文人书写北京的热情被抑制，直到1796年戴璐的《藤阴杂记》的出现，这一传统才得以复兴。然而《藤阴杂记》与《日下旧闻考》一样，并非描述现在而是追忆过去，追寻北京历史上著名文士的足迹。陆康认为，这正反映清代统治者们的意志得到了贯彻——北京成了儒生文士们共同追慕的圣地。④

总之，上述学者都认为，清前期书写北京的方式与明代截然不同，在

---

① Susan Naquin, *Peking: Temples and City Life, 1400–1900*, University of California Press, 2001, pp. 249–258, 451–469.

② 它们分别是《畿辅通志》（1683、1735）、《大兴县志》（1684）、《宛平县志》（1684）、《顺天府志》（1685）和《八旗通志》（1739）。

③ 语出清高宗《御制日下旧闻考题词二首》，转引自于敏中等编纂《日下旧闻考》，北京古籍出版社，1985，第1页。

④ Luca Gabbiani, *Pékin à l'ombre du Mandat Céleste*, Paris: Éditions de l'École des hautes études en sciences sociales, 2011, pp. 34–38.

清廷意志的直接影响下，以北京城市景观为对象的官修地方志大量出现，文人书写北京的自由被抑制，而且他们笔下的北京，不再如《帝京景物略》中的那般鲜活，而是一座时间停止于明灭那刻的"逝去之城"，孙承泽、朱彝尊、戴璐作品中的北京，莫不如是。

将书写城市景观的方式理解为皇权与官方意志的结果，这自然是有道理的，但以下三个现象仍然令我们迷惑。

（1）《藤阴杂记》并非最早系统书写北京景观的作品，潘荣陛的《帝京岁时纪胜》成书远早于《藤阴杂记》，它虽非依地理位置分述帝京风物，但"岁时记"这类体裁与风俗志一样，也是传统书写都市景观的重要方式，这与中国的风俗概念兼顾自然地理与社会生活有关。① 《帝京岁时纪胜》不是对过去的追忆，而是对当下风物的记录。这表明，在《日下旧闻考》所代表的皇家意志书写模式之外，还有另一种北京书写模式，而且这种书写模式在乾隆时期已经开始成形。

（2）清代的北京景观书写没有一直停留在历史考证层面。从孙承泽到朱彝尊、高士奇，再到缪荃孙，在他们志书中，北京经历了从"逝去之都"到"当下之城"的转变，而这种变化在从谈迁、宋起凤、纳兰性德到查慎行、潘荣陛等人的私人著述中，也同样清晰可见，他们虽然受皇家意志的影响，但都鲜明地反映社会思潮与民间态度的转变，不能完全用官方意识形态来解释。

（3）在清早期文人中，即使贵胄身份的纳兰性德，在书写北京景观时，也不掩其悲凉之叹；进入乾隆以后，旗人知识分子才开始讴歌当下风物之美。北京城市景观获得文学审美价值，不只是在汉族文人作品之中，因此不能将这一过程简单理解为明朝遗老逐步退出历史舞台时所带来的影响，也不能将清初文人那种"无可奈何花落去"的怅然单纯理解为政治环境中的压抑。

本文认为，从清初到清中期，北京城市景观的书写方式曾经历一次重大转变，即文人们对当下北京之美从"视而不见"到"重新发现"，最后发展成"指导观看"，这里的原因除了有官方态度的影响外，还有北京居民的文化自觉意识兴起，正是如此，包括民俗在内的城市景观才重新获得审美

---

① 萧放：《中国传统风俗观的历史研究与当代思考》，《北京师范大学学报》（社会科学版）2004 年第 6 期，第 31～40 页。

价值。费孝通曾说：" （文化自觉的）意义在于生活在一定文化中的人对其文化有'自知之明'，明白它的来历、形成的过程，所具有的特色和它的发展的趋向，自知之明是为了加强对文化转型的自主能力，取得决定适应新环境、新时代文化选择的自主地位。"① 在清代前期的历史中，我们能清楚地看到，新的北京居民从了解北京历史开始，逐渐认同自己的文化身份并开始欣赏自己的城市文化；到乾隆鼎盛时期，他们不仅获得了文化选择的自主地位，并开始有意地向他人传播自己的文化，甚至指导他人欣赏自己的城市，可以说，他们的文化自觉意识不仅是社会发展、民族融合的标志，也是北京在 18 世纪时成为世界最伟大城市之一的重要原因。以下，本文将重新梳理清代前期（1644 ~ 1796）文人书写北京城市景观的文献，分析城市之美与市民文化自觉之间的内在关系。

一 伤逝之城：清初文人笔下的北京

自清初开始，当世文人即以风土考录为学问之大者，而于京师史地风俗又最为留心。与当时初入关的北京城居民——旗人相比，汉人，尤其是南方文人，在话语权上具有优势地位。例如，被誉为"清学开山"者的顾炎武，本为江苏昆山县人，清顺治十六年（1659）至康熙十七年（1678），他久居京师，六谒昌平明陵，写作了《昌平山水记》《京东考古录》《北平古今记》诸书。这些书绝大部分是对历史的考证与悼亡明季之作，可以说，顾炎武眼中的北京景观，不存在于当下，而存在于过去。学术上对历史考证的追求，与情感上对前朝的怀念交织在一起，顾炎武虽然走遍京东山水，广泛寻访故旧耆老，然而他并不关心清初的现实情况，满目所见只有历史留存在自然山水、陵城寺台中的印记。

这一特征在谈迁身上表现得同样明显。谈迁为作《国榷》而远赴北地，但他也关心并记录日常生活。从《北游录》中的"纪邮"来看，凡都中胜景节日，他总会一一往观。东岳庙祀神、潭柘寺走会、中元节救孤、佛诞日结缘、宣武门浴象，他的作品都有所记录。有时他是单纯为了娱乐而出游，顺治十一年（1654）夏，他"早入宣武门，沿皇城

---

① 费孝通：《关于"文化自觉"的一些自白》，《群言》2003 年第 4 期，第 18 ~ 21 页。

至于鼓楼"，只因"欲穷积水潭之胜"；① 八月乙酉，因"闻高粱桥之胜，晨粥讫，即趋宣武门"。② 但更多的时候，他将对美的欣赏深深掩埋在家国哀叹与责任感之中。访千佛寺、宿西山、谒思陵，他的重要出行多与考证结合，意在实地探访明代历史，故对与明季人物有关的史迹特为留心。这种心态直接影响了谈迁眼中的"所见之物"，使他对北京的四时风物、地理人文少有赞颂，目光所见常是衰败腐朽之象：顺治十一年初入城，他过玉河桥、台基厂、长安门，然而沿途景物只写了"有竖标鬻其子者。闻几以南流亡载道"；③ 顺治十二年（1655）五月再入宣武门，城门、牌楼与街市他均"视而不见"，只看到了明都督田弘御赐第门前的一对铁狮子，萧然卧于废墟尘土之中；他认为西河沿书肆"大不如金陵、苏杭也"；④ 就连山川坛中的古松，也是自"崇祯十三年后绝缑矣"。⑤ 谈迁虽然在北京生活了很长时间，但他并不喜欢这座城市，在《寄李楚柔书》中，他说："都门游人如蚁，日伺贵人门……目翳不开五步之外，飞埃袭人，时塞口鼻。惟报国寺双松近在二里，佝偻卷曲，逾旬辄坐其下，似吾尘中一密友也。"⑥ 这种"北漂式"体验加上"思慕先朝，以泪和墨"（邓之诚序）的心境，使《北游录》中只见个人足迹记录而少风物描摹，其根本原因就是谈迁并不认为当时的北京景观具有审美价值。

如果说顾炎武和谈迁都因是南方文人，对北京并无故土依恋，所以如此，那么清初的两位北京文人孙承泽和宋起凤就应该有不同的表现，但是他们在作品中流露的情感并未偏离这种悼亡前朝的情怀和感慨。孙承泽是顺天府大兴县人，原是明崇祯三年（1630）举人，翌年进士。清季定鼎后，长期在京为官，但是他的《春明梦余录》和《天府广记》不是个人体验的记录，也没有对当时社会的描写。孙承泽关心的，是明代乃至前代的章疏、历史与制度。只记前代而不关心当代，只取信正史而弃个人经验，孙承泽这位道地的北京居民在写北京时，将自己的地方性情感寄托于逝去的年代，又深藏在严肃端正的历史考证之中，仿佛在以一种完全客观、陌生和外在的眼光，来打量眼

① 谈迁：《北游录》，中华书局，1960，第 50 页。

② 谈迁：《北游录》，第 54 页。

③ 谈迁：《北游录》，第 72 页。

④ 谈迁：《北游录》，第 78 页。

⑤ 谈迁：《北游录》，第 113 页。

⑥ 谈迁：《北游录》，第 275 页。

前的这个家乡。如果说孙承泽遵循严肃的史志传统，故而排斥当下性、个体化的北京体验的话，那么《稗说》（成书于清康熙十一年至十二年）的作者宋起凤，则从另一角度代表了清初北京当地文人的心态。宋起凤原籍河北，但极幼时便已随父亲进京，有机会出入禁苑之中，得闻宫廷轶事，《稗说》便是这些明代末年道听途说、幼时见闻的综录。对前朝的怀念，使生活在清朝治下的宋起凤也看不见当时北京之美，就连谈迁心向往的积水潭水系，在他的笔下也成了"垂三十年来，内城水关、三里河、泡子河已成陆可耕，无一草一木存焉者"。[①] 从谈迁的记录来看，水关荷花仍是都中游人向往之地，然而在宋起凤心中，兴亡存废之叹，却将它变成了一片荒芜之地。

　　清初写北京的文人中，纳兰性德是最为特殊的一位。在他的笔下，北京城市景观呈现一种割裂的状态。作为贵族子弟、皇帝近侍，他没有国仇家恨的重负和民族身份的困扰，优渥的生活不仅使他能享受这座城市中最美园林——如西苑、南海子与什刹海畔渌水亭——的生活，也使他有心有力去描绘这些美妙之处，他在《通志堂集》中多有描写上述几处美景的诗歌，自然在常理之中。但是，诗人的笔触也就局限于这么几处，他诗词中的北京城市景观，只有水阁荷榭、人迹不至的园林，即使咏及上元灯节的《上元竹枝词》，也看不出有城市生活的痕迹，更没有具体的节日地点与活动。[②] 作者仿佛是一只被拘囿于私人花园中的笼中鸟，而不是在繁华帝京中生活的市民。那么，是纳兰性德真的足不出户，还是他对北京城市景观不感兴趣？实际上，纳兰性德留心北京掌故，时时搜求，还常亲自探访古迹，《渌水亭杂识》中仅内城景观就记载了海子岸万春园、李长沙赐第、千佛寺、药王庙等八处。但是，他所着意探访的，只是历史的遗迹与理想中的过往，尤其注意寺庙中所存之碑刻，或诗文中曾吟咏的风景，现实的景物丝毫没有引起他的注意。因此在《渌水亭杂识》中，越桥响闸与钟鼓楼的之所以存在，只为判断李长沙赐第的大概位置；千佛寺与龙华寺之梵宇精舍不入他目，入他目者只有寺院中的石碑；他亲身造访香火鼎盛的药王庙，却只感叹"当年必有丰碑，今无片石，盖为人所蹐矣"。只见历史而不见当下，这一点与后来的旗人诗人法式善心态形成鲜明对比，却和谈迁的心态有异曲同工之处。[③]

---

　　① 宋起凤：《稗说》，江苏人民出版社，1982，第 134 页。

　　② 纳兰性德：《通志堂集》（上），上海古籍出版社，1979，第 185~186 页。

　　③ 纳兰性德：《通志堂集》（下），第 584~591 页。

二 北京景观之美的重新发现

清初文人笔下的北京，是一座没有文化自觉的城市，因为北京的居民没有"自知之明"，故而看不到这座城市当时的美。虽然在北京出生，或者在北京度过人生大部分时间，但这些文人没有对北京的认同感。他们生活在满洲人的统治下，然而眼中所见、心中所念、笔下所写，都是那座已经逝去并逐渐变得陌生的旧都。北京是他们生于斯、长于斯的家乡，自己却不是北京人，他们无法融入眼前这座城市，故往往有悲凉沧桑之感。只有当满汉文化逐渐融合、满洲政权在儒家中确定其合法性后，文人才开始渐渐接受了北京的新文化身份，其追慕前朝的情怀也随着历史的发展、清季的鼎固而日益弥淡。从记述北京风土的史志文献中，我们能觅出北京人文化自觉意识逐渐兴起的蛛丝马迹。

清康熙二十三年（1684），朱彝尊成书《日下旧闻》，虽然仍重在记述逝去的北京，但朱彝尊的"伤古"之思已不再是纯粹的悼前朝之叹，而有了世事变迁、沧海桑田的普遍性情怀，更有通过历史来体验城市的意味，故而他在此书序言中历陈北京之沿革，并认为今日之北京乃"四方之极者"。[①] 这种以欣赏式的眼光来体验城市的心态，在高士奇为《日下旧闻》所作之序中表现得淋漓尽致，他说：

> 予自束发来京师，凡城市巷陌旗亭茶社无不观，近畿之山川寺观无不游，人家之园圃亭榭与前代之废馆荒台，无不过而问焉。每一流憩，俯仰低徊，动辄忘返。尝思我朝当声名文物之盛，据天下形势之雄，控制中外，遐迩向化，梯航万邦，时集都下。欲著燕京一书，垂示永久，补前人所未逮。[②]

面对城市景观的惊叹与欣赏，仿佛今天人类学者所说之"文化惊奇"（culture shock），这正是重新发现自我文化，产生"自知之明"的第一步。朱彝尊与高士奇虽然也是南方文人，但受到皇室礼遇的他们没有仅把北京

---

① 朱彝尊：《曝书亭集》（上），国学整理社，1937，第 440 页。
② 转引自王灿炽《燕都古籍考》，京华出版社，1995，第 279 页。

看作匆匆客旅的漂泊之地，他们已经接受了北京的历史性转变，不再有意和这座城市保持距离。北京作为首都和文化与历史集萃之地，其城市景观开始获得审美价值，并吸引越来越多的文人为之注目。终于，约在乾隆朝时期，文人关注的对象从"逝去"的北京转为了"当时当地"的北京，而大批北京人写北京城的作品开始涌现。当北京居民的文化自觉意识开始兴起后，北京景观的审美方式也开始改变了：历史感受不再是美的唯一维度，客游者不再是京城文人的典型身份，北京不再是北来文人笔下那个风沙满天、沧桑荒凉的落寞城市，它有独特的自然、市肆、繁华与风土，它当时的都市生活，也成为文人的审美对象，这类审美的代表作就是潘荣陛的《帝京岁时纪胜》。

韩书瑞曾用大量篇幅叙述了《帝京岁时纪胜》的内容，但没有注意到它在城市书写史上的独特意义。钟敬文曾经指出，"中国古代的民俗文献还有一个特点，就是从回忆的角度来记录民俗……从主观上讲，它们表达了作者的文人情思；从客观上讲，它们又传达了在社会历史急剧变动的时期，人们对安定的民俗生活的回忆和眷恋，以及通过叙述民俗社会所抒发的对理想社会模式的想象"，①《荆楚岁时记》《东京梦华录》等历代风俗"岁时记"莫不如是。但《帝京岁时纪胜》与这些民俗文献不同，它不是怀念之作，没有悼亡之气，也不是对理想社会的想象，它是文化地位正在上升期的北京居民，在这座城市中生活了近百年之后，对当时民俗景观的赞美与描绘。潘荣陛出生于北京大兴（今北京市东城区），他并非不懂历史，更不是不潜心于古籍，正如他在《帝京岁时纪胜·序》中所说："陛自辛亥秋从事禁庭，癸丑冬奉置史馆，叨窥内府图书，金匮石室之秘，而充楹负栖，汇今古藏书之所未备。"他根据读史所得，写作了《工务纪由》《月令集览》等系列笔札。但《帝京岁时纪胜》的资料不是来自于故纸堆，而是他感慨于"皇都品汇万方，泽流九有，而岁时令节，风土景物，典仪之盛，远迈前古，岂可茫无记述？因自不揣鄙陋，敬以耳目之余，汇集为编"的作品。诸如元旦至上元间，他去琉璃厂看百货云集，去内城驯象所看象舞，到自鸣钟听韶乐，赴曹公观演教势，到白塔寺打秋千，乃至在街头吃小吃，到名店商铺购物，等等，潘荣陛将自己所历所见一一道来，非怀念、无惆怅，

---

① 钟敬文：《建立中国民俗学派》，黑龙江教育出版社，1999，第15～16页。

他感叹的"真可谓帝京景物也"，是发自内心的对都市生活的喜爱与赞美。① 从这个意义上说，《帝京岁时纪胜》上接《帝京景物略》的传统，是清代北京的城市景观最终获得文化意义与审美价值的标志。

除潘荣陛之外，无论是查慎行的《人海记》，还是昭梿的《啸亭杂录》，在记录北京见闻时，都已少了历史叙述，而亲身经历的当时人、当时事占了很大篇幅。这些作品似乎在宣告：此刻的北京居民正在见证一段伟大的历史，当下如过往一样，甚至比过往更具有文化价值，故而值得秉笔直录。这种高昂的文化自信心，当然与历代清帝的文化政策有关，其中乾隆帝下令编纂《日下旧闻考》尤为重要，关于这一点，前文在引述欧美学者观点时已有较多说明。此处需要补充的是，《日下旧闻考》不仅是官方书写北京城市景观的巅峰之作，而且规定了观看与欣赏这座城市的审美模式。从它开始，北京何处美，怎么看，都得到了明确的定义，正是在这一基础上，作为导游书的《宸垣识略》才应运而生。

三　《宸垣识略》：北京景观的定义与价值输出

《宸垣识略》是依据《日下旧闻考》编辑而成的，但其目的已不再是述兴记亡、重建历史，而是"只以备游览之资而已"（邵晋涵序）。为此，他将"官署依朱氏原书，散入城市中。禁苑则依《旧闻考》另为一卷，尊皇居也；而苑名仍于郊坰道里列之"，② 还另附地图十八幅，以备游人按图索骥。甚至在书籍的排版设计上，也专门考虑到了城市旅行者的需要，"仿巾箱本，以便行箧"（例言）。吴长元和他的同时代者清楚地意识到，《宸垣识略》不仅应如《帝京景物略》或《帝京岁时纪胜》一样，对城市景观的亲身体验做如实记录，而且应为北京文化对外传播的载体，是指导他人接受北京文化的工具，邵晋涵在他为《宸垣识略》所作序言中，将这层意思说得很明白："（此书）俾观光日下者，皆得按籍循途，瞩瞻斗极，流传及远，将使四方万国，俱得望光耀之逶迤，戴景承辉，以伸其莫不尊亲之慕。"③ 可以说，《宸垣识略》的出现，标志着北京城市景观从其形象到文化价值，再到审美模式都已经定型，也是费孝通所说文化自觉意识确定之后，

①　潘荣陛：《帝京岁时纪胜》，北京古籍出版社，1981。
②　吴长元辑《宸垣识略》，北京古籍出版社，1982，第 2～6 页。
③　吴长元辑《宸垣识略》，第 2～6 页。

自身文化"走出去"的标志。经过这样的从不自觉，到文化自觉，再到主动传播的过程，北京城市景观最终得到了定义，而我们今天所说的老北京印象，也从此开始形成。到了清末民初，这类专为外来者而写的旅游指南达到高峰，这与当时社会心态的另一次转变有关，因不属本文讨论范畴，故在此不再多述。

总之，通过梳理清前期（1644~1796，即顺治至乾隆朝）书写北京城市景观的主要文献，我们能看到一条"景观生成"的轨迹，这条轨迹和社会政治与本地文化意识有极为密切的关系。当满人初入京时，当时的文人对这座城市并无认同，于是他们描写北京城时，便带有强烈的局外感与疏离感。只有当政治稳定，本地文人获得话语权后，当时的北京才具有了文化价值，城市景观的美才引起了文人的关注。这种历史性的转变，不仅仅是审美意义上的，而且是社会政治与文化体验上的，其本质是文化自觉意识的兴起。随着城市的美日益获得广泛认同，它也逐渐形成了审美模式，并开始向外传播与扩张，其标志就是《宸垣识略》这类旅游指南的出现。我们能清楚地看到：所谓城市景观，绝不仅是纯粹的视觉存在，它与社会政治、文化结构、历史传统，乃至意识形态等都有极为密切的关系。城市之美不仅来自景观本身，而且来自文化认同。

"东北人不是黑社会"

——大众文化的城市江湖想象与社会主义锈带的情感结构

刘　岩*

摘要："东北人都是黑社会"是从 21 世纪初开始流行的大众文化的地域修辞，除了各种名人有"黑道"身份的传闻已经或有待证实外，书写东北城市暴力的文艺作品在最近十多年间被不断生产出来。本文以《东北往事》的小说文本为中心，结合《东北人不是黑社会》等相关作品，分析大众文化的城市"江湖"想象及其空间表述，借此探究一种形成于特定历史地理条件的情感结构。

关键词：东北　黑社会　锈带　情感结构

Abstract："Northeast is a gangland!" has been a stereotypical representation in popular culture since the beginning of 21st century. Besides news or rumors of some northeastern notables that they may involve with criminal groups, literary and artistic works about northeastern gangland have been constantly produced in the past ten years. By discussing *Once Upon a Time in Northeast* and *Northeast Isn't a Gangland*, two of the most important works about northeastern gangland, this paper attempts to investigate the imagination of urban gangland in popular culture and the emotional structure in socialist rustbelt.

* 刘岩，对外经贸大学中文学院副教授。本文为国家社科基金青年项目"东北老工业基地的历史记忆与当代文化生产研究"的阶段性成果。

Keywords：Northeast　Gangland　Rustbelt　Emotional Structure

"东北人都是黑社会"是从 21 世纪初开始流行的大众文化的地域修辞，除了各种已经或有待证实的名人"黑道"身份传闻外，书写东北城市暴力的文艺作品在最近十多年间被不断生产出来。2004 年哈尔滨歌手陈旭创作的网络动漫说唱《东北人都是黑社会》，是较早出现的标志性文本，它取代此前红极一时的雪村的《东北人都是活雷锋》，使东北人形象陡然充满"流氓无产者"气息。但考证源流，《东北人都是黑社会》的歌名其实是在网络流传中形成的讹误，其本来的命名是"东北人不是黑社会"——在暴戾的音乐和语言风格中表达着截然相反的立意。如果说，"东北人都是黑社会"和"东北人都是活雷锋"一样，都是一种外来者视角（"老张开车去东北"）下的叙述套话，那么，在东北本地音乐人对此类套话的复制中，则同时包含了对抗主流定型化想象的情感结构。如雷蒙·威廉斯所指出的，经验的时代性和地方性是情感结构的两个关键向度："只有在自己所处的时代和地方，我们才能期望对一般性组织获得实质性的认识。对其他地方和时代的生活，我们也能知道很多，但在我看来，某些因素却永远都无法重新获得。"① 另外，这些经验因素及其结合为"一般性组织"的方式，又可以在不同媒介和文类的作品中发现。由东北籍上海"金领"孔二狗创作的《东北往事》（又名《黑道风云二十年》）是《东北人不是黑社会》之后影响最大的同类题材作品，这部通俗小说于 2008 年以网络连载形式爆红，2009 年由重庆出版社出版，迅速洛阳纸贵，连续 18 周位列图书畅销榜，2012 年被改编为 50 集网络电视剧热播，2014 年又被改编为同名话剧。本文将以《东北往事》的小说文本为中心，结合《东北人不是黑社会》等相关作品，分析大众文化的城市"江湖"想象及其空间表述，借此探究一种形成于特定历史地理条件下的情感结构。

一　"都市外乡人"与社会主义城市经验

　　吭哧瘪肚地弄两糟钱就买了火车的站票/到了大城市后慢慢体验慢慢发现/这旮瘩的人都挺损/还一个比一个尖/要不就贼抠，要不穷得就

---

① 〔英〕雷蒙·威廉斯：《漫长的革命》，倪伟译，上海人民出版社，2013，第 22 页。

剩钱了/还拿我当山炮，问我是不是看啥都新鲜/我说你们是不是都破草帽子没沿，跟我晒脸啊……（《东北人不是黑社会》）

不同于传统农业社会的土匪、山贼、响马或绿林好汉的江湖，常被笼统称为黑社会的现代"江湖"是一种城市经济和文化现象，但《东北人不是黑社会》有意将暴力的主体描述为大城市的他者。这种悖论式的空间和身份书写是对大众文化关于东北人的定型化想象的回应。作为老工业基地，东北三省直至 20 世纪 90 年代末和 21 世纪初仍是全国城市化率最高的区域，①但在彼时的大众文化中，东北人常被表述为"都市外乡人"，在 2001 年"中央电视台春节联欢晚会"上，由东北喜剧明星巩汉林表演的同名小品中，东北话和所谓"南方话"被直接用来区隔乡村和城市身份；而另一位更知名的东北小品明星赵本山则在同一年主演了张艺谋导演的城市题材贺岁片《幸福时光》，他扮演一个贫困孤独的老国企工人，但其通常在小品中塑造的农民形象的喜剧表演模式并未因此而发生改变。同样是在这一年，英氏影视公司推出了情景喜剧《东北一家人》，"发扬东北小品的地域特点"来表现"一个东北中等工业城市的一个大型国有企业的一个普通工人家庭"。②《东北一家人》在后期制作阶段采用了雪村的《东北人都是活雷锋》作为主题歌，这个脍炙人口的音乐评书，一方面将定型化东北想象的种种细节（高丽参、酸菜、"喝得少了他不干"等）尽皆整合进社会主义建设初期时的英雄——"活雷锋"中，另一方面则将这个曾经的历史主体完全戏谑化和他者化，其中与全剧的主题最契合之处在于，一起现代性事故（车祸）所引起的"活雷锋"故事乃是以乡村二人转的调子来讲述的。东北人成为大众文化中的"都市外乡人"，源自老工业基地在市场化过程中的凋敝，原来以工人阶级为主体的城市空间或沦为废墟，或被改造为中产阶级消费空间，消费主义文化不仅取代了社会主义建设初期的城市文化，而且将后者重构为以市场经济为基础的现代都市的他者，"东北人都是活雷锋"与"东北人都是黑社会"乃是这个他者的两幅漫画像，一为计划经济残留

---

① 2000 年，辽宁、黑龙江和吉林的城市化率依次为 54.25%、51.53% 和 49.68%，在省级行政区的排名中，仅次于上海、北京、天津三个直辖市和广东省，而如果按七大地区排名，东北的城市率则领先于华北、华东、华中、华南、西北和西南，位居首位。

② 英宁:《〈东北一家人〉笔记》，新浪网，http://ent.sina.com.cn/v/2002-01-29/71446.html，2002 年 1 月 29 日。

物，一为转型期畸形物。

而由东北人自己创作的老工业基地"江湖"故事的流行文本，往往既是消费主义文化的一部分，又携带着它未能驯服的社会主义城市经验及记忆。和《东北人不是黑社会》一样，《东北往事》也属于这类文本，并比前者更具有显著的历史纵深感。小说以四部曲的形式将东北某工业城市的"江湖"往事划分为四个阶段：1980年代中期至1990年代之前为古典阶段；1992年至1998年为拜金主义形成阶段；1998年至2000年为黑社会出现阶段；2000年之后为暴力、金钱和腐败权力相勾结的黑社会正式形成并成常态化的阶段。"江湖"形态的更新和大历史的更替节奏颇合，它因此不仅是被讲述的对象，而且是东北（乃至中国）城市社会变迁过程的叙事角度。小说的主人公赵红兵于1986年（城市改革的后果开始显现）从老山前线复原回到家乡；1988年入狱，1992年（市场经济元年）出狱；1994年再次入狱，1998年（国企工人大规模下岗的标志性年份）再次出狱……通过他的一次次"归来"，已在当下日常生活中被遗忘的当年由改革造成的一次次"震惊"得以在陌生化的视点中复现出来。主人公每次进入（或重入）"江湖"，都是面对猝不及防的社会变革，自觉或不自觉地重新寻找位置和归属，并由此展现与改革时代的新体制的关系。

1986年，赵红兵复原后被分配到某银行的办公室工作，因为不满腐败风气，打伤领导而失去公职，从此开始自谋职业和"混社会"。实行"放权让利"的城市改革在保留单位制的主体地位的前提下，导致了最初的利益分殊和人际疏离，以平等主义、集体主义为核心内容的社会主义文化由此日渐衰落。在此背景下，赵红兵这样的从战场上归来的退伍兵，不是在最先遭受权钱交易关系侵蚀的金融单位，而是在距离这种关系最遥远的"江湖"重新找到了集体归属。赵红兵和他的七个把兄弟组成了后来当地最有影响的斗殴团伙，其"元老"的身份极其复杂：赵红兵等四人是退伍兵，张岳是在粮食局工作的大学毕业生，李武和孙大伟是待业青年；与此同时，赵红兵出身于革命干部家庭，是现任市委组织部部长的儿子；张岳是新中国成立初期被镇压的土匪的后代，父亲是工人；赵红兵和张岳是高中同学，张岳和李武、孙大伟是邻居。这个团伙的成员构成折射出1980年代城市的社会关系网络：不同的职业、教育程度和家庭背景并未造成阶级分化和区隔，城市社会空间通过广大"人民群众"的密切交往而错综织就。这种由无阶级区隔的社会网络同样显现在赵红兵团伙与其敌对团伙的关系上。作为赵红兵团伙最初的两股敌对力量，二虎、三虎团伙由东郊毛纺厂的职工子弟构成，路伟团伙成员则完全是铁路系统职工子弟，这些团伙间的争斗，纯粹是为斗殴而斗殴，而没有任何金钱或利益诉求，也没有任何"官二代""红二代"试图借助父辈在体制内的权势来压服其他混混儿，而完全是靠自己的身体与对手们"打成一片"。暴力形式的"打成一片"是新时代城市的有机性显现：不仅单位家属区之间、邻里之间形成了有机社会，而且城市本身就是不同人群共享的"同一个"有机社会。

因此，"混社会"作为一种城市亚文化形态，并不在主流社会的逻辑之外。20 世纪 80 年代的混混儿们之所以独立于金钱和权力外，原因就在于社会还没有在整体上受到这两种力量的败坏。而当城市为权力强制推动的市场化所摧毁时，当这种城市的文化主体被排斥为"都市外乡人"时，前市场经济时代的"江湖"也就被追认为了与体制关联密切的黑社会的古典形态了。

二　分化的暴力空间："锈带"的抗争、对立与结合

> 回去以后这心里憋屈地没着没落/寻思不管咋的也得找现实说道说道/它说，你爱咋咋的/有招想去，没招死去/你瞅瞅，你瞅瞅，人都是被这么逼出来的/所以根本不怪俺们东北人性格这么霸气/完全都是有道有理有根据的/这穷苦的老百姓的确谁都不容易/这统治阶级的霸权主义也都不咋的（《东北人不是黑社会》）

作为当代大众文化修辞，"东北人都是黑社会"是以一种源远流长的定型化想象——东北的彪悍民风为基础的，但在市场化语境中，这种暴力性格有时也会被东北人自身体认为是严重的阶级分化的产物，借用美国华裔社会学家李静君的表述，即是"锈带的绝望抗争"。根据李静君的研究，在以东北老工业区为代表的中国经济社会的"锈带"，工人阶级的抗争主要是出于他们在社会分化过程中对"向下流动的绝望"，以及对社会主义建设初期的"社会契约"遭到背叛的反抗，因此它不同于"阳光地

带"（以广东为代表的经济发达地区）的新工人参照市场经济时代的"法律契约"进行的"依法维权"活动，"锈带"的抗争往往诉诸对公共秩序的破坏。[1] 李静君所说的"公共破坏"（public disruption）主要是指工人以街头抗议等形式对单位和政府施压，争取政治议价，这种"绝望抗争"的前提是寄希望于昔日的"社会契约"在当下合法化。而在东北老工业区，事实上也还有一种更加绝望、更加扭曲也更加常态化的抗争与自我保护的形式，即底层的黑社会方式。

在《东北往事》所描写的那座城市里，1998 年的"江湖"与 1980 年代甚至 1990 年代前期的有着相当明显的断痕。一方面，之前的四年间，赵红兵团伙的主要骨干或在狱中，或逃往异地；另一方面，他们曾经的凶悍对手三虎子早已洗心革面，办了一家洗毛厂，为国营的毛纺厂做配套。在市场化改革中，毛纺厂像许多老国企一样处境艰难，工厂停产，有超过三分之二的工人下岗，三虎子的洗毛厂因此失去依托，最终破产倒闭，他为了偿还拖欠的工人工资向毛纺厂讨账，与腐败领导发生冲突，被迫"重出江湖"，于是，"江湖中又多了已经消失六七年的三虎子团伙"，"团伙成员结构很简单，全部是三虎子以前工厂的职工和毛纺厂的下岗职工"。[2] 在当代唯一执着于老工人题材的电影人、东北青年导演张猛的电影中，也不断出现类似的故事和人物，如 2011 年的《钢的琴》，通过季哥这个角色，以"社会大哥"的神采来复位产业工人的尊严，2014 年的《胜利》更是把这类"大哥"作为老工业区故事的中心人物。工人阶级的解体和黑社会化的底层空间的出现，构成了同一历史过程的两个面向，这是社会主义"锈带"最痛切也最内在的城市面貌。

但是，1990 年代后期兴起的具有黑社会性质的城市犯罪组织，并不能笼统地视为底层的抗争形式，越是有"江湖"地位的组织，越能充当资本积累和竞争的工具。《东北往事》第三部中，使赵红兵团伙重树威望的"南山之战"正是由两个城市的私人资本冲突所引发的。与此同时，曾经"打成一片"的暴力空间出现了明显的阶级分化，即官僚权贵子弟与下岗工人、城市贫民子弟的区隔与对立，这既表现为同一团伙中赵晓波们与丁小虎们

---

① Ching Kwan Lee, *Against the Law*: *Labor Protests in China's Rustbelt and Sunbelt*, Berkeley, Los Angeles and London: University of California Press, p. 11.

② 孔二狗:《东北往事》(3)，重庆出版社，2009，第 7 页。

的对立，也表现为不同人脉系统中袁老三、袁老四兄弟与大志、九宝莲灯等人的对立，后者依旧靠身体打拼，前者倚仗的却是体制权力，后者虽然斗殴本领更强，却必须在前者面前退让，否则便是"一场社会最底层的人和权势阶层的对抗"。① 大志和九宝莲灯实施过多起恶性犯罪，皆能逍遥法外，却因在斗殴中失手杀了袁老四而被判极刑，连他们的在"江湖"中地位显赫的"大哥"张岳也受牵连而被镇压。赵红兵为营救张岳而竭尽心力，后者却在临刑前与孙大伟的对话中突然谈起了亲密无间的兄弟间的身份差异：

> 大伟，咱们和红兵不一样。你爸爸是烧锅炉的，我爸爸是普通工人，我爷爷更是土匪。
>
> 对，咱们不是从小就知道吗？你说这个干吗？
>
> 咱们不是富家子弟，和权势根本不沾边。咱们能混到今天，都是靠自己打拼……②

这与其说是阶级意识的觉醒，不如说是对 1990 年代末的社会和符号秩序进行回溯、建构时的身份叙述。张岳在《东北往事》第三部的结尾处被镇压，小说第四部开头戏仿托夫勒的"权力转移"理论分析黑社会，对张岳的教训进行了总结：他"只用暴力手段获得了金钱，却基本没有获得腐败官员手中职权的支持"，最终导致失败身死，因为"暴力是低等权力，金钱是中等权力，腐败官员手中的职权是高等权力"，只有结合高等权力，才算真正实现"从古典流氓、拜金流氓到黑社会转变的全过程"。③ 在小说第四部中，赵红兵团伙发生了分裂和火并，赵红兵、李四与李武，兄弟相残，同时，他们各自都完成了与资本和腐败权力（1980年代的赵红兵试图逃离和抵抗的对象）的结合。《东北往事》中关于这种分裂与结合的章节，不仅是对 21 世纪黑社会的叙述，而且是对它所构成的城市社会本身的寓言。

---

① 孔二狗：《东北往事》（3），第 165 页。
② 孔二狗：《东北往事》（3），第 215 页。
③ 孔二狗：《东北往事》（4），重庆出版社，2009，第 1～2 页。

三 构成"主流社会"的黑社会：
他者修辞与历史质疑

人家都说俺们东北特产是黑社会/我说老铁要是这么说那就是你的不对了/一下把俺这颗爱国的红心吧嗒扔地下摔稀碎/俺死都不信有谁能比这个社会还黑……（《东北人不是黑社会》）

《东北往事》的最后一部呈现了一个常被忽视的悖论：当赵红兵真正转变为黑社会成员之时，他也"终于成了主流社会乃至上流社会的一员"，[①] 换言之，就是社会他者的黑社会表面上构成了"主流社会"。让·波德里亚在谈到疯人院、监狱等封闭性的他者空间时，曾指出，这些空间的边界在今天已不复存在，其逻辑早就弥散开去，"包围了整个社会空间，包围了真实生活的所有时刻"，然而，"它们作为威慑符号，还将一直存在下去，以便把资本统治的现实引向一种想象的物质性"。[②] 从内部叙述东北城市"江湖"的文本显然也给人以相似的启示：将特定空间和人群指认为暴力专业户，恰好遮蔽了市场化及其剥夺性积累过程中的普遍暴力，对于工业基地沦为凋敝"锈带"的亲历者来说，黑社会并不存在，黑社会无所不在，但作为他者的修辞将他者洗白了。

除了有兄弟、暴力、金钱和权力的情节外，《东北往事》中还有另一个引人入胜的故事，即赵红兵与中学女教师（二十年前是品学兼优的女学生）高欢的曲折爱情故事。英雄美人渡尽劫波，终成眷属，这固然是通俗小说的叙事俗套，但也在不经意间写出了"江湖"与"主流社会"的交媾。2011年的老工业基地教育/黑社会题材电影《跟踪孔令学》（张骁导演）可以看作《东北往事》这一个文本的褶皱展开。影片以整合宏观历史情境与微观教育环境的空间蒙太奇式镜头为开头：从东北某工业城市（凋敝的老工业区）的大全景切入"双全文武学校"的教室内景。教室里，语文老师孔令学没收了不认真听课的女学生的手机；校园外，孔老师被追求女学生的小混混儿全城跟踪。与学生的一次偶然冲突，犹如一场突如其来的风暴，

---

① 孔二狗：《东北往事》（4），第2页。
② 〔法〕让·波德里亚：《象征交换与死亡》，车槿山译，译林出版社，2012，第22页。

将孔令学从虚幻的"神圣课堂"卷入了真实的城市社会综合体中，难缠的跟踪者使他再也无法逃回以往的世界，一切想象中的"合理合法"的传统资源都无法帮助他，他最终只能向势力更大的"黑道"求助，学校、市场和"江湖"由此展现密切的关联。而片头的工业城市全景则是上述这些异质空间相互交错的依据，其作用正如《东北往事》中看起来和主人公的活动并无直接关联的背景所起的作用：

> 在五年以后的一个夏日的夜里，赵红兵和张岳二人最后一次溜达在马路上聊天时，他们发现，马路边的那些工厂还是那些工厂，厂房还是那些厂房。工厂虽然在，但曾经几千人熙熙攘攘的工厂，却只剩下风烛残年、瘦小枯干的看门老头，在杂草丛生的工厂大院里抽着烟袋追忆着当年国营工厂的辉煌。
>
> 聊了一夜的张岳和赵红兵都认为，必须要收拾赵山河……①

与忙于斗殴、赚钱的赵红兵和张岳一样，为大众文化工业生产"江湖"故事的作者，并没有在余暇去严肃反思作为"历史进步"的市场化过程，但当他描写故事发生的空间或背景时，会不由自主地感觉到"进步"的代价和"落后"之物的价值：

> 别的饭店的服务态度一家比一家好，但是这家，服务员叫客人去拿菜，客人拿得慢了点儿，都要被服务员骂。而且，客人们也乐于享受被骂的感觉。……这个饺子馆不像是个饭店，倒像是大家庭。在当今社会中，这家饭店依然以这样的方式固执地经营着，而且，又在继续哺育着新一代。至今，当年杂乱无章的街道上已经建起了一栋一栋的现代化小区，但这家饭店依然巍然不动，据说附近的人都不同意拆掉这家饭店。②

类似的对城市老旧甚至已经消逝的空间的描述，蕴含着社会"锈带"特定的情感结构，在消费主义大众文化中，这种情感结构不可能决定历史

---

① 孔二狗：《东北往事》（2），重庆出版社，2009，第180页。
② 孔二狗：《东北往事》（2），第126页。

书写，却可能通过对有机的城市生活场景和细节的回忆，回应主流历史书写及使其获得合法性的"实际的社会过程"，在此过程中，"占据主导地位的生产和社会关系模式通过教导、加深印象以及主动给予的方式，使那些分开的、孤立的、外部的感觉和行为模式显得正常甚至是牢不可破"。① 正是由于这种回应，本来为"主流社会"而生产的黑社会故事，反而对前者提出质疑。

---

① 〔英〕雷蒙·威廉斯:《乡村与城市》，韩子满等译，商务印书馆，2013，第403页。

专题三

电视剧研究

国产剧的三种类型与主流价值观

张慧瑜[*]

摘要：电视剧作为一种影响广泛的大众文化形式，是负载当代社会主流文化价值观的重要媒介。一部或一系列热播剧往往与特定历史时期的社会文化心理有着密切关系，研究以热播剧为代表的大众文化成为观察中国社会变迁的文化晴雨表。20世纪80年代以来，主流价值观处于分裂状态，而近些年，越来越成熟的大众文化逐渐承担起主流价值观的形塑功能。

关键词：大众文化　电视剧类型　主流价值观

Abstract：TV drama, being an influential popular culture, is an important medium carrying mainstream cultural values of contemporary society. One or a series of popular TV dramas always have close relationship with the social and cultural psychology in the specific historical period. Therefore, by studying the popular cultures in TV dramas, we could observe Chinese social changes. Since the 1980s, mainstream values had been divided. However in recent years, more mature popular culture gradually bear the function of building the mainstream values.

Keywords：Popular Culture　TV Drama Type　Mainstream Values

＊　张慧瑜，中国艺术研究院电影电视艺术研究所副研究员。

一 大众文化的政治

从 20 世纪 80 年代开始，以电视剧、电影、流行歌曲等为代表的港台大众文化开始进入内地，尽管这些"靡靡之音"不时被指责为黄色文化或资产阶级自由化的文化，但并没有阻止这股北上的清新之风刮遍大江南北。1990 年代随着邓小平南方讲话后市场化改革的展开，新兴都市媒体日益成为大众文化全面勃兴的平台。与此同时，这种市场化的媒体也被给予一种代表公众利益的、自由而独立的公共空间。21 世纪以来，在文化产业化改革的背景下，市场化成为文化生产的主流逻辑，一方面，文化事业单位逐步向公司化、集团化转型；另一方面，电影、电视剧、电视节目等文化行业逐步向民营资本开放，文化创意产业也成为后工业时代大都市发展的主导方向之一。

大众文化在内地的兴起有着清晰的文化地理学传播路径。1980 年代的港台文化深受日本文化影响，而日本文化又受到"二战"后以好莱坞电影、摇滚乐为代表的美国文化的影响。1980 年代日本影视剧传入中国以及 1990 年代好莱坞以分账大片的模式重新回到内地，这些曾经作为"冷战"对立面的文化形式，成为改革开放时代中国文化与世界文化接轨的重要方式。在这种背景下，1950～1970 年代形成的依靠计划经济体制运行的工农兵文艺，逐渐转变为市场经济体制支配下的大众文化工业。这种去生产化、去工业化的消费主义文化是与原子化的个人、自由竞争的市场经济相匹配的文化形态。大众文化的兴起不仅使得与 1950～1970 年代社会政治经济体制相适应的工农兵文艺逐步淡出，而且也宣告着工农兵文艺的终结。如果说从五四到"文革"，再到 1980 年代，文化承载着政治实践的功能，如果说 1980 年代的文学、电影等艺术实践通过反思 1950～1970 年代的文艺政治化来开启新的改革时代，那么 1990 年代的大众文化则以去政治化的消费方式实现了文化功能的转变，文化不再担负现代民族国家的启蒙、革命、救亡的任务，而转变为文化产业和文化创意经济学。

大众文化本身是一种很特殊的文化，有这样几个特点：（1）大众文化是现代社会的产物，文化从封建时代少数人垄断的特权变成了普通人可以分享的产品，这是文化权力的民主化和大众化；（2）大众文化是商业文化，依靠现代资本主义商品交换的原则组织生产和消费，大众文化背后有一套文化工业系统来支撑，也就是现在常说的文化产业；（3）大众文化是现代资本主义社会的主流意识形态，最早提出文化工业这个概念的是"二战"期间流亡美国的德国法兰克福学派，他们发现美国的文化工业非常发达，对维系美国资本主义体制很有帮助，他们把文化工业比喻为凝固资本主义大厦的水泥；（4）大众文化是一种非宣传的、非强制的、去政治化的文化，大众文化往往看起来没有强烈的政治诉求，讲述的都是儿女情长、家长里短的故事，但这本身也是一种软政治、软价值观的表达，这与"冷战"时代社会主义体制下的政治文化是有区别的，它就像1980年代港台流行文化一样，与毛泽东时代的工农兵文艺有所不同；（5）大众文化是一种调和社会矛盾的润滑剂和消音器。对于成熟或正常的大众文化来说，其大众应该就是一个国家、社会里面的大多数人，大众文化一方面要触及这些大多数人的喜怒哀乐，另一方面又要巧妙地转移、化解这些社会矛盾和困境，这就使得大众文化呈现两副面孔，它既敏感又很保守。

大众文化总体上既认同现有秩序和制度，又擅长与时俱进和捕风捉影，大众文化的魅力就在于此，既能执着、专注又能妥协、调和，呈现一个弹性、多元的空间。正因为发达资本主义社会的大众文化具有这种特点，西方左翼学者经常用争夺文化领导权、进行文化游击战的说法来论述文化革命有其必要性。相比之下，中国的大众文化有一些"中国特色"。第一，大众文化在中国的全面兴起与改革开放、"告别革命"有重要关系，市场化的大众文化取代了体制化的工农兵文艺，这使得20世纪八九十年代人们对大众文化寄予厚望，认为大众文化是解构政治文化的进步力量，他们对俗文化、通俗文艺也抱有肯定的态度。第二，1990年代，随着文化的商品化、市场化，随着包括都市报、电视等媒体在内的大众文化媒体开始发挥重塑主流意识形态的功能，一种以反体制（旧体制）为核心的新主流认同出现了。第三，从工农兵文艺变成市场化的大众文化，也是中国社会大转型的组成部分，这些大众文化的消费者正是市场化转型中浮现出来的都市"小资""中产"主体，而工农兵等弱势群体被放逐到大众文化的边缘位置。第四，21世纪以来文化产业转化成文化体制改革的主要领域，尤其是文化产业在后工业时代产业结构中占据重要位置，资本的力量越来越强有力地介入文化生产之中。第五，1980年代以来，中国的文化形态受到三股力量的制衡：政治（主旋律）、经济（市场）和艺术（知识分子）。

随着这三种力量的此消彼长，中国文化也呈现不同的状态。政治（主旋律）在 1980 年代中后期获得命名，1990 年代处在自我危机状态中，但 21 世纪以来与市场力量达成和解，变成新的形态；经济（市场）对文化的影响是逐渐增强的，1980 年代文化的市场化开始出现，1990 年代文化市场化全面开花，21 世纪以来文化产业成为资本追逐的香饽饽；艺术（知识分子）在 1980 年代处于黄金时代，艺术生产受到旧体制的保护，1990 年代开始受到市场化转型的压力，21 世纪以来基本上被文化产业所抛弃。电视剧作为一种影响广泛的大众文化形式，是负载当代社会主流文化价值观的重要媒介，一部或一系列热播剧往往与特定历史时期的社会文化心理有着密切关系，而针对以热播剧为代表的大众文化的研究也成为观察中国社会变迁的文化晴雨表。下面我主要以红色题材影视剧（简称"红剧"）、青春剧和国共题材剧为例，来呈现这些不同类型的热播剧与社会主流价值观之间的关系。

二 "红剧"与市场经济价值的融合

在国产剧的类型中，"红剧"占据着特殊的位置，它既承担在后革命时代重新讲述革命历史的任务，又承担把红色价值观改造为与改革开放的主流逻辑相契合的价值观的任务。这样的双重角色使得"红剧"不仅要正面讲述红色革命历史，而且不能违背市场经济的基本价值观。在这个意义上，"红剧"成功的关键在于找到前 30 年革命历史叙述与后 30 年代改革开放历史的最大公约数，这就要求"红剧"在重述革命文化的同时又要与时俱进，同当下社会保持有效互动。因此，"红剧"在 20 世纪八九十年代的失效和 21 世纪以来的重新流行，成为反思新时期主流价值观建构的文化症候。

在"十七年"和"文革"时期，并没有主旋律和红色影视剧的说法，这一方面是因为所有的文艺作品都与革命相关，都在阐释中国革命的合法性；另一方面是因为文化艺术创作本身是革命实践的重要组成部分，不管是历史故事，还是时令题材，都与那个时代的革命政治有着密切的关联。暂且不讨论这种革命进程中的对革命的描述和书写是否真正成功，只说 1950 年代到 1970 年代的文艺实践，它与主流意识形态（如以工农兵为主体、以阶级斗争为纲、"三结合"等）是相匹配的。20 世纪七八十年代之交的历史转折，是通过文化伤痕和历史反思运动来完成的，曾经为新中国确立合法性的"红色历史"不再完全是历史进步和真理的叙述，它包含着一些暴力、谎言和迫害的记忆。这不仅使得 1980 年代的红色记忆变成负面的、充满血污的噩梦，而且在某种程度上使得执政党陷入合法性危机。在这种背景下，1987 年初中央发布了《关于当前反对资产阶级自由化若干问题的通知》，两个月后，在全国电影制片厂厂长会议上出现"弘扬主旋律，坚持多样化"的说法，① 国家以资金和政策扶持的方式鼓励革命历史题材的影视剧的创作，这就是"主旋律"的由来。可见，"主旋律"是在 1980 年代左翼文化、革命文化受到清算之后出现的应对之策。1990 年代，中国全面进入市场经济时代，随之出现了两种现象：一是国家把 1950～1970 年代的革命作品命名为"红色经典"，放在爱国主义教育中；二是在市场化的大众文化领域出现了对红色故事、红色旅游的文化消费。

除此之外，1990 年代以来主旋律创作主要有三种类型：第一种是革命历史史诗。在"主旋律"的口号提出不久，中共中央宣传部就成立了"重大和革命历史题材"领导小组，② 设立专项基金来投资主旋律。1980 年代末 1990 年代初出现了"三大战役"系列、《开国大典》（1989 年）、《开天辟地》（1991 年）等反映中国革命重大历史事件的影片。这些电影不仅以大场面、大制作著称，而且采用创世纪的史诗风格来叙述解放战争、新中国成立和中国共产党诞生等大历史事件。这些全景式的史诗巨片，突显的是领袖们、伟人们运筹帷幄和高屋建瓴的能力，以及他们人性化的家庭生活，其作用在于把 1950～1970 年代以人民为历史主体的叙述改写为一种个人英雄式的历史观。第二种是英雄劳模片。1990 年代还出现了一批表现 1950～1970 年代以及当下英雄模范人物的传记片，如《焦裕禄》（1990 年）、《蒋筑英》（1993 年）、《孔繁森》（1995 年）、《离开雷锋的日子》（1997 年）等，这些影片主要通过对英雄人物高尚品德的展示，用个人悲情方式来建立一种历史感的延续和情感上的认同，把作为共产主义战士的英雄模范与改革开放时代新的道德规范结合起来，如《离开雷锋的日子》中把"毫不

---

① 章柏青、贾磊磊主编《中国当代电影发展史》下册，文化艺术出版社，2006，第 527 页。

② 1987 年成立了重大和革命历史题材领导小组，重大和革命历史题材，就是"凡以反映我党我国我军历史上重大事件，描写担任党和国家重要职务的党政军领导人及其亲属生平业绩，以历史正剧形式表现中国历史发展进程中重要历史事件、历史人物为主要内容的电影、电视剧，均属于重大革命和历史题材影视剧"（《中共中央宣传部 解放军总政治部 广播电影电视部 文化部关于重大革命历史题材影视作品拍摄和审查问题的规定》中宣通〔1990〕16 号）。

利己，专门利人"的雷锋精神转化为市场经济时代助人为乐的志愿者精神。第三种是红色商业片。1990 年代中后期出现了《红樱桃》（1994 年）、《红河谷》（1996 年）、《红色恋人》（1998 年）、《黄河绝恋》（1999 年）等采用商业片的形式讲述红色故事的影片。这些电影往往把革命故事放置在西方人（外来者）的视角中来呈现，通过他者之眼的客观见证，来把红色历史异质化和陌生化，从而解决 1980 年代以来左翼故事很难自我讲述的困境。这种把红色故事商业化的尝试，主要突显红色历史的传奇性和情欲性，以与消费主义时代人们对历史的猎奇心理相吻合。

与 1980 年代对红色文化的整体性拒绝不同，1990 年代已经出现一些讲述红色故事的新方法。不管是自上而下地把红色历史变成爱国主义、民族主义的国民教育，还是文化商品化对红色符号的去政治化，抑或是主旋律创作对红色文化的多重改写，都使得 1980 年代作为负面记忆的红色文化再度镶嵌进 20 世纪中国历史的文化图景中，并获得了一定的市场效应。在这种新的国家意志和市场化的推动背后是文化生产方式的转型，一种以公有制为基础的文化生产方式逐渐被以市场化为主体的文化生产原则所取代，党的文艺工作者也变成了商业化的大众明星，主旋律的创作也从 1980 年代末期开始，逐步摆脱国家出资模式，转入民营、社会投资模式之中。21 世纪以来，文化体制改革更加彻底，实行文化产业化，民营资本因此获得更加合法的身份，成为"红剧"生产的主力军（2003 年主管部门开始向民营企业发放电视剧生产证），这也是"红剧"完成文化意识形态蜕变的重要动因。

2001 年出现了一部新革命历史剧《激情燃烧的岁月》，这部事先并不被看好的小成本红色题材剧一经播出就引起社会巨大反响，"激情燃烧的岁月"也成为人们怀念 1950～1970 年红色革命年代的代名词，那个父亲的时代不再是伤痕和血污的时代，而是父亲戎马生涯并与母亲携手走过青春的浪漫岁月。这部电视剧有两个重要的标志性意义：第一，这是一部民营公司投资拍摄的电视剧，也正因为这部电视剧的市场带动效应，使得"红剧"成为民营公司投资的热点题材，也造成"红剧"在电视剧市场中的繁荣；第二，这部电视剧创造了一种以泥腿子将军为主角的新革命历史剧，这种新的"红剧"模式影响到此后热播的《历史的天空》（2004 年）、《亮剑》（2005 年）、《狼毒花》（2007 年）等作品。从《激情燃烧的岁月》中的石光荣开始，一类满口粗话、嗜好战争、血气方刚的泥腿子将军如姜大牙、李云龙、常发等常占据荧屏，这些土气的、没有文化的红色英雄不仅成为不按常理打仗的常胜将军（一种个人主义男性英雄），而且大多是抗战时期与国军并肩作战、英勇杀敌的抗战英雄、民族英雄。这类电视剧在把历史去红色化的同时，又实现了后革命时代正面讲述红色历史的目标，或者说把1950～1970年代的红色价值观有效地转换为市场经济时代的"正能量"。石光荣、李云龙、常发等不守规矩，经常违背上级命令但能屡建奇功的英雄，被认为是最有商业头脑的职业经理人，明知失败也要勇往直前的亮剑精神也被转化为职业培训和励志教育中的团队合作精神。新革命历史剧成功地把红色英雄与市场经济中的成功者，以及民族国家的英雄结合在一起。

自新革命历史剧流行之后，2006年另外一类与红色历史密切相关的谍战剧开始热播，如《暗算》（2006年）、《潜伏》（2009年）等。谍战剧之所以能够取代新革命历史剧很大程度上在于这些"谍中谍"的故事实现了新革命历史剧所"无法完成的任务"。新革命历史剧在重塑民族英雄的叙述中无法处理国共内战的历史（正如《亮剑》中对三年内战的疑问"中国人为什么打中国人"），而谍战片所承担的意识形态功能恰好是呈现1945年到1949年之间的内战历史。在从1950～1970年代的反特片转型为谍战剧的过程中，国共之间在正面战场上的斗争被转换为一种地下斗争，国共之间的阶级战争事件也被转变为隐秘战线上的斗智斗勇故事。与新革命历史剧通过国共并肩抗日来完成民族身份的认同相似，这些谍战剧也把国共关系书写为"相逢一笑泯恩仇"式的兄弟情谊。

除此之外，这些谍战剧还成为白领职场和办公室政治的隐喻。这些"战斗在敌人心脏"的"地下尖兵"们是一群有信仰、有理想的无名英雄，是一批带有知识分子特征的文质彬彬的、有勇有谋的谍战英雄，他们为了国家利益甘愿牺牲，为了革命信仰甘愿潜伏，但是这种信仰的忠贞建立在对信仰的抽象化之上。如在《潜伏》中观众最喜欢的角色不是余则成，而是国民党特工李涯，一个爱党爱国、为了党国利益兢兢业业的职场男，他越挫越勇、踏实肯干，于是，共产党有信仰，国民党也有信仰，信仰被相对化。这些忠于职守的地下英雄也成为白领们的职场楷模。这种对理想、信仰、灵魂的固守和强调被作为一种中产阶级职场的道德自律，这正是这些谍战剧与当下社会主流价值观的结合方式。

三 青春剧与青春想象的"腹黑"化

21 世纪以来，青春成为网络文学、流行音乐、影视剧等大众文化热捧的叙事题材，这与青年人作为流行文化的主流消费群体有关，青春剧也是近些年电视剧市场中最为热播的类型之一。它们中不仅有讲述青春的励志剧如《士兵突击》（2006 年）、《奋斗》（2007 年）等，也有讲述青年人在国际化大都市中的现实压力和挫折的现实剧《蜗居》（2009 年）、《裸婚时代》（2011 年）等，还有近年来浮现出来的职场阴谋剧如《北京爱情故事》（2012 年）、《浮沉》（2012 年）等。可以说，从 2005 年到 2012 年青春剧的文化想象发生了重要的转移，一种阳光下励志、奋斗的青春絮语变成了黑夜中"腹黑"、权斗的"饥饿游戏"，① 这也正是都市青年从扬扬自得的小资蜕变为自轻自贱的"屌丝"的过程。在这个意义上，青春剧的流行与当下年轻人的社会际遇有着直接的呼应关系，这也正是大众文化的魅力所在，它始终与主流消费群体"同呼吸，共命运"。

中国的青春叙事开启于 1980 年代的知青作家，如张承志、王安忆、韩少功、史铁生、阿城、梁晓声等，这些知青故事把 1960 年代或革命年代讲述为一种青年人遭遇生命挫折与精神成长的历程，尤其呈现的是青春伤痕和无悔青春的双重故事。如果说在 1980 年代反思革命及历史暴力的主流叙述中，青春话语成为一处言说革命的另一副面孔"理想与浪漫"的特殊空间，那么自 1990 年代以来的文化消费市场中，这些"青春+革命"的文化表述被改写为一抹"血色浪漫"的故事。1994 年姜文的处女作《阳光灿烂的日子》用骚动不安的青春，拉开了红色怀旧的序幕。21 世纪以来，《血色浪漫》（2004 年）、《与青春有关的日子》（2006 年）、《大院子女》（2006 年）等电视剧则以青春的名义重写 1950～1970 年代的故事。这种红色青春故事的意义在于把高度政治化的革命实践与个体的成长史结合起来，用青春的理想、无知和莽撞来把中国的 20 世纪六七十年代书写为去政治化的

---

① 《饥饿游戏》是 2012 年一部好莱坞电影，改编自同名小说，讲述囚禁在封闭环境中的一群人相互搏杀最终只有一个胜利者/幸存者的故事。它讲述的是一种"适者生存"式的丛林法则，这种丛林法则也是当下以《超女》《快男》《中国好声音》等为代表的竞技电视节目的游戏规则。

"激情燃烧的岁月"。不仅如此，青春、明星与爱情成为当下红色题材影视剧的重要叙事题材，以至于红色青春偶像剧带有韩剧的色彩，如《恰同学少年》（2007 年）、《延安爱情》（2011 年）和《我的青春在延安》（2011 年）等。曾经在 1980 年代被叙述为血迹斑斑的革命事业变成了充满理想、纯洁和浪漫的爱情故事，红色历史不再是荒诞年代的异质故事，它转化为消费主义时代的文化风景，甚是怀旧的对象。

就在谍战片流行之时，《士兵突击》（2006 年）、《奋斗》（2007 年）、《我的青春谁做主》（2008 年）、《我的团长我的团》（2009 年）等青春励志剧大量浮现。相比《奋斗》等以都市青年或北漂为主角电视剧，康洪雷执导的《士兵突击》和《我的团长我的团》则不同，它们以农村娃许三多和被正规部队抛弃的"炮灰团"为中心，讲述这些更加底层、边缘的人群如何在现实与历史中寻找成功和认同的故事。许三多凭借着"不抛弃，不放弃"的理念，实现做一只合格的"兵蚁"的人生目标；① 而"炮灰团"也在与日军的艰苦作战中找到个体生命的价值和意义。这种从 21 世纪之初白手起家、创造"帝国"的个人奋斗的英雄故事，到 2005 年之后，转向职场白领故事，这种转型充分说明一种在 1990 年代中后期被自由市场所建构的"从奴隶到将军"式的美国梦开始失效，能够踏踏实实地做一个有责任、有信仰的职场达人成为都市白领最大的中产梦。只是这种杜拉拉的升职"迷梦"并没能持续多久，就遭遇《蜗居》《裸婚时代》所呈现的窘迫。

随着近些年房价的快速攀升（按照《蜗居》中海萍的说法是"挣钱的速度永远赶不上涨价的速度"），本来可以成为都市"主人/房主"的中产阶层却"想成为房奴而不得"。在这种背景之下，2009 年出现的《蜗居》（同样是"蜗牛的家"）把"居高不下的房价"作为都市青年婚姻、家庭、个人奋斗的最大目标及屏障，立刻引起人们尤其是青年人/网友的强烈共鸣，"蜗居"连同"蚁族"也成为 2009 年的流行语，指称那些无法在都市中"安居乐业"的大学毕业生。这样一种被资本化的空间秩序不仅勾连起一个复杂的社会图景，而且完成了一种意识形态的倒置。勾结开发商与外资、

---

① 兰晓龙的小说《士兵突击》是以"一只蚂蚁蘜行于一系侦察蚁用腹腺分泌物标志的蚁路上，这东西对它的重要就如铁轨对火车头的重要"作为全篇开头的，按照作者的说法，许三多就是一只兵蚁，《士兵突击》也叫《蚂蚁突击》。从这里可以看出，《士兵突击》讲述的是如何做一只称职的蚂蚁的故事，只要"不抛弃，不放弃"，即使如许三多这样的"蚂蚁"也可以成为出类拔萃的特种兵。

一手制造高房价的市长秘书宋思明虽然以悲剧收场，但获得观众的极大同情和认同，宋思明这一政府与资本的"结合点"，不仅不是罪恶之源，而且还充当着拯救者的角色。这种意识形态的倒置遮蔽了海萍在追求房子的过程中一步步"心甘情愿"地走向房奴的过程。与《蜗居》相似，《裸婚时代》也被认为同样呈现了高房价之下都市白领的"伤痛"。《蜗居》不但呈现了房奴的卑微和困境，而且呈现了海萍夫妇如何说服自己"心甘情愿"地过上"蜗居"生活的心路历程。不过，这些传播"正能量"的青春励志故事又很快被"拉黑"为职场宫斗剧。

2012 年出现了三部与《奋斗》《士兵突击》等"升职记"不同的青春剧，这些剧开始把在外企和市场经济大潮中自由竞争的故事，讲述为负面的职场"腹黑"①故事。这种从奋斗到逆袭、从励志到"腹黑"的文化想象，与 2011 年前后热播的宫斗剧有着密切关系，尤其是改编自网络小说的后宫电视剧《后宫·甄嬛传》，使得"宫斗"成为当下年轻人想象历史和言说现实处境的重要方式。与之前的后宫剧把后宫妃子作为权力斗争牺牲品的叙述不同，《后宫·甄嬛传》正面讲述了甄嬛从仪态万方的大家闺秀"蜕变"为后宫深闺中的孤家寡人的过程。对于甄嬛来说，权力的价值就是一场永无休止的宫廷斗争，保护自己的最好方式就是置竞争者及潜在的竞争者于死地。为了获得皇帝宠幸，每个妃子用尽伎俩、算计和厚黑学，爱情神话、姐妹情谊和善良纯真等大众文化的"心灵鸡汤"的超越性价值荡然无存。在这里，没有正义与邪恶，只有高明和愚蠢。在甄嬛看来，没有后宫之外的世界，不管是在后宫，还是发配到寺庙修行，后宫式的"赢家通吃，输家皆失"的秩序永存，除了再次回到后宫继续"战斗"外，别无他途。在新皇帝即位后甄嬛成为皇太后，这与其说是历史的终结，不如说是新一轮后宫大戏的开幕。不管甄嬛变得多么坏，她仍旧支撑着这个时代小资产阶级、白领或"屌丝"最大的"梦幻"。

从"不抛弃、不放弃"的许三多到后宫斗士的甄嬛，一种个人奋斗的职场理念变成了必须放弃真爱、放弃友情的"腹黑"，这部剧让自由竞争、实现自我价值的职场彻底"腹黑"化。

2012 年热播的青春剧《北京爱情故事》就是例证。这部剧的主创团队

---

① "腹黑"来自日本动漫，指外表善良、温柔，内心恶毒、有心计的角色。"腹黑"是日本对中国"厚黑"一词的翻译。参见百度百科"腹黑"词条。

来自《士兵突击》，如果说在彼时许三多式的"又傻又天真"的农村娃可以在相对公平的升级比赛中一步步成长为兵中之王"特种兵"的话，那么此时农家子弟石小猛大学毕业之后面对北京这个欲望之都，却"清醒地"知道无论自己如何努力、奋斗都不可能与同窗好友"高富帅"站在同一条起跑线上，甚至连入场的机会都没有，因为国际化大都市北京已经变成了与狼共舞的资本战场。在这个看不见的资本角斗场中，穷小子石小猛再也找不到奋斗、励志和升职的空间，除非他也变成后宫中甄嬛般的"腹黑"女。与这种"腹黑"北京的描述相似，在另一部电视剧《浮沉》中，繁华耀眼的上海外滩也变成了职场菜鸟眼中流淌着黑色液体的尔虞我诈之地。

《浮沉》一开始就是在大雪纷飞之夜，刚刚经历分手的"沪漂"乔莉一个人茫然地流浪在"夜上海"的街头。作为外省青年，乔莉下决心要做一名"杜拉拉"式的销售，靠自己的努力和业绩来赢得未来。可是，她很快发现自己喜欢的、一见钟情的上司陆帆，一次又一次地利用自己来实现公司或个人的利益，自己不过是陆帆职场前进的炮灰、棋子和马前卒。所谓的"业绩"都是依靠一系列见不得人的交易来实现的，人与人的关系不是信任与真诚，而是利用与被利用、收买与被收买。① 这种曾经被作为公平竞争、个人奋斗的白领职场规划，充满了明争暗斗和肮脏交易。这与其说是光鲜夺目的自由奋斗的"人上人"的生活（从 1990 年代中期到 2005 年前后，外企白领一直是离开体制、公平竞争的理想工作），不如说更是甄嬛式的"超级黑"的后宫世界。从《杜拉拉升职记》《士兵突击》的清新、向上和奋斗，到《后宫·甄嬛传》《浮沉》的职场"腹黑"，这一转变成为近四五年来中国社会转型的最佳隐喻。

与乔莉不再迷恋高楼林立的上海外滩而"审时度势"地选择爱上国企厂长（一个邋里邋遢的离婚大叔）相似，2012 年赵宝刚执导的电视剧《北京青年》中拥有公务员、医生、海归和"富二代"身份的兄弟四人要一起离开北京"重走一回青春"。虽然这部剧与之前的《奋斗》《我的青春谁做主》有着相似的主题"找回自我""我的青春我做主"，但是这种主动逃离稳定的体制内生活的举动本身也具有新的意义。离开体制的大哥何东做过餐厅服务员、海鲜市场管理员、快递工和劳工市场的小包工头等体力劳动

① 这恐怕是近些年流行的职场小说（如《输赢》《圈子圈套》《浮沉》等）、官场小说（如《侯卫东官场笔记》《二号首长》等）中的"真知灼见"。

者，这些很少在"奋斗""创业"的场景中出现的都市打工者，以这种方式与曾经衣食无忧的中产阶层"耦合"在一起，或者说，他们实实在在地过了一把装"屌丝"的瘾。如果说这种开着 JEEP 车到异地搞生存体验的自驾游略显奢侈的话，那么这些"80 后"的逃离本身就说明了"中产梦"的幻灭。

2013 年，《人民日报》发表《莫让青春染暮气》的文章，指出"在一夜之间，80 后一代集体变'老'了"，① 这种"暮气青春"与其说是"80后"喜欢怀旧，不如说是其现实压力使然。如何让青春、爱情、理想等超越性价值重新回到青春的文化想象之中，是我们这个时代不得不面对的问题。

四　国共剧与民国想象

2014 年，一部讲述 1948 年国共谍战的电视剧《北平无战事》引发热议。与一般国共暗战的故事不同，这部剧的亮点就在于呈现了国民党内部的反腐斗争，尤其是把之前国共剧中很少出现的蒋经国及其领导的铁血救国会塑造为打击国民党贪腐和全心全意拯救党国于危难的"正能量"，只是这些精忠报效党国的健康力量并没能挽救日暮西山的国民党政权。如果说20 世纪八九十年代"告别革命"与"冷战"终结以来，国共和解、国共联合抗日、国共一家亲成为"后冷战"时代的主旋律，那么以《北平无战事》为代表的新国共影视剧则呈现了从国民党内部视角重述国共内战历史的"新境界"。在大众文化的想象中，国民党不仅从"反动派"恢复了其在民国史中的正统、合法位置，而且实现了民国的现代化。人们以民国为镜，似乎可以顺畅地完成对当下中国的批判和影射。

21 世纪以来，民国时代已经从民不聊生、社会黑暗的旧时代变成了风姿绰约、大师林立的黄金时代。这种方兴未艾的民国文化热、民国范儿与1980 年代以来中国社会的转型有着密切关系。20 世纪七八十年代之交的历史转折，使得"以阶级斗争为纲"的革命路线转变为"以经济建设为中心"的改革路线，资本主义与社会主义激烈对抗的"冷战"逻辑也随之瓦解，中国进入"后冷战"、后革命时代。一种与国家主导的现代化进程相契合的

---

① 白龙：《莫让青春染暮气》，《人民日报》2013 年 5 月 14 日。

民族主义、国家主义话语成为 1980 年代以来的主流价值观，中国、中国人和中华民族作为新的历史叙述主体的观念取代了 1950～1970 年代的阶级斗争史观、革命史观和人民史观。1990 年代末期，这种现代化的、发展主义的国家富强之路又被概括为实现"中华民族伟大复兴"的宏伟蓝图，而 21 世纪以来，随着中国经济崛起，这种"落后就要挨打"的近现代悲情过往日益转变为中华民族不断走向复兴的"复兴之路"。

在这种背景下，共产党主动与昔日的老对手国民党"握手言和"了。1980 年上海电影制片厂拍摄的旅游风光片《庐山恋》风靡一时，这部电影借邂逅的青年男女的爱情故事，呈现了一位共产党将军与手下败将国民党将军在庐山上"相逢一笑泯恩仇"的过程。这种国共和解的前提建立在对中华民族身份的认同上，庐山这一自然化的风景成为国族身份的象征，正如男主角在面对庐山时用英语喊出"I Love My Motherland"一样，甜蜜的爱情宣言瞬间升华为对祖国母亲的无限热爱。1980 年代以来的抗战片开始呈现国民党、国军在正面战场上的积极作用，如《西安事变》（1981 年）、《血战台儿庄》（1986 年）等，近期两部表现"南京大屠杀"的国产大片《南京！南京！》（2009 年）和《金陵十三钗》（2011 年）都没有一位英勇抵抗日军的国军战士，国军"堂而皇之"地成为中国军人的代表。这种国共和解的新历史想象既完成了对革命故事、"冷战"逻辑的消解，又重塑了中国人、中华民族的身份认同。

伴随着共产党从阶级认同的革命党转型为民族国家认同的执政党，重新讲述国共关系变得非常重要，尤其是在民族国家的意义上解释中国人打中国人的内战就成为一种必须克服的意识形态难题。21 世纪以来，出现了三种重述国共关系的影视剧类型。第一种是抗战剧，突显国共联合抗战，淡化内战历史。如在 21 世纪以来热播的新革命历史剧《亮剑》（2005），主要讲述八路军李云龙与国民党楚云飞并肩"打鬼子"的故事，到了内战时期，李云龙立马负伤住院，从而避免与惺惺相惜的楚云飞兵戎相见。第二种是谍战剧，把国共正面战场的对抗转化为地下斗争的谍战故事，这也是 2005 年以来谍战剧盛行的重要原因。这些无名英雄的暗战无须涉及国共之间的意识形态分歧，而且不管是中共"地下党"，还是国民党"特务"，都变成了有信仰的人。第三种是家族剧，把国共历史放在一个大家庭中来讲述。这些具有家国情怀、家国故事的家庭并非平头百姓的小家庭，而是集政治权力、经济实力和传统文化（如儒家伦理）于一身的大家族（如《大宅门》《乔家大院》《闯关东》等）。其中最成功的国共家族剧就是 2009 年热播的《人间正道是沧桑》，这部剧把中国近现代史浓缩为湖南杨氏家族史，哥哥杨立仁是国民党，弟弟杨立青是共产党，姐姐杨立华则是倾向于共产党的国民党左派，他们的父亲则渴望家庭团圆。

《北平无战事》是家族剧、谍战剧与反腐剧的综合。它首先是家族剧，哥哥方孟敖和弟弟方孟韦分别是共产党和国民党，而父亲则是留学美国的北平银行行长，这是个政商背景深厚的权贵之家；其次是谍战剧，不仅在各个要害部门有地下党，而且出现了"无间道"式的双重间谍，如廖凡扮演的潜伏在中共内部的铁血救国会成员；最后是反腐剧，正面呈现了 1940 年代末期国民党自身的腐化堕落以及蒋经国带领铁血救国会所展开的反腐行动。从这里可以看出，国共和解的前提是共产党与国民党都变成了现代民族国家的政党，也就是说都从代表不同阶级的政党，变成了代表中华民族的政党。与抗战剧所高扬的抗日民族英雄以及谍战剧所塑造的"有信仰的人"相比，以《北平无战事》为代表的国共剧最重要的不同，就是对思路进行改换，即站在国民党的角度来讲述 1940 年代中后期的国共决战，从而实现了民国的现代化。

与"民国范儿"把赴缅作战的中国远征军视为民国军人不同，《北平无战事》里塑造了另外一批民国的正面形象，这就是蒋经国及铁血救国会成员，他们是"一手坚决反共，一手坚决反腐，一次革命，两面作战"的孤臣孽子。这股国民党内部的"正能量"与国民党内的腐败、特权利益阶层展开了殊死搏斗，他们都是不畏牺牲、忠于领袖的党国利益的坚定捍卫者。如果说之前的国共影视剧所执行的任务是把共产党国民党化，抹除国共之间的政治差别，完成去政治化的"党国"形塑（如抗战剧和谍战剧），那么《北平无战事》则在此基础上再把国民党共产党化，这不仅体现在中共地下党对铁血救国会的反腐行动进行全力配合上，而且体现在铁血救国会卧底梁经伦具有共产党式的思维上。地下党给方孟敖的指示是执行国民党的"孔雀东南飞"计划，而铁血救国会给梁经伦的指示是执行共产党的防止大学生学潮的方针。面对国民党的贪腐集团，铁血救国会与共产党的立场是一致的。

不过，这幕党国自我拯救的大戏始终笼罩在一种带有民国范儿、贵族范儿、美国范儿的上流社会的视野中来展开。该剧显然没有把国民党失掉人心的历史处理为受苦受难的底层民众进行阶级反抗的故事，而是展现了生活在北平的大学生、大学教授等中上层社会精英是如何丧失对党国信心这一过程。也就是说，国民党的腐败和金圆券改革，彻底损害了城市市民及中产阶级的利益，就连以方步亭、何其沧为代表的民国名流们都处在朝不保夕的状态，就不用说其他普通市民了。剧中反复唱起的那首民国味道浓郁的歌曲《花好月圆》，也无非表达了一种渴求家庭团圆、恋人美满的小理想，可是这份"团圆美满今朝醉，轻浅池塘鸳鸯戏水，红裳翠盖并蒂莲开，双双对对恩恩爱爱"的情感在乱世中根本不可能实现。在这个意义上，这部剧之所以所采取的以方步亭为代表的国民党上层精英的叙事视角，是对国民党及蒋经国的失败抱有一种悲凉、悲伤和惋惜的情感。

就像民国范儿无法讲述革命、八路军、根据地的故事一样，国民党的上层精英无法看到以共产党为代表的底层民众，这正是民国精英史观的局限性所在。如果联系到"十八大"以来新一届领导人所采取的反腐政策，这部讲述国民党内部反腐情节的电视剧无疑具有现实针对性。按照剧中的逻辑，国民党之所以败走台湾，主要是因为其内部大面积贪污腐败，从而丧失了民心，这种"亡党亡国"的教训不可谓不深刻。只是这种从党国内部来拯救党国江山的方式，如蒋经国的铁腕反腐和"打老虎"行动，并没有成功，换句话说，如果不改善国统区普通民众的民生问题，即使反腐成功也同样会失掉人心，更何况彼时的共产党早就通过土地改革赢得了大多数底层民众的拥护，这恐怕是比反腐更重要的历史警示。

对于当下的中国文化生态来说，民营资本已经成为文艺生产的主力军，电视剧领域更是如此。从民营资本投资拍摄的热播剧与主流价值观之间的契合关系来看，可以说，改革开放以来共产党/国家与市场/资本之间的裂隙正在逐渐弥合，而这种弥合恰好成为主流文化日益成熟的标志。

论当下电视剧的公式化与概念化问题

卢燕娟[*]

摘要：20 世纪 80 年代以后，主流文学史将历史上出现的公式化、概念化问题归因为政治意识形态的影响。当下电视剧在远离 20 世纪 80 年代所规定的那种狭义的政治意识形态之后，仍然普遍存在公式化与概念化问题。因此，文化排斥意识形态，其结果并不是对公式化、概念化问题的克服，而是导致失去历史整体性视野，成为消费时代扁平概念的机械复制和公式化演绎。针对消费时代的这一普遍问题，应该重新从历史整体性、人的社会属性出发，重视意识形态所能赋予文化作品的历史厚度和现实深度。

关键词：电视剧　公式化　概念化　意识形态

Abstract：Formulation and conceptualization have long been attributed to the influence of political ideology from 1980's. However, they still exist in contemporary TV dramas, even political ideology has been expelled for a long time. This indicates that the rejection of ideology does not lead to the conquest of formulation and conceptualization. On the contrary, it leads to the lost of the big picture of history and the dummy copy of flat concept in the era of consumption. In view of the universal problem of consumption age, we should start over from the integrity of history and the social attributes of human being; attach importance to ideology which is so important in culture products.

---

* 卢燕娟，中国政法大学人文学院讲师。

Keywords：TV Dramas Formulation Conceptualization Ideology

20世纪80年代以后，文学史建构了一个主流叙述：历史上的革命文艺因为政治意识形态而导致公式化、概念化问题，这一主流叙述在今天几乎成为不证自明的常识性结论。① 这一结论在今天的文化语境中面临着一个新的困境：经过1980年代去政治化思潮的传播、影响，现代历史上几乎没有一个时代的主流意识比今天更加远离1980年代学者们所发现的那种狭义的政治意识形态，但也几乎没有一个时代的主流文化作品像今天这样从扁平概念出发而丧失了深度，它们以对某种普世公式的机械复制为主要生产方式，从而缺乏创造力。

电视剧是当代与大众文化生活关系最为紧密的文化形态之一，它集中表现当下社会文化的扁平化特征与机械复制模式。在当下热播的电视剧中，普遍存在的公式化、概念化现象是：不是从活生生的、千差万别的人出发，也不是从现实中丰富饱满的生活本身出发，而是主要从抽象概念出发来理解"人性""生活""历史"这些基本概念，将本来复杂、丰富的人性等同于私欲，将本应包含政治、文化、社会、家庭等丰富内容的生活简化为平庸琐屑的日常生活尤其是简化为日常家庭生活，将不同时段的包含着不同矛盾的历史通通演绎为权力欲望与私人情感的博弈。由此，当下电视剧几乎步调一致地将对一切题材、一切历史的演绎都纳入统一的普世价值公式之中。

这一现象，证明了那种将政治与艺术简单二元对立，认为艺术只要脱离政治就能成功的叙述无效。今天这些将人性、社会、历史抽象化为无差别的普泛概念的电视剧，恰恰正是因为如此，从而丧失了历史的整体性视野，忽视了人的社会属性，忽视了历史中人的客观差异。因此，本文以几种热播的电视剧类型为对象，分析当下文化在消费时代出现的概念化和公

---

① 当下高校中文系在现当代文学教学中通常使用的两本教材《中国现代文学三十年》（钱理群、温儒敏、吴福辉著，北京大学出版社，1998）和《中国当代文学史》（洪子诚著，北京大学出版社，1999），均如是解释现当代文学中的公式化、概念化问题。前者将公式化、概念化作为革命文学图解政治概念、从阶级意识出发创作文艺作品的结果；后者则建构"左翼文学一体化"理论，将公式化、概念化解释为左翼文学借政治权力挤压其他文学的生存空间的必然结果。在此解释中，概念化即一切文艺创作都从政治理念出发；公式化即一切文艺作品都图解阶级斗争、政治路线公式。这样的文学史理论因所在著作的教材地位，在高校中文基础教育中广泛传播，影响甚大。

式化问题，由此重新讨论从历史的整体性视野和人的社会属性出发来创作文化作品的意义，重申被放逐的政治意识形态所能赋予文化作品的历史厚度和现实深度。

一 表现当下人性与生活时的概念化与公式化

2007 年，电视剧《双面胶》热播，随后，以都市为背景，以家庭生活为中心的国产家庭伦理剧迅速掀起热播高潮，如《媳妇的美好时代》《当婆婆遇上妈》《婆婆来了》《婚姻保卫战》《贤妻》等。而自 2010 年《杜拉拉升职记》之后出现的《苦咖啡》《浮沉》使职场剧升温，开创了家庭生活剧以外的另一个对当下生活的想象空间。于是，家庭和职场，几乎垄断了大众在文化视野内对当下日常生活的想象和演绎。

但如果对上述电视剧做深入分析，就会发现，虽然电视剧的视角、背景和矛盾线索存在各种差异，但是，其对人性与生活的概念化理解、对人物矛盾冲突的公式化演绎，在本质上高度一致。

首先，在这些电视剧中，人被高度抽象化。因为出身、经历、在社会结构中所处的地位以及所置身的社会关系不同，人本应存在丰富的差异，同时，人除了先天的血缘关系外，在后天的社会活动中还会缔结丰富而复杂的社会关系。但在这些电视剧中，这些差异都被"最真实的人性是私欲"这一抽象概念抹平。

在家庭伦理剧中，这一概念体现为人物的基本行为，即以血缘为出发点的情感选择：母爱被扭曲为维护自己所生后代的动物性本能，而婆婆与儿媳妇、岳母与女婿以及亲家之间等亲人关系，则总是处于高度紧张对立中。以引领家庭伦理剧风尚和叙述模式的《双面胶》为例，该剧贯穿其中的一个基本叙事逻辑就是婆婆对儿媳妇存在着不可去除的天然恶意。该剧的叙事支线叙述一位姓蔡的女性，她嫁入上海婆家十多年间，一直恪尽职责，任劳任怨，但十余年的相处，并没有让婆婆对她建立起一点感情。电视剧专门设置了这样的情节：婆婆让阿蔡爬到窗子外面擦窗子，阿蔡的小叔子看到之后，担心嫂子安全，提出自己上去擦窗子，婆婆竟当着阿蔡的面直言不讳地对小儿子说这么做很危险，摔下去了不得。随后，阿蔡在为全家做饭时手被菜刀切破流血，婆婆竟拿出一副橡胶手套让阿蔡戴上之后接着干活。事实上，就在这样贴着"真实人性"标签的情节中，婆婆的行为已经违背了基本的日常生活经验：因为没有血缘关系就可以漠视他人的生命安全，看到别人流血不止还要求别人继续为自己干活，这种行为即使在陌生人身上也并不具备普遍性，何况是一起生活了十多年的家人。并且，语言行为如此露骨，也不符合一个老知识分子的心态，不符合一个以精明著称的上海婆婆的行为。这些过分夸张的情节，显然无视生活中真实存在的、形形色色的婆媳关系，甚至也抹杀了人在现实中的丰富情感：人身上真实而普遍存在的善良、体谅，人与人在各种后天相处过程中可能建立的尊重、关心、信任，通通被"最真实的人性是私欲"这一抽象概念抹杀了，人只剩下维护自己后代的动物性本能。这一概念公式普遍存在于家庭伦理剧中，以致观众看了数十部家庭剧，很难从中记住某一个或某几个有血有肉、个性生动的人物，而只能抽象地记住某部剧中的婆婆、某部剧中的岳母、某部剧中的媳妇这样一些被高度同质化的身份标签。

职场剧同样将人高度抽象为欲望动物。对权力与利益的角逐不仅成为人展开行动的根本出发点，成为唯一有意义的社会关系，而且最终权力与利益的归属也成为某一方成功的唯一证明方式。无论是《杜拉拉升职记》中的钩心斗角，还是《苦咖啡》中的尔虞我诈，其个人内心的一脉温情都淹没在职场铁的法则中。这类剧不仅充斥着钩心斗角、出卖、背叛，而且将家庭伦理剧中的血缘认同扩展到极致：《苦咖啡》中，杨启明和杨清灵父女为了自己的利益将一切人玩弄于股掌之间，不仅使机关算尽的叶欣落入圈套，而且使杨启明的侄女成为父女二人掌控他人的工具。在这里，只有基于动物本能的亲生父女之间的结盟才是牢不可破的，而其他一切社会关系，如朋友、爱人，甚至亲戚，都不过是权力场中的工具。

其次，人被抽象为概念及人物关系被公式化为动物本能性关系之后，人物之间的矛盾冲突也随之高度概念化、公式化。家庭剧中的矛盾类型化为：婆媳之间的矛盾、岳母与女婿之间的矛盾、亲家之间的矛盾、妻子与"小三"之间的矛盾，各种矛盾因各自的欲求无休止地纠结；职场剧中的矛盾则类型化为职场白领之间的嫉妒与争斗。所谓生活的复杂性，只是在这几个类型之间铺陈渲染各种家长里短和钩心斗角。

事实上，当下中国社会生活在转型期，所呈现的真正、复杂、深刻的矛盾与冲突，都被这样的公式消解了。例如，大量的家庭伦理剧中，婆婆往往来自农村（尤其是东北农村），她们狭隘、自私，以虐待媳妇为乐，且保守、愚昧，在现代都市生活中出尽洋相；从价值观到生活方式，她们处处体现与现代都市文明不可弥合的差距。事实上，这一矛盾本身就包含着丰富的社会内容，如中国现代化进程中的城乡对立、文化冲突；东北作为新中国最重要的工业基地，在时代转型中遭遇的落差和困境；等等。《双面胶》中就出现了两个情节：一是东北大姑姐一家在下岗的威胁下，不得不筹资向单位买股份，结果厂长卷款私逃，使全家人陷入困顿；二是东北公公患了肺癌，家里无力救治，单位无力负担。这两个事件本来包含着诸如国企改制中的工人就业与安置、企业权责、社会救济与保障等一系列深刻的社会、经济矛盾，但是在电视剧以私欲冲突为基本公式的叙事中，它们则被压缩成东北婆家对上海娘家无耻的索要甚至掠夺。东北婆家的贫困与上海娘家的富足不具备任何社会批判或反思的指向，婆家的贫困只成为他们贪得无厌、掠夺上海娘家的原因。

二　表现现代历史进程时的概念化与公式化

家庭剧、偶像剧中虽然存在着严重的公式化、概念化问题，但这些电视剧因为与当下时代的高度同步，尚能填入一些为观众所熟悉的当下流行元素，再现某些当下生活场景，因此还在一定程度上具有呈现当代大众主流文化认同与价值观（尽管是被粗暴地抽象、歪曲和简化之后的价值观）的效果。相比之下，电视剧中的现代历史叙事在处理与今天完全不同而又对今天影响深远的客观环境、主流文化认同与意识形态时，机械地从当下主流文化概念和价值认同出发图解历史，就更加突兀地体现当下文化中的公式化、概念化问题，从而使电视剧与历史、人性、生活等基本概念相脱节。

讲述现代历史本是一个复杂且困难的问题。自 1840 年鸦片战争以来，中国经历三千年未有之大变局，其危机之深刻严峻、矛盾之错综复杂、进程之艰难曲折，均突破了传统历史文化的认识和想象。直至今日，这段历史对中国的影响，也尚未完全释放。如何讲述八年抗日战争？如何演绎国共两党在历史中的消长升沉？如何解释旧中国的沉沦与新中国的诞生？这些都是当代文化作品应当严肃思考并回答的问题。

然而，近年来，谍战剧、年代剧泛滥于电视荧屏。这些电视剧总是将丰富而饱满的现代历史压缩到当下干瘪的人性私欲概念和公式中，转化成办公室政治、职场攻心术和旧版的爱情及家庭故事。

以掀起谍战剧收视高峰和开创谍战故事模式的《潜伏》为例，该电视剧讲述的是对现代中国具有转折意义的一段历史：从抗日战争、解放战争至新中国成立。该剧也正面塑造了中共地下党员余则成的光辉形象。并且，该电视剧中充满了生动可感的生活细节，剧情冲突紧张激烈，张力十足，演员表现可圈可点，这些都是其风靡一时的内在原因。但是，仔细考察这部电视剧，就会发现它存在一个根本性问题，即抽空了历史意识形态，失去了对整个现代中国历史方向的基本判断，因此人物设置与矛盾冲突仍然没有脱离当下盛行的公式和概念。

余则成为中共工作的原因，既不是为了寻求救国道路，也不体现他的政治信仰，而是极其个别和偶然的：他爱上的女人恰好是中共党员。这一情节设置高度符合当下在诠释历史时的通行概念：历史道路的选择是偶然的，不存在客观的历史方向和本质；相应的，历史中人的行为也是盲目的，不存在对历史本质的主动认识和把握，仅仅是在个体欲求驱使下的偶然行为。这一情节公式贯穿在诸多讲述抗战与解放战争故事的电视剧中。稍早几年的《历史的天空》，随后的《亮剑》《我的团长我的团》等一度热播的电视剧，主人公均缺乏把握历史、选择道路的主动性，更无担当历史使命的主体性，其非凡的业绩都是历史偶然性的产物，而对主人公来说，真切的行动动力都与余则成一样非常个体化，不外乎是爱情、报仇、兄弟情义等高度私人化的情感和欲求。而在随后的剧情发展中，余则成的全部光彩来源于高度的智慧，而对他之所以能够承受巨大压力和风险而坚持战斗的动机，则语焉不详，甚至有意让余则成的身份和政治态度显示暧昧性：在漫长的斗争中，余则成始终不是作为中共党员在战斗，余则成也反复称自己觉悟不高，对组织了解不够。这样的表态一方面塑造了余则成"老实厚道"的个体性格，另一方面也模糊和消解了余则成政治立场，进一步剥离了余则成在政治行动中的主动性，使其在隐忍中透露迷茫，坚守中体现内心隐秘的创伤和无奈。这样的叙述显然在避免高大全形象，满足"复杂人性"的概念需要。

同时，电视剧还塑造了另外一个重要角色李涯。李涯这个国民党的资深特务，私德纯粹，能力卓越，而和余则成的迷茫不同，李涯则对自己信仰体现高度自觉和忠诚。电视剧中，李涯与余则成的较量，彻底失去了历史道路斗争与选择的本质意义，呈现给观众的是两个优秀人物"各为其主"的斗智斗勇。而余则成最终战胜李涯，并不是因为其所选择的道路更符合历史的方向，而是理想主义者李涯不如余则成圆滑、老练，他不善于逢迎上司，交好同僚以稳固自己的势力，最终孤立无援。于是，历史的成败在余则成和李涯的较量中，不再取决于正义、民心、历史客观规律等法则，而是取决于办公室政治的规则。因此，电视剧播出后，李涯获得了观众极高的认同与尊重，在这种认同与尊重背后，凸显的是个人魅力，消解的是历史正义。

由此，除了"人性""历史"这些在当下电视剧中被普遍抽空的概念之外，谍战剧又创造了自己的概念——"信仰"，并从这一概念衍生出谍战剧的一条普遍公式：不问所信仰的内容是否具有历史正当性，也不问这种信仰对现代中国历史的意义和作用，只要一个人宣称自己不是为了名利，而是为了信仰，则其一切行为，包括草菅人命、滥杀无辜，都具备了道德合法性。而"信仰"概念之所以具有这样不证自明的合法性，则是因为它既超越名利等形而下的私人欲望，又抽去了与政治有关的具体内容，成为一个私人随意选择的情感归属。这样的历史概念和人性公式贯穿在随后的谍战类电视剧中，几乎是千篇一律：中共地下党无关政治立场，但见斗争智慧与个人创伤；国民党特务反而体现为信仰坚守、虽败犹荣的理想主义色彩。而在随后热播的《黎明之前》中，这条去政治化公式更被发挥到极致：严肃的政治斗争、道路选择被消解在兄弟情义中，结尾渡尽劫波后的分道扬镳更以煽情的方式拆解了对现代中国历史道路转折所可能产生的一切超越个体情感的思考和反思。

这种人性概念和普世公式到了近期播出的年代剧《父母爱情》中更是达到极致。贫农出身、亲身参加了解放全中国斗争的男主人公江德福，居然从头到尾只有私人生活：一开始便学习吃西餐，以便在资产阶级岳父一家面前维护面子，后来运用职权安排自己的侄女、乡亲入伍就业。这些毫无革命者主体性，甚至连正常党员自觉性都谈不上的行为，通通被演绎得温情脉脉，成为江德福人性光辉的展现。他和资产阶级出身的妻子，从来没有价值观、历史是非的对话，更谈不上冲突和争论，两人的矛盾全部来自吃饭穿衣等私人生活。而且与同样将历史压缩为日常生活的《激情燃烧的岁月》相比，江德福甚至失去了石光荣那种朴素的主体性。石光荣在这些生活细节的冲突中，尚能将这一冲突联系到出身层面，确认自己的劳动人民而拒绝被改造，江德福则毫不抵制，积极主动地学习吃西餐，迎合妻子喝咖啡等生活情调并乐在其中。当他回到革命三十年后依然贫困的家乡时，作为一个革命者，居然没有对自己当初参加革命的理想产生一丁点儿失落、痛苦、自责等情感，而仅仅是作为衣锦还乡的大人物接受乡亲们的接待，全部情感止于"还乡"这一普世个人体验。

三　重申政治意识形态对电视剧的意义

概括地说，1980 年代以后，主流文艺标准所反对的政治意识形态，包含着以下几个重要内容：其一，重视人的客观社会属性，从人在社会结构中所处的经济、政治与文化地位出发来理解人在历史与社会中的行动，而不是将丰富的社会人抽象为千篇一律的欲望载体。其二，从整体性的历史理性出发，把握历史的客观进程和本质方向，而不是从碎片化的、偶然性的个体视角出发，将历史叙述为荒诞不可理解之物。其三，基于对上述两个问题的自觉追求，对文化的意识形态功能有明确的把握，要求文化作品体现不同社会形态、历史阶段与人的客观社会差异甚至矛盾斗争，而不是以某种抽象的人或普世概念掩盖这些差异，从而达到掩盖自己的立场局限性的目的。

今天电视剧中对人性公式与普世概念的大量复制，虽然可以归因为许多方面，如消费时代的文化生产模式、大众流行文化天然的扁平性和可复制性等，但是，为了迎合大众消费需求，主动放逐了上述意义上的政治意识形态，不再从整体历史和丰富的社会生活中来建构故事，也是一个非常重要的原因。

同样作为大众文化产物，苏联电视剧《春天的十七个瞬间》就体现高度自觉的政治意识形态追求所带来的深度、厚度和丰富性。该剧讲述"二战"期间的苏联特工故事，但与国内所用的办公室政治和个体欲求等显得油滑浅薄的方式完全不同，该剧始终贯穿着严正而清晰的意识形态立场，这一清晰的立场使电视剧中的人物具有高度的历史主体性，矛盾斗争始终具有清晰的历史方向感。也由于这一严正而清晰的立场，电视剧严肃地回答了人性的高度与复杂、战争的正义、历史的方向等这样一些带有本质意义的问题，使历史和历史中人物的表现达到了极高的艺术水准——准确、真实、生动、丰富。

第一，该电视剧在处理普通人在战乱中的日常生活与情感创伤时，却没有使主人公在个人创伤中丧失历史主体性而感到迷茫。男主人公史基里茨在接受任务前往德国之前，组织安排其在咖啡馆与妻子诀别，夫妻能相见却不能相认，甚至不能坐在同一张桌子前，只能遥遥相望。这段场景没有对话，就连眼神交流都需要高度克制。这一诀别场面，从夫妻之情来说，可谓有锥心之痛。但电视剧没有将这一场面降格，没有像余则成那样感到迷茫与无奈并被其贴上"真实的普通人"标签，而是让这对夫妻在强烈的革命责任感之下，表现对痛苦所具有的高度自觉的克制和担当，这使整个场面激荡着悲壮而昂扬的英雄主义情绪。而史基里茨在随后的斗争中，也没有采用余则成式的工作方式，总是被动地完成一个又一个组织交给的任务。全剧中苏共交给史基里茨的任务只有一个，它构成电视剧的主线。但在完成任务的同时，史基里茨会非常主动地根据实际情况，竭尽全力保护自己的同志和德国反战知识分子，体现高度的主体责任感。这些主动展开的行动，与此前对痛苦的自觉担当，共同展现的是史基里茨内心对自己使命的主动认同而不是被动忠诚，具有极高的政治自觉性和历史主体性。

第二，该电视剧同样表现主人公周旋于敌人内部的斗争智慧，却没有使这种斗争沦为庸俗的办公室政治，更没有贴上普世人性标签而使主人公与敌人产生友谊，抹杀清晰的历史是非观念。史基里茨在德国法西斯党卫军内部，同样需要以极高的智慧游走于错综复杂的矛盾之间，但电视剧没有把主人公处理为办公室政治高手，也没有着力去表现他与法西斯同事之间的日常情谊，而是真实地再现了主人公对希特勒集团内部矛盾的准确判断和机智利用。在全剧中，史基里茨对自己的同志、对代表正义的德国反战知识分子，表现令人感动的体贴和温情，但是对法西斯势力，则始终敌我分明地进行斗争。无论是利用敌人内部矛盾进行分化瓦解，还是果断处死首鼠两端的双面间谍，史基里茨对斗争的坚定性都体现着他对政治信仰、历史是非观的坚定选择和判断。这样的处理在当下中国电视剧中往往被视为"不表现人性真实"而被摒弃，这一概念化的理解显然缺乏对历史真实的基本认知：对屠杀自己同胞的侵略者，对肆意侵略其他民族、屠杀其他种族的法西斯，对剥夺全世界人类基本生存权与尊严的法西斯，是恨还是爱的选择更符合所谓的"真实人性"，这本是一个无须饶舌的常识。而这样的常识，却在只见抽象的、概念化的个体人性而不见历史整体性的当下中国主流文化表述中消失了。

第三，电视剧同样表现日常生活，而且非常动情地表现那些为了人类正义而战斗的英雄对幸福日常生活的渴望，却没有陷入用日常生活拆解历史方向的公式中。史基里茨的助手是一对夫妻，在极其艰难的环境中，妻子怀孕了。电视剧通过史基里茨艰难地为他们找各种营养食品，丈夫在紧张工作之后与妻子相拥而憧憬孩子的未来等细腻温情的场景，表达对日常生活正当性的高度认可。随后，在一场惨烈的轰炸中，丈夫牺牲，妻子临盆被送入德国医院。在生产的剧痛中，妻子失去意志用俄语喊"妈妈"的行为，暴露了自己的身份。而举报妻子的，正是为妻子接生的大夫。爱情、家庭、孕育后代、对祖国母语刻骨铭心的习惯、人生最艰难的时刻呼唤"妈妈"的行为等，这些几乎是人类最正常、最可相通的情感，本应跨越政治、种族、民族等一切界限，却在电视剧中变得如此艰难，甚至需要付出生命的代价。本应救死扶伤、迎接新生命的大夫，却成为剥夺生命基本权利的帮凶。在这样的处理中，日常生活的正当性和历史的正义高度结合了：正是为了消灭那些让如此美好的日常生活遭遇灭顶之灾的凶手，正是为了保卫人类的幸福和尊严，史基里茨和他的同志才战斗——这显然是电视剧中史基里茨内心的清楚认识，也是电视剧对历史观念的清晰判断。

在这样的电视剧中，清晰明确的意识形态判断和积极主动的意识形态追求，使它展现的人性不是空洞的"真实欲望"概念，不是狭隘的个体私情公式，而是在严峻历史的灾难中，在对人类生命、尊严与幸福的担当中，主动选择并担当自己历史责任的高度和深度。真实不仅是建立琐碎无聊的日常生活之上的，而且是建立在对历史深刻而准确的理解与阐释之上的。

结　语

针对中国当下电视剧概念化、公式化泛滥的现象，重提这部曾在苏联引发轰动的电视剧，其目的就在于：以私欲为核心概念的抽象人性与以琐碎日常生活为唯一公式的矛盾结构，难以创作出具有历史高度和现实深度的文化产品，并且这种模式在今天已经基本耗尽了话语生命力和文化创造力。今天中国文化需要清晰的意识形态方向和严肃的意识形态追求，需要从对历史的深刻理解中、从对复杂的社会矛盾与人际关系的现实研究中，创作出可以震撼心灵、影响时代甚至推动历史的作品，需要电视剧来讲述更真实、更深刻也更有力的中国故事。

社会转型与灵氛的消逝

——以《大宅门》系列电视剧为中心

李松睿[*]

摘要：导演郭宝昌拍摄于 2001 年和 2003 年的电视剧《大宅门》第一部、第二部，通过将中国传统文化与民族资产阶级耦合在一起，成功地改写了后者在中国文化语境中的负面形象，使电视台在播出后受到观众的热情追捧。然而伴随着金融海啸后全球资本主义经济长期陷入低迷，关于资本主义体制的神话逐渐坍塌，郭宝昌精心建构的叙事模式最终失效，2013 年的续作《大宅门 1912》亦遭遇惨败。《大宅门》系列电视剧从广受好评到乏人问津的过程，呈现了 21 世纪开启十余年来中国社会所经历的深刻变化。

关键词：《大宅门》 民族资产阶级 中国传统文化 叙事模式

Abstract：By articulating the Chinese traditional culture and the national bourgeoisie, director Guo Baochang through TV series *Da Zhai Men* Ⅰ（2001）and *Da Zhai Men* Ⅱ（2002）successfully changed the negative image of the latter in Chinese culture. Unfortunately, when the global capitalist economic struggled in long-term downturn after the Financial Tsunami, the director's elaborate narrative model as well as the "myth" of capital system ceased to be effective. This is why *Da Zhai Men* 1912（2013）defeated. The TV series *Da Zhai Men*'s process from victory to defeat shows that the profound changes Chinese society experienced during the first decade

---

* 李松睿，中国艺术研究院艺术评论杂志社助理研究员。

of the 21st century.

Keywords：*Da Zhai Men*　The National Bourgeoisie　Chinese Traditional Culture　Narrative Model

引　言

不得不承认，今天中国电视剧的整体质量无论何种类型都不能让人满意。当电视屏幕上充斥着各种手撕鬼子、无聊宫斗的"神剧"时，看电视剧成了或为消磨时间，或为专业研究而不得不忍受的"酷刑"。这也就难怪很多观众都感慨："拿着个遥控器换来换去，就是没办法在现在这些电视剧上头多停留几分钟。"① 在目前国产电视剧制作水平越来越差的大环境中，导演郭宝昌拍摄于 21 世纪之初的电视剧《大宅门》第一部、第二部就显得与众不同。无论我们对这两部电视剧是否赞赏，都不得不承认它们的制作相当精良。这不仅仅体现在电视剧《大宅门》的主演阵营上，如有陈宝国、斯琴高娃、蒋雯丽等一系列演技出众的一线演员加入演出，而且体现在客串队伍上，有不少名导演、名演员，如张艺谋、陈凯歌、田壮壮、何群、姜文等都曾在这部电视剧里友情演出。光是从这个演员角度来看，电视剧《大宅门》堪称空前绝后。此外，这两部电视剧在布景、道具以及背景音乐等方面，也都做了精心的设计。因此它们在播出之前就受到广泛关注。播出之后更是全国热议，有些观众甚至会每隔两三年就把电视剧《大宅门》拿出来看上一遍。与这部电视剧有关的餐饮、旅游等副产品，更是在全国遍地开花，以至于今天，仍然会有电视台在非黄金时段播出这两部制作于世纪之初的电视剧。

不过值得玩味的是，在电视剧《大宅门》第二部上映十年之后，郭宝昌导演于 2013 年又推出了外传《大宅门 1912》，希望借助当年的"品牌效应"重现辉煌。然而遗憾的是，虽然这部电视剧和它的前作一样明星如云、制作精良，而且前两部作品的火爆积累了大量的潜在观众，但今天的电视观众似乎根本无意为其买账。《大宅门 1912》播出之后，收视率持续低迷，

---

① Pipponi：《对现在电视台上放的电视剧几乎绝望》，http：//bbs. tianya. cn/post – funinfo – 227996–1. shtml。

人们纷纷将其指认为"狗尾续貂之作"。① 两相对比，我们似乎已经不能够将电视剧《大宅门》在世纪之初的成功归结为明星效应和制作精良。如果那样的话，我们就根本不能解释为什么与之极为相似的《大宅门 1912》会在市场上遭遇惨败。因此，《大宅门》的成功与其说是由于其制作品质，不如说是这部电视剧所蕴含的某些因素呼应了特定社会情境下的审美需求、情感结构，正是这个原因，才使它能够受到全国观众的热情追捧。在时过境迁，当整个社会在近十年来发生了深刻变革之后，《大宅门》系列电视剧原本所具有的"灵氛"与魅力消失了，其后续作品被观众抛弃也就顺理成章了。由此引出的问题是，在这十年之中，中国社会究竟发生了什么，从而使得电视观众对 21 世纪之初的曾经火遍大江南北的"百草厅"故事毫无兴趣了？

一　善恶之争：家族史叙事的变奏

虽然《大宅门》系列电视剧在形式上分为三个部分，分别在 2001 年、2003 年和 2013 年播出，但我们基本上可以将其视为两部作品：一是 21 世纪之初播出的《大宅门》第一部和第二部；二是 2013 年播出的《大宅门 1912》。这其实也是导演郭宝昌有意为之的结果。因为在《大宅门》第二部的片头前面，荧屏上浮现的不是第一集，而是第四十一集。也就是说，郭宝昌不愿意把《大宅门》第二部视为第一部的续集，而更愿意将它们看作一个连贯、完整的叙事。而 2013 年推出的《大宅门 1912》，则只是从第一部中抽取出一段情节加以扩充，基本上可以看作《大宅门》故事的一段插曲。

从《大宅门》系列电视剧的时间线索来看，它所讲述的是从晚清一直到 1956 年社会主义工商业改造时期，经营百草厅药铺的白氏家族所经历的风风雨雨。如果单从题材本身来考察这部作品的话，它其实是一部非常典型的历史题材电视剧。只不过在《大宅门》第一部中，家庭内部的风波占据了太多的篇幅，使得这部电视剧带给观众的历史感不强。不过从第二部开始，郭宝昌开始集中将白氏家族的故事放入由抗日战争、国共内战，以

---

① 魏顿：《〈大宅门 1912〉狗尾续貂的电视剧你还得忍一整年》，《南都娱乐周刊》2013 年第 19 期。

及新中国成立后出现的组织工会、劳资谈判、公私合营等历史事件组成的背景之中，使中国社会的历史变迁变成了决定人物命运的最重要力量。也正是在这一部分中，电视剧《大宅门》直接在主人公白景琦的身上，贴上了民族资产阶级的标签，让他成了这个阶级在中国的代表。如果从这个角度来重新审视这部系列电视剧，那么它所讲述的其实是以家族史的面目出现的民族资产阶级的历史。

应该说，通过描写一个家族的命运遭际来书写作家对于中国历史的理解，是五四以来一个带有普遍性的写作模式。包括白薇、巴金、曹禺以及路翎等在内的很多五四新文学作家，都曾以家族史为主要叙事线索进行过各种类型的文学创作尝试，产生了如《打出幽灵塔》"激流三部曲"《雷雨》以及《财主的儿女们》等经典名作。在这一系列家族史叙述中，传统与现代、封建专制与民主自由、父一辈与子一辈之间的冲突和矛盾，构成了基本的叙事动力。可以说，这些作品中每一次情节的推进和展开，都是围绕着这些矛盾而进行的。显然，这种带有普遍性的叙事结构在中国现代文学史上得以诞生绝不是偶然的。如果我们把中国现代作家理解为尝试用叙事的力量来思考和解决中国社会问题的思想者，那么当他们不断地以上述方式塑造和编织家族史故事时，他们显然认为，在中国社会中压抑青年人自由成长的传统势力，是阻碍中国走向现代、自由与富强的力量。因此，他们才会在作品中将这一理念具象化为父子冲突的故事，才会不厌其烦地从事着家族史的写作。于是一部中国现当代文学史，就充满了子一辈挺身抗暴的决绝身影和父一辈那颟顸、骄纵、腐朽、没落的形象。

然而值得注意的是，虽然电视剧《大宅门》延续了五四以来颇为流行的家族史叙事模式，但悄悄改写了这一叙事模式的成规惯例。如果说在五四时期的家族史故事中，新与旧、父与子之间的矛盾是支撑了整部作品的基本结构，那么在电视剧《大宅门》里，传统与现代之间难以调和的冲突消失不见了，真正推动戏剧情节向前发展的，是善与恶之间的矛盾，更加具体地说，是那些有人味儿、通情达理的好人和那些见利忘义的奸佞小人之间的冲突。以《大宅门》的第一个段落，也就是白文氏掌管百草厅的时代为例，推动着故事向前发展的，就是白文氏和白家老三白颖宇之间的纷争。观众会发现，白氏家族的百草厅之所以命运多舛，总是无端地遭遇挫折，在很大程度上是因为老三白颖宇违背中国的传统道德，游手好闲、无所用心、私分家产，甚至勾结洋人出卖百草堂的利益。正是这个奸佞小人持续不断地挑拨事端，才使得以白文氏为代表的正人君子不得不与之斗争，从而让整个故事获得向前发展的动力。

在笔者看来，这一模式在电视剧《大宅门》里是贯穿始终的。不管是在晚清时期、民国时代，还是在新中国成立以后，导演郭宝昌都无一例外地用善与恶的冲突来解释故事的发展，塑造人物的性格。这就使我们在观看电视剧《大宅门》的过程中，总是会联想起五四新文学中的异类——老舍的小说。由于老舍从来不愿意像大多数五四作家那样以决绝的姿态来否定传统，而是对必然衰落的传统文化表现深深的依恋之情，因此在他的笔下，子一辈不一定代表着希望，而父一辈也绝非全无优点。新与旧并不是必然地形成对立，好人与坏人才是矛盾的真正原因。正像我们在老舍最著名的家族小说《四世同堂》里看到的，父一辈中既有祁老者这样的良善之辈，也有冠晓荷、大赤包这类无耻小人。小羊圈胡同中的风风雨雨并不来自于父一辈和子一辈的矛盾，而是正人君子和奸佞小人之间的善恶之争。在这一意义上，郭宝昌执导的电视剧《大宅门》和老舍的《四世同堂》一样，共同构成了五四以来主流家族史的叙事史。

二　民族资产阶级的挽歌

正像上文所分析的，好人和坏人之间的善恶之争构成了电视剧《大宅门》的基本叙事动力。这就使这部作品虽然试图去书写民族资产阶级的历史，但在大部分篇幅中，历史其实是被放逐出去的。以电视剧所表现的八国联军侵华和民国建立这两个历史事件为例，导演郭宝昌无意对这类重大事件进行正面书写。在电视剧《大宅门》中，八国联军之所以会对百草厅的发展构成威胁，并不是因为外国军队入侵中国，而是由于老三白颖宇为了个人私怨，勾结外国人打砸詹王府，并带日本军队到自家药铺喝酒。只要没有这个奸佞小人从中作梗，这一历史事件对家族的影响似乎就会因白文氏事先的周密准备而消弭于无形。哪怕是在日军占领下的北平，日本人也没有直接迫害白氏家族，真正对百草厅构成威胁的，还是王喜光、关静山这类小人。1911 年清王朝的覆灭标志着封建帝制在中国的彻底终结，然而这个重要的时间节点在《大宅门》里完全消失了。导演郭宝昌完全没有理会这一历史事件对白氏家族的影响，而是将叙事时间直接跳到了 1921 年。唯一在影像上表现改朝换代的地方，是白景琦在辛亥革命胜利十年之后，恶作剧式地将仆人秉宽的辫子剪掉了。如果说在 1911 年，剪掉辫子意味着历史进入了一个新的纪元，是历史的正剧，那么到了 1921 年剪掉辫子，就成了单纯的闹剧。而电视剧《大宅门》正是通过这种类似于闹剧的方式，将历史从影像中放逐了出去，使白氏家族和它的百草厅一起，成了一个在历史之外的悬置空间。

由于在电视剧《大宅门》的大部分篇幅中，历史都缺席了，这就使得白氏家族得以摆脱中国近现代史对民族资产阶级发展所造成的一系列阻碍和限制，让他们可以畅通无阻地兴旺起来。在白文氏掌管家族事务的第一段落中，因以詹王府、武贝勒以及关家为代表的这些奸佞小人的百般作祟，百草厅被查封，白氏家族的事业遭遇重大挫折。但凭借着白文氏的果断与计谋，百草厅最终又回到了白家的名下。而在白景琦掌管白氏家族事务的时代，他仍然像上一代的白文氏一样，和詹王府、武贝勒以及关家这些始终与白氏家族纠缠不休的奸佞小人做斗争，并像他的母亲那样总是能够从胜利走向胜利。因此，在电视剧《大宅门》的叙述中，白氏家族所经营的百草厅不断发展壮大，从而使这部电视剧成了对民族资产阶级的智慧、勇气和魄力进行颂歌的作品。这也使得该剧前半部分的叙事基调带有明显的乐观主义印记。在观影的过程中，观众们的目光全部投射在白文氏、白景琦身上，看他们怎样与那些奸佞之辈斗智斗勇，分享白氏家族事业兴旺发达、日进斗金的喜悦。

不过需要指出的是，电视剧《大宅门》真正值得关注的并不是历史的缺席，而是故事时间进入新中国后，叙事动力发生的根本转变。如果说在晚清和民国时期，正人君子和奸佞小人之间的冲突推动着情节向前发展，那么到了新中国初期，历史开始进入这部电视剧中，成了制造戏剧冲突和矛盾的动力。在正式出版的《大宅门》剧本里，全剧结束于 1949 年，白景琦在解放军进入北京城时感慨地说："这回共产党可真要开进咱们大宅门儿了！"[1] 我们可以说，1949 年新中国成立之前的历史并没有真正进入大宅门，也没有对白氏家族的命运造成特别深刻的影响。只有共产党的出现才真正决定了这个家族的命运。正像我们在电视剧《大宅门》中看到的，共产党政权在新中国推行的一系列新政策，如劳资谈判、抗美援朝、公私合营、"三反五反"、社会主义工商业改造，以及民族资产阶级对这些政策的种种

---

[1]　郭宝昌：《大宅门》，人民文学出版社，2013，第 823 页。

误解，构成了这部电视剧的戏剧冲突与矛盾的原因，并让整个白氏家族处在逐渐崩溃瓦解的过程之中。

有趣的是，此前敢想敢干、毫不畏缩的"活土匪"白景琦，在新中国成立以后丧失了原本具有的魄力，变成了一个顾虑重重、畏首畏尾的昏聩老人。当他听儿子白敬业说有人因为贩卖私酒被判处十年徒刑后，竟然吓得把家里储藏了几十年的好酒全部倒入井里。而当孙子考上哈尔滨工业大学以后，他竟然担心中国在朝鲜战场上打不过美国，战火很快就会波及东北，因此执意要把孙子留在身边，不许孙子去哈尔滨报到。随着劳资谈判、公私合营、社会主义改造等运动的开展，白景琦掌握的权力不断减小，这恰好和他性格逐渐变得软弱处于同步节奏中。特别是公私合营之后，转变为国家资本主义产业的百草厅开始扩大生产，把白家的祖先堂拆掉改建为生产车间。在这一过程中，郭宝昌使用特写镜头塑造了一个非常有意味的情境：工人把那块曾经对百草厅而言意义重大的"百草厅白家老号"的匾踩在脚下——曾经被民族资本家无比珍视的老字号，成了被随意践踏的无用之物。于是就有了一个特别煽情的镜头，即当晚年的白景琦看着百草厅空空的门楣时，画外响起了当年白文氏带着幼年白景琦去摘匾时的声音，当时白文氏让白景琦永远记住这块匾是白家的，并发誓这块匾"永不落在别人手中"。由于晚年的白景琦没能履行对母亲的承诺，因而感到极度的落寞、遗憾。在这里，导演郭宝昌努力将民族资产阶级英雄白景琦塑造成一个失败的英雄，让他的精神在暮年被新中国的政治经济政策挤垮。到了电视剧《大宅门》的结尾，白景琦不顾家人的反对，执意要用百草厅的牌匾当作自己的棺材盖。这一颇具象征意味的行为，显然预示了民族资产阶级必将灭亡的命运。在这个意义上，电视剧《大宅门》也可以看作导演郭宝昌为民资资产阶级谱写的一曲挽歌。

三 传统的意义

将新中国成立后党的各项政治经济政策，书写为对某一特定人群的"迫害"和"压迫"，其实是"新时期"以来的文学艺术作品中极为常见的一个叙事策略，如《霸王别姬》（1993）、《蓝风筝》（1993）以及《活着》（1994）等很多影视作品，都以类似的逻辑架构情节与线索。因此，从表面上看，电视剧《大宅门》所讲述的故事并不新鲜。不过这部电视剧的特殊之处在于，其中的受害者是以白景琦为代表的民族资产阶级，而没有像其他作品那样将受害者塑造成才华横溢的艺术家或知识分子。这一点成了电视剧《大宅门》最重要的特征。由于艺术家或知识分子在中国的文化语境中具有天然的合法性，他们身上所遭遇的种种不公和磨难可以在观众心中唤起无限的同情，让叙事获得感染力。而民族资本家的形象则并不具备这样的特性。中国传统文化中历来就有"重农抑商"的意识，商人的社会地位较低。而在左翼文化的脉络中，由于毛泽东在《中国社会各阶级的分析》《新民主主义论》等一系列文章中，指认民族资产阶级"在经济上和政治上是异常软弱的，他们又保存了另一种性质，即对于革命敌人的妥协性"，[①] 使得这个群体的历史地位历来不高。我们会看到，无论是《子夜》中的吴荪甫，还是《雷雨》中的周朴园，这些民族资本家的形象都是负面的。从这个角度来看，当导演郭宝昌在电视剧《大宅门》中正面处理民族资产阶级形象，为这个阶级的没落唱一曲挽歌时，他实际上是在尝试扭转中国现代文化长期以来形成的叙事传统。而这部电视剧在 21 世纪之初火遍大江南北则表明，郭宝昌的确成功地做到了这一点。那么，《大宅门》究竟具有什么样的特质，使它能改写民族资产阶级在人们心目中的形象呢？

正像上文所分析的，电视剧《大宅门》所表现的是中国民族资产阶级从晚清时代开始兴旺发达，直到 1956 年社会主义工商业改造完成后逐渐消失的历史。但颇为有趣的是，历史上的民族资产阶级通常经营的都是现代纺织业、运输业以及采矿业这类现代工业企业。因此他们在现代中国的历史语境中，往往带有鲜明的西洋性、现代性特征。然而《大宅门》的独特之处在于，虽然主人公白景琦在这部电视剧中被贴上了民族资产阶级的标签，但白氏家族经营的是带有鲜明中国传统文化特征的中药铺。由此，传统成了这部电视剧无法抹去的印记。

一般说来，以某个行业为题材的影视剧作品，往往会对这个领域的工艺流程进行详细的描绘。然而在电视剧《大宅门》中，白氏家族虽然世代经营中药铺，但在影像上除了号脉、抓药等相关镜头外，跟中医相关的情节其实并不是很多。真正的制药过程在这部电视剧中总被做了神秘化处理，例如，对百草厅的经营至关重要的秘方，就从未真正出现在影像之中。每当白氏家族要用秘方配药的时候，镜头中出现的都是白文氏把丈夫锁在小

---

① 毛泽东：《新民主主义论》，《毛泽东选集》第 2 卷，人民出版社，1991，第 673 页。

黑屋里，配完药后再把他放出来，配药的过程从未出现。这就使得秘方成了某种神秘的力量，对白氏家族的命运发挥着存亡续绝的功能。然而秘方的具体内容却被悬置了起来。

在电视剧《大宅门》中，每当百草厅出现危机的时候，白氏家族都是依靠那个神秘的秘方起死回生。在清政府查封百草厅后，白文氏就是靠着牢牢掌握的秘方才把百草厅重新收了回来。而白景琦白手起家创办的黑七泷胶庄，也正是靠着百草厅的秘方，才得以改良生产技术，使其制作的阿胶质量上乘，在济南得以立足。日军占领北平时期，日本侵略者千方百计要夺取秘方，而白景琦出于对民族大义的坚守，愿意用生命保护秘方。在这个意义上，秘方成了中华民族精神的某种象征。然而有趣的是，一旦到了新中国成立以后，这个浸透了白家几代人心血的秘方，却突然变得并没有那么重要了。主人公白景琦力排众议，主动将秘方献给国家。而伴随着股份被收买、秘方献给国家，白氏家族的百草厅终于走向了覆灭道路。只要秘方还在白氏家族手中，哪怕遇到再多的困难，百草厅也不会垮掉；没有了秘方，百草厅以及白家的事业就随之断送。在这里，郭宝昌显然有意让象征着中华民族传统的秘方和民族资产阶级的事业一荣俱荣、一损俱损，处在同构关系中。仿佛新中国成立后的一系列政治经济政策，不仅仅将民族资产阶级"逼"上了"绝路"，也使得中国传统文化走到了"尽头"。

值得注意的是，郭宝昌几乎使用了各种手段来构筑、加强这一同构关系。以电视剧《大宅门》中经常为人称道的配乐为例。导演在对人物动作进行调度时，经常使用京剧乐音中的"四击头"来与之配合，既营造出极为出色的戏剧性效果，也为整部电视剧构建了浓郁的传统气息。我们甚至可以说，正是"四击头"配乐的反复出现，才为民族资本家白景琦贴上了传统的标签。而有趣的是，这种配乐方式只大量出现在晚清和民国时期，一旦故事线索推进到新中国，全剧则就改用西洋乐器做背景音乐。而中间的转捩点，就出现在第 58 集。当解放军开进北京城的时候，画面中呈现的是北京的小学生在教室里学唱《东方红》。此时，导演让京剧配乐和以西洋乐器演奏的《东方红》同时响起。在这个过程中，西洋配乐的播放是连贯的，没有受到任何阻断。而京剧配乐则是断断续续，每一次响起不过是一两秒钟。导演希望以这种方式暗示中国的传统文化和民族资产阶级一样，在新中国成立后已经日薄西山。而在这个段落之后，西洋乐则取代京剧成为主要的配乐。观众在此前已经非常熟悉的"四击头"基本上消失了，只出现在几个特定的场景中。郭宝昌正是以这种非常巧妙的方式，将中国的传统与民族资产阶级放在同样的结构关系中。

四　社会语境与《大宅门》的命运

电视剧《大宅门》之所以让作为民族资产阶级的白氏家族，经营中国传统的中药铺，主要是因为导演郭宝昌有个人因素的考虑。他本人是创建同仁堂的乐氏家族的养子。电视剧中的李天意就是以他自己为原型塑造的。而乐氏家族分别在北京和济南开办的同仁堂、宏济堂，在电视剧里就是北京的百草厅和济南的黑七泷胶庄。按照导演自己的说法，这个关于同仁堂的故事一直压在他的心头，并曾几度形成文字。由于历史的原因，手稿数次被毁。因此在四十多年后才最终以电视剧的形式问世。① 不过在笔者看来，恰恰是中药铺这个题材，才使得电视剧《大宅门》成功地将民族资产阶级和中国传统文化联结在了一起，为前者为观众认可提供了文化依据。

正如上文曾经分析过的，民族资产阶级无论是在中国传统文化里，还是在左翼文化的脉络中，都是绝对的负面形象。因此，拍摄一部将民族资本家塑造为天不怕地不怕的英雄并哀叹其走向没落的电视剧，所面临的最大困难就是如何改写已有的文化传统，改变观众的心理定式。在这里，《大宅门》将民族资产阶级与中国传统文化结合在一起，对观众的心理定式改变无疑起到了重要作用。从 20 世纪 90 年代中后期开始，伴随着中国经济的快速发展、国家实力的增强以及中国人民族自信心的提高，人们不再像 1980 年代那样以激烈的态度反对中国的传统文化，将其视为中国积贫积弱的根源，而是纷纷以极大的热情拥抱中国的传统文化。于是在这一时期，所谓"国学热""中医热"以及重拾中国的传统礼俗等，成了令人瞩目的社会现象。因此在 21 世纪之初的中国荧屏上，当以白景琦为代表的民族资本家为了百草厅的事业披荆斩棘时，他似乎并不是在资本逐利本性的驱使下从事经营活动，而是为了延续和发扬中国传统文化而奋斗；他动辄谩骂羞辱仆役的蛮横无理，似乎并非资本家在对于劳动者的残酷剥削，而是在维护中国传统家长制的绝对权威。因此，他能够获得观众的普遍认可也就显

---

① 参见包明廉《打开"大宅门"——郭宝昌和〈大宅门〉幕后故事》，《新民周刊》2001 年 5 月 16 日。

得顺理成章了。

1992 年"南方讲话"后，市场经济体制改革的全面启动，在世界范围内所向披靡的新自由主义政策在某种程度上也为中国的主流社会所认可。于是，1980 年代以来的一些政治经济政策，如大幅度削减社会福利、减少对资本流动的管制等，逐渐被看作具有普遍性的"真理"。人们真诚地相信，随着经济的发展、技术的进步，社会绝大多数人能够逐渐分享到改革的成果，获得美好幸福的未来。而在这一未来图景中，正在兴起的民营资产者更是被寄予厚望，成了推动中国社会变革的重要力量。因此民族资产阶级在中国语境中的负面形象，也由此得到一定程度的改善。正是上述两方面的因素，使得 21 世纪之初播出的电视剧《大宅门》通过为民族资产阶级披上中国传统文化的外衣方式，成功地改写了这个阶级在中国文化语境中的形象，让无数电视观众深刻地认同主人公白景琦，为这曲民族资产阶级的挽歌流下了眼泪。在这个意义上，电视剧《大宅门》无疑是一次非常成功的意识形态召唤术实践。

不过有趣的是，当导演郭宝昌在 2013 年重新推出《大宅门 1912》时，这部在演员阵容、叙事策略等方面与前作没有太大差异的电视剧却恶评如潮，遭遇惨败。我们当然可以将这一现象归咎于观众的审美疲劳、人们对张歆艺演技的不满等，但这不足以解释为何在 21 世纪初年非常成功的意识形态召唤，在 2013 年彻底失效的原因。在笔者看来，这无疑与近十年来中国乃至世界所发生的深刻变化息息相关。在世纪之交，资本主义经济在全球范围内高歌猛进。伴随着"冷战"的终结，资本流动的一切障碍都被拆除，整个世界似乎都在资本主义的引领下走向光明、美好的未来；但到了 2013 年，随着金融海啸后全球经济的持续低迷，房价大跌、消费不振以及失业率高居不下等社会问题长期得不到解决，人们逐渐质疑资本主义曾经许下的美好诺言。正像法国经济学家托马斯·皮凯蒂在《21 世纪资本论》中所说，在"金融、石油、房地产市场观察到的令人印象深刻的经济失衡"，使得人们产生了对资本主义经济"'长期增长路径'必然性的怀疑"。[1] 资本似乎已经不能再装扮成救民于水火的天使，而是逐渐露出了其凶残的面目。在这一语境下，电视剧《大宅门》用中国传统装点民族资产

---

[1]〔法〕托马斯·皮凯蒂：《21 世纪资本论》，巴曙松、陈剑等译，中信出版社，2014，第 16页。

阶级以获得观众认同的叙事策略开始失效，其原本具有的魅力与"灵氛"渐渐消逝。的确，在绝大多数人都在资本的裹挟下，被医疗、教育以及房产等重担压得喘不过气来时，让他们为资本家的没落流下眼泪是不可能的。说到底，电视剧《大宅门》系列在十年之间所遭遇的冰火两重天的变化，不过是社会历史语境在影视剧中的反映。

"镜"中之人

——《黑镜》中的反乌托邦叙事与后人类主义探析

赵柔柔[*]

摘要：英国迷你剧《黑镜》（*Black Mirror*）自 2011 年开播以来，在全球范围内引发了广泛的收视热潮，被认为是一部对现实进行尖锐批判的佳作。"黑镜"作为今日媒介的恰切隐喻，标志了人们对镜中虚幻世界的痴迷，以及用黑镜对现实的再现来取代现实本身的倾向。《黑镜》通过延伸现实逻辑而构建近未来，并在戏剧冲突中展现这个未来的怪诞，以此显现现实中潜在的裂痕。在这个层面上，它呼应着 20 世纪出现的重要叙事类型"反乌托邦"，而通过简单的回溯和对比可以看到，这种叙事方式深深地关联着 20 世纪的历史语境。借由"黑镜"的自我显影，《黑镜》事实上激活了一个自 20 世纪晚期开始便日渐凸显和成熟的思想维度，即"后人类主义"。

关键词：《黑镜》　反乌托邦　后人类主义　赛博格

Abstract：*Black Mirror* is a Britain TV drama and it is famous of its critical thinking. It has a strong connection with Dystopia, which is a special narrative type rooted in the history of 20th Century. By depicting the near future as Dystopias, this drama shows the very human condition of today and points to a new critical thinking called Posthumanism.

Keywords：*Black Mirror*　Dystopia　Posthumanism　Cyborg

---

* 赵柔柔，中央民族大学少数民族语言文学系讲师。

2014年年末，社交网络上的热门话题之一便是《黑镜》（*Black Mirror*）圣诞特别篇与第三季的开播。迷你剧《黑镜》已由英国第四频道电视台播出两季，它以精巧的结构和高密度的讽刺展开了彼此独立的六个故事，近期刚刚上映的《黑镜》圣诞特别篇则以稍长的篇幅延续着同样的主题。它将背景设置在近未来，再现了一个个经过推演或变形的现实情境，引发观众对自身所处现实的疏离和反思。《黑镜》一经播出，很快在全球范围内受到广泛关注，许多人不仅叹服其制作精良，而且对它准确、有力的批判大加赞赏。本文在对《黑镜》的再现方式与批评立场的分析中，展开了对反乌托邦叙事与后人类主义的讨论。

一　"黑镜"之"镜"

如果将《黑镜》放回制作与播映的原初语境中，便会发现它并非一个孤立的文本。在构成英国电视体系的五个电视台中，第四频道电视台出现较晚，它创立于1982年11月。它最初是美国独立电视台（ITV）的扩展，为了迎合随着时代变化观众出现的新需求，尤其是年轻人的新需求，第四频道做的调整，使自己具有探索性和创新性，对市场的动向更为敏感。此外，第四频道是需要自筹资金的公共频道，既有商业频道的性质，又接受政府的监管。因此，由第四频道制作的电视剧，与英国广播公司电视台（BBC）等制作的电视剧有较大差异，后者更多地承载着政治性的文化传播功能，如伦敦奥运会期间推出的、以莎士比亚历史剧为底本的《空王冠》等，而前者则以讽刺、戏仿、调侃等为风格，注重节目的娱乐性和时效性。换句话说，《黑镜》的批判性与另类性，实际上是符合第四频道自身的定位与风格的，第四频道是《黑镜》热播的第一个参数。

第四频道的著名主持人、编剧查理·布鲁克（Charlie Brooker）是《黑镜》（他担任编剧）热播的第二个参数。稍作比较可以发现，《黑镜》中常常可以看到查理·布鲁克既往节目或剧集的影子，甚至和同年播出的六集纪录片《看电视毁人生》（*How TV Ruined Your Life*）形成了较明显的互文关系。有趣的是，《黑镜》第一季第二集《一千五百万》中的主角宾·曼德森似乎正是查理·布鲁克的自嘲形象。查理·布鲁克对电视、网络等媒介满怀悲愤的讥刺之情，这种讥刺情感被制作成了一档档大受欢迎的节目，从此反叛和批判则成了他的风格标签，维护了他在电视台的地位；宾·曼德森则依靠表演愤怒而获得更好的生活。《黑镜》好似那块能抵住动脉的碎玻璃，虽是致命的武器，却被"加工"成了一个谋生的工具，放在精致的盒中珍藏起来。

可以说，虽然第四频道和查理·布鲁克这两个参数使《黑镜》的定位变得有些暧昧，但《黑镜》通过对自身的嘲讽，实际上为观众提供了一种自指、自省的批判话语，从而更为彻底地暴露现实中存在的问题。换句话说，伴随着对批判立场的解构，《黑镜》不再停留于批判的行为上，它越过了《看电视毁人生》等讽刺节目的界限，将视线集中于再现或暴露方式上。那么，究竟是什么被再现或暴露出来了呢？

每一集《黑镜》都以这样的画面开始："black mirror"在黑屏上闪烁出现后，屏幕突然碎裂。不难看出，"黑镜"首先是一块碎裂后关闭的屏幕，意指如手机、电脑、电视等媒介屏幕的物理介质。同时，"关闭的屏幕"不仅仅再现或暴露了其物质性，而且再现或暴露了它的空洞和先在赋予的客观性——它似乎可以承载任何一种意识形态，传达任何一种理念，当它开启时，人们很容易沉迷于它传递的丰富的声光信息中，忘记了它可能带有的局限。更重要的是，"黑镜"的"镜"也暗示，不管屏幕多么逼真，它向人们展示的都是虚像。一方面它的虚像与镜像类似，提供了一处自恋的场域，让人们在不断上传信息中反复倾诉和表演，营构起虚拟的自我；另一方面它的"镜"带有十足的迷惑性——这个经过编码的"镜"并不是一板一眼地映照出现实的本来面貌，而是以某种方式再现现实，并把这种再现伪装为镜像。"黑镜"极度迷人，那些受到诱惑的人，很快将目光从现实中移开，痴迷地望向"镜"中世界，甚至将它指认为真实。于是，"黑镜"现身之处，虚拟现实取代了现实，成为唯一可感知之物。

研究《黑镜》中可以发现，几乎所有戏剧性冲突爆发的时刻，都是沉溺于虚幻的、光怪陆离的"镜"中世界的人突然发现真实存在的时刻，亦即，黑镜碎裂后人们看到其物质性的时刻。比如，《国歌》从表面上看，似乎是一个关于一个政治丑闻、一次绑架与胁迫案的故事，甚至是一个关于一种行为艺术的故事。然而，如果我们从中提取出首相与公主这两个角色，就会发现这是一次有趣的交换：牺牲者只能是首相而不是公主，在某种意义上这是因为公主在"黑镜"中占据着重要的地位。她在社交网络上表现活跃，她在"黑镜"中的善良形象，无疑使她占据了人们视线的焦点，成为最受同情的那一个。因此，当人们开始痴迷地盯着屏幕，看首相与猪交配时，丝毫没有注意到公主早已被放出，公主与首相便发生了交换——首相取代了公主的"黑镜"位置，成为新的凝视对象，而公主则独自在大街上游荡，这显然暗示她被"放逐"回了现实世界。同样，在《一千五百万》中，宾·曼德森与艾比·加纳身处一个"极不真实"的世界，其中食物是合成的，财产是骑自行车所赚取的点数，所有的娱乐都只在屏幕中完成，唯一保留了真实样貌的东西是可以购买的苹果。幻境仅仅在两个瞬间受到了扰动，一次是在艾比·加纳纯净的歌声中，另一次则是在宾·曼德森在舞台上以死亡威胁的方式爆发的愤怒与控诉中。然而，被搅动的幻境很快恢复了平静，其方法是将两人吸纳，转变为幻境制造者。第二季第二集《白熊公园》，开始于一个怪诞的场景：女主人公在屋中醒来，发现自己丧失了记忆，并且很快发现自己被许多举着手机的人沉默地窥视、跟踪着。逃出房间后，她莫名地遭遇了追杀，并在一个女孩的协助下惊险逃生。当这一天结束时，她终于走到一扇门前，然而在门外迎接她的却是观众与舞台。在"猎人"的陈述下，她获知这场令她备受折磨的戏是对她的罪行——未阻止男友虐杀女孩，反而冷漠地在旁边拍摄下全过程——的惩罚。在恐惧中，她被消除记忆，迎接第一次/天的刑罚。颇有意味的是，她的罪行在于"看"，而惩罚也同样在于"看"，但是两次的"看"都是手机摄像头而非眼睛；换句话说，观看也必须借助"黑镜"才能够完成。毋庸赘述，在其他故事中，同样的真实/虚幻、"镜"中世界/"镜"外世界的二元对立始终是基本叙事的构成元素。如《你的人生》中芯片记录的"真实"与人所感知到的"真实"之间的对立，《瓦尔多时刻》中的蓝熊形象与它背后的扮演者之间对立，《马上回来》中的真假艾什之间对立，等等。

显然，"黑镜"可以说是今日媒介的隐喻，而对真实/虚拟界限的执着，构成了《黑镜》最为重要的叙事动力。它尝试通过捕捉裂隙令"黑镜"自身显影，为色彩斑斓的"镜"中世界"祛魅"，迫使人们的目光转移。借助这样的方式，它批判了"镜"中世界对现实的侵蚀，拒绝"黑镜"虚像，呼吁人们回归现实，从"黑镜"的自恋和痴迷中走出来。不过，如果将问题继续向前推进的话，那么，《黑镜》在对媒介自身的关注之外，还有对媒介影响下人们生活方式变革的关注。换句话说，《黑镜》显影裂隙的批判方式是双重的：一重如前所述指向"黑镜"自身；另一重则更为宽泛，指向《黑镜》中所再现的世界——它所构建的近未来极具现实隐喻性，既是现实逻辑的延伸，又与现实保持一定的距离，而在某个特定的、有张力的戏剧时刻，这个梦幻、光滑的近未来暴露了它的裂隙，进而暴露了观看者所处现实的裂隙。需要指出的是，这当然并非《黑镜》首创，事实上，20 世纪的许多小说与电影文本都分享着这样一种叙事方式——我们常常称它为"反乌托邦"（dystopia）。

二 "镜"中之"邦"：《黑镜》与反乌托邦叙事

有趣的是，尽管我们很容易将某一个文本判定为反乌托邦的，但是，反过来定义什么是反乌托邦却十分困难。从历史上看，作为一种文类，反乌托邦小说与《我们》《美丽新世界》《一九八四》三部小说关系密切，它是在这三部小说的指认中被逐渐确立并为人所接受的；作为一种对抗乌托邦、审判乌托邦的思想，反乌托邦又扎根于"冷战"时期两大阵营的对立中，充满了反共意识形态的气息；作为一种修辞，反乌托邦泛指某种恐怖、黑暗的社会想象；作为一个概念，它意味着乌托邦的反面，与乌托邦形成一组二元对立的镜像关系。因此，反乌托邦概念的复杂性使得研究者很容易陷入两极化的困境——或者尝试分辨它的概念层级及其与乌托邦的相对关系，从而不得不建构自我纠缠的论述；或者尝试简化、概括反乌托邦文本的共通性，从而形成似是而非的定义，即反乌托邦是"一个坏的地方"。后者的概括，实际上并未解决问题，反而引出了更多的问题：好坏是一组相对概念，那么坏究竟是相对于什么而言的？比如，对于现代读者来说，莫尔《乌托邦》中的集体主义的、无差别的田园生活，无疑带有某种反乌托邦式的隐喻。伯特兰·罗素（Bertrand Russell）曾对《乌托邦》有如下感叹："可是必须承认，莫尔的乌托邦里的生活也好像大部分其他乌托邦里的生活，会简单枯燥得受不了。参差多样，对幸福来讲是命脉，在乌托邦中几乎丝毫见不到。这点是一切计划性社会制度的缺陷，空想的制度如此，现实的也一样。"①

在这个意义上，《黑镜》不仅仅提供了关于媒介的隐喻，而且提供了关于反乌托邦叙事文类的隐喻，即"黑镜"。首先需要说明和界定的是，"反乌托邦"概念与某类具体文本和具体思想相对应，是一个发生于 20 世纪的事实。马克思·帕特里克（Max Patrick）在其编纂的《追寻乌托邦：想象

---

① 〔英〕罗素：《西方哲学史》下册，马元德译，商务印书馆，1976，第 40 页。

社会选集》（*The Quest for Utopia*：*An Anthology of Imaginary Societies*）中，用"反乌托邦"这个词来指称20世纪上半叶出现的、带有讽刺意味的虚构的未来社会或"乌托邦"，将它们看作理想社会的对立面。莱曼·托尔·萨金特（Lyman Tower Sargent）在《乌托邦主义》（*Utopianism*）一书中指出："尽管'反乌托邦'（dystopia）这个词的第一次使用是在18世纪中叶，而英国哲学家约翰·斯图亚特·穆勒在1868年的议会演说中用到它，但是用这个词来描述特定文学类型则直到20世纪才开始的。"① 翻阅反乌托邦的研究可以看到，对它的研究开始并集中于20世纪下半叶，而扎米亚京的《我们》、阿道司·赫胥黎（Aldous Huxley）的《美丽新世界》（*Brave New World*）与乔治·奥威尔（George Owell）的《一九八四》（*Nineteen Eighty-Four*）是最常见的研究对象，常常被称为"三大反乌托邦小说"。

在《评扎米亚京的〈我们〉》一文中，奥威尔比较了《我们》与《美丽新世界》，认为后者一定受到了前者的影响，指出二者都写了一个六百年后"人的纯朴自然精神对一个理性化的、机械化的、无痛楚的世界的反叛"的故事，但是相较之下，赫胥黎"政治意识少一些"，而扎米亚京的书"同我们的处境更加相关"，因为它讲述的是"极权主义的非理性"② 的一面。可以看到，奥威尔对《我们》的偏好正是建立在他的"它比《美丽新世界》更贴近现实"的判断上的。有趣的是，赫胥黎在《再访美丽新世界》中表达了对奥威尔的不满，他辩称，"未来的发展趋势将是逐渐走向'美丽新世界'的局面，而非'一九八四'的局面"。③ 奥威尔与赫胥黎的争论，即究竟哪一部小说更符合现实，显现了反乌托邦小说中一个极具张力的层面。略作比较便可以发现，它们在叙事上有很多相似之处，其中最为明显的是，它们都建构了存在于未来的虚拟社会。然而，这些令人恐惧的社会图景却并非凭空想象，而是都有其现实依据，都是从某种现实逻辑推演而来的。写于1920年的《我们》有十月革命后的苏联的影子，而其对"数学统治一切"的凸显，也多少应和着1920年代苏联积极推进的工业化进程；《美丽新世界》中文明世界与野蛮地的分隔，是对宗主国与殖民地的现实结构的

① Sargent, Lyman Tower, *Utopianism*, Oxford University Press, 2010, p. 27.
② 〔英〕乔治·奥威尔：《评扎米亚京的〈我们〉》，《英国式谋杀的衰落》，董乐山译，上海译文出版社，2007，第162~164页。
③ 〔英〕阿道斯·伦纳德·赫胥黎：《再访美丽新世界》，蔡伸章译，台北，志文出版社，1977，第31页。

仿写，而"福帝"统治之下的流水线生产式文明，则显然指称美国；《一九八四》中被无所不在的"老大哥"监视着的社会，极为准确而凝练地再现了集权社会，而斯大林统治下的苏联，无疑为之提供了重要的摹本。从这些可以看出，虚构色彩浓厚的它们并不是现实的"镜像"，但是，它们都尝试提供比"镜像"更真实的图景。它们是"黑镜"，是通过对现实的扭曲、变形和夸张来呈现被秩序遮蔽、封锁的社会真实。此外，这三部小说的基本叙事结构也十分相似，起初都呈现了稳定、封闭的社会秩序，随后出现一次扰动现状的反叛运动，最终秩序再度闭合。在这个过程中，一方面，反叛运动反证了秩序的稳定，颇为悲观地显现秩序强大的自愈或整合能力，秩序封闭了所有的逃逸出口；另一方面，通过反叛运动的扰动，暴露了秩序的暴力与压制，从中可以辨识出某种《黑镜》式的批判，即以碎裂的瞬间标示"黑镜"的在场。

《一九八四》中的一处文本细节在此颇具症候的代表性。主人公温斯顿的第一个反叛行为，是"记日记"，但他马上也意识到了这个行为的荒谬性："他突然想到，他是在为谁写日记呀？为将来，为后代……你怎么能够同未来联系呢？从其性质来说，这样做就是不可能的。只有两种情况，要是未来同现在一样，在这样的情况下未来就不会听他的，要是未来同现在不一样，他的处境也就没有任何意义了。"① 显然，"记日记"的意义，在叙事逻辑中是无法得到解释的——作为一种反抗，它既不能假设读者，又不能是自言自语。于是，在这个疑惑第二次出现时，温斯顿给出了颇为神秘的、超越性的回答："他是个孤独的鬼魂，说了一句没人听到的真话。但是只要他说出来了，不知怎么的，连续性就没有打断。不是由于你的话有人听到了，而是由于你保持清醒的理智，你就继承了人类的传统。"② "只要他说出来了""就继承了人类的传统"赋予"记日记"一个超越文本叙事层面的意义，尽管这种意义是"无法言明的"（in some obscure way，引文译作"不知怎么的"）。似可进一步推断的是，奥威尔写作《一九八四》的行为，与温斯顿"记日记"的行为是同构的——正是在"保持清醒的理智，你就继承了人类的传统"的信念之下，奥威尔才认为自己有写作的必要。小说家大卫·布林（David Brin）在他的文章《带有"自身阻断性"的预言》

---

① 〔英〕乔治·奥威尔：《一九八四》，董乐山译，上海译文出版社，2007，第 10 页。
② 〔英〕乔治·奥威尔：《一九八四》，董乐山译，第 29~30 页。

中，将奥威尔描绘成一个"反卡珊德拉预言家"，认为《一九八四》式的预言"一旦引起广泛关注，就会自我阻断"，进而"反乌托邦噩梦的恐惧"很可能"比对乌托邦的希望更能有效地促使人类进步"。①

由上可知，反乌托邦叙事是架构在种种张力之间的：它虽然在文本表层呈现了一个未来的虚构社会，但其内在动力是现实批判；它虽以秩序的封闭、无法撼动为基本前提，但给予"记录"或是"叙事"行为以"无法言明的"意义，将它视作模糊的，带有一丝希望和慰藉的逃离的可能性。这种自我纠缠的叙事方式的形成有其特殊的历史语境：首先，被现代科技护航的发展主义蕴含着一组彼此矛盾的预设。一方面，进步必然内设方向性，也就内设了一个遥远的最高级文明或乌托邦；另一方面，进步又许诺了上升的无止境，在不断地追求效率和革新的同时，也不断地推进和改写着人们的欲望，这使它无法想象或拒绝对那个位于顶端的乌托邦具体图景的描绘——因此，每一个被呈现的乌托邦，就必然会被判定为"反乌托邦"。《我们》中的数学王国、《美丽新世界》中的流水线生产王国，都是将某种现实逻辑或现代科技推向极端后的稳定、封闭的未来。其次，叙事的缠绕显现了反乌托邦文本的暧昧立场。十月革命后便匆匆赶回苏联的扎米亚京遗憾自己因在国外修习造船业而未能亲身经历革命；阿道司·赫胥黎显然受其祖父生物学家托马斯·赫胥黎的影响颇深，而他也十分认同美国的现代生活并最终移居美国；曾参加马克思统一工人党赴西班牙抗击佛朗哥法西斯政权的乔治·奥威尔，则在后期不断分辨社会主义和苏联社会主义之间的区别，而他对斯大林的讽刺和拒绝，也源自他对社会主义信念的执着。由此可以看出，文本中社会的封闭性实际上有着双重含义：一方面，封闭性凸显了某种绝望的批判，凸显了对于小说所展示的社会的拒绝；另一方面，封闭性也意味着某种对绝望的认同，亦即它已经先在地排除了其他可能，换句话说，它从未接受或设想过其他类型社会的可能性，相信其描绘的社会必然到来。

这一叙事特征似乎暗示着，反乌托邦的叙事动力来自封闭的现实，即另类选择的消失，而这也多少可以解释反乌托邦文本在"冷战"结束后的勃兴。在此，《一九八四》的一部重要续书，是匈牙利作家道洛什·久尔吉

---

① 〔美〕阿博特·格里森、玛莎·努斯鲍姆、杰克·戈德史密斯编《〈一九八四〉与我们的未来》，董晓洁、侯玮萍译，法律出版社，2013，第224页。

写于 1970 年代的小说《1985》，它或可作为有趣的参证文本。这部小说是在久尔吉"继承奥威尔的精神财富，用我的语言讲述东欧人的现实生活"① 的意图下完成的，然而，略作对比便可以发现，它与《一九八四》之间有着本质的区别——在"老大哥死了、大洋国政权崩溃"的预设下，后者洞悉的封闭、严密的权力运作机制，被前者改写成了"冷战"两大阵营的意识形态的对立。② 与此相对，20 世纪 90 年代以来，带有明显反乌托邦色彩的小说和电影大量出现，小说有玛格丽特·阿特伍德的《羚羊与秧鸡》以及其他很多种科幻小说；电影有《黑客帝国》三部曲、《立方体》三部曲、《V 字仇杀队》和《云图》等。反乌托邦成为科幻、灾难、末日等题材的主题，而三大反乌托邦小说也成为这类作品的前文本。

　　《黑镜》无疑也借用了反乌托邦叙事方式的，它反过来以"黑镜"为意象为反乌托邦提供了一个精妙的比喻。如果说，反乌托邦的核心在于对一个封闭的、必然到来的现实/未来的体认和揭露的话，那么更深的问题是，《黑镜》所体认到的现实/未来究竟是什么？如前所述，在文本的表层，这个现实/未来的重要组成部分是媒介，媒介对人进行全面控制，但是，媒介显然仅仅充当着入口，它实际上提示着今天的人类社会生活有某种更为深刻和全面的改变。

三　"镜"中之人：《黑镜》与后人类主义

　　同样是真实—虚拟主题，《黑镜》的第二季第一集《马上回来》将其极为具象化地表现为人与人造人之间的对立。沉迷社交网络的艾什在某种意义上丧失了处理现实生活的能力——开篇处妻子玛莎对他的调侃以及要求他开车时放下手机，暗示着艾什之后会遭遇车祸，究其原因，是他在独自开车时无法克制上网社交的冲动。失去丈夫使玛莎悲痛欲绝，怀孕的事实更是促使她下决心"订购"了虚拟的艾什。虽然虚拟艾什只是一个网络上的声音，但玛莎曾获得了很大的抚慰——建立在对社交网络大量数据分析上的虚拟声音听上去与本人的无异。然而，当同样完美的人造肉体艾什出

---

① 〔匈〕道洛什·久尔吉：《1985》，余泽民译，上海人民出版社，2011，第 159 页。
② 参见拙作《冷战与"反乌托邦"——对读乔治·奥威尔〈一九八四〉与道洛什·久尔吉〈1985〉》，黄纪苏、祝东力编《艺术手册 2014》，中国书店出版社，2014。

现在她面前时，玛莎却感到了恐惧，因为它毫无人性的弱点和缺陷。最终，玛莎拒绝了虚拟艾什，但这是一种十分暧昧的拒绝：她并未退货或丢弃，而是将它与照片一同封存在了阁楼上，同时默许它成为女儿的玩伴甚至准父亲。

《马上回来》中的相对清晰而简单的问题，在另一个文本《她》的参照下变得复杂起来。《她》上映于 2013 年，讲述了一个人爱上自己的智能系统声音的故事。西奥多·托姆布里在与挚爱的妻子离婚后，偶然接触到一款人工智能系统 OS1，并逐渐爱上了这个能够不断根据他的需要自我更新的"女性"萨曼莎。尽管他所认识的萨曼莎仅是一个性感而略带沙哑的声音，但这并未阻碍"二人"之间的感情升级为最纯粹的、自恋式的爱情。然而，幻象最终被打破了——爱情这个古老的神话伴生着古老的限定，即它要求唯一性，而同时为几千人提供爱情神话的萨曼莎显露了它非人的本质。

有趣的是，两个文本都犹疑在认同与拒绝之间，只不过《马上回来》似乎更多地偏向拒绝，而《她》则更多地偏向认同。不管怎样，人/类人、真实/虚拟两组对立元素的并行，提示着某种人文主义式的价值基准的存在，即人的肉体保证了人具有毋庸置疑的自足性，而肉身所在的世界被指认为真实世界；同时，以此为基础，存在着一种使人成其为人的人性。人文主义的"人"是一个对照着"非人"而显现的对象，它在某种程度上构成了价值基点。对这个价值基点的选择，使得两个文本都必然将类人表征为"非人"，并在叙事层面对它加以审判和拒绝。然而，叙事上的犹疑却显现了一重新的问题，即人工智能设想从一开始便带有道德面向：当机械复制扩展到人自身的时候，附着在人身上的"光晕"（aura）是否也会随之消散？或者说，如果人的生物体征和个性特征都不再是界限的话，那么人的哲学位置和社会经济位置是否也开始变得可疑了？

这一思考直接涉及一个自 20 世纪晚期开始变得日益重要的思想，即后人类主义。通过前缀"后"（post-），后人类主义宣告它与"人文主义"（humanism）之间存在差异。但是，正如后现代主义的命名一样，"后"的前缀并不完全指时间上的相继或立场上的相反，而"主义"（-ism）的后缀也不意味着它具有某种同一的本质。它既模糊地指涉着一系列不同层面的思考，又凸显着它与人文主义的某种对话关系——它不仅是对人文主义的解构，而且内含人文主义的某种形态。

那么，什么是后人类主义？卡里·伍尔夫（Cary Wolfe）在《什么是后人类主义》（*What is Posthumanism?*）一书中提道，这个术语是在20世纪90年代中后期才进入了当代批评话语的，而其源头或可上溯至20世纪60年代。① 宣称"人是近期的发明，并且正接近其终点"② 的福柯与不断尝试"消解性别"的朱迪斯·巴特勒等常常被看作"哲学后人类主义"的代表，因其在某种程度上尝试解构关于人的话语。此外，还有一些其他的学派理论，如20世纪40年代至50年代，以格雷戈里·贝特森等为代表的控制论（cybernetics）。它的重要特点之一是在人、动物和机器之间，并没有强调人的特殊性和优越性，因此多少挑战了社会学科甚至人文主义的潜在预设。

真正赋予后人类主义以讨论可能的代表性文本是，唐纳·哈拉维（Donna Haraway）发表于1985年的《赛博格宣言》（*A Cyborg Manifesto*）。"赛博格"是由英文单词"cybernetic"（控制论的）和"organism"（有机体）的前三个字母拼合而成的。这个概念诞生于20世纪60年代，是由美国科学家曼弗雷德·克林斯（Manfred Clynes）和内森·克兰（Nathan Kline）创造的，最初是指在人体中移植神经控制装置来扩展人体机能。后来这个概念的内涵逐渐扩大了，泛指人在拼合了其他的非有机体之后，对自身自然限制的超越。它指向了后人类主义的一个重要支脉，即超人类主义。

这个充满科幻色彩的概念，在唐纳·哈拉维的著作中开始显现它的现实维度："迄至20世纪后期——这是我们的时代，一个神话的时代——我们全都是吐火女怪（chimera），是理论上虚构的机器和生物体的混合物；总之，我们是赛博格。赛博格是我们的本体论，它赋予我们政见。"③ 她敏锐地观察到了当今社会的三处边界的崩溃，即人与动物、机器、非物质形态之间边界的模糊。1990年代，美国互联网普及，证实了她的预测，提示着第四处边界的崩溃：社交网络的发展正在改写我们的日常生活，我们在其中乐此不疲地经营并迷恋着第二人格；同时，尽管人体植入电子元件似乎

---

① See Cary Wolfe, *What is Posthumanism?* Minneapolis: University of Minnesota Press, 2010.
② 〔法〕米歇尔·福柯：《词与物》，莫伟民译，上海三联书店，2001，第506页。
③ 〔美〕当娜·哈拉维，《赛博宣言：20世纪80年代的科学、技术以及社会主义女性主义》，严泽胜译，《生产》第六辑，广西师范大学出版社，2008，第291页。本文在引用这篇文章时部分参考了严泽胜的译文，但有两处改动。一处是作者的译名。本文的译名均根据1993年版的《世界人名翻译大辞典》译出，故此处也沿用此例，不译作"当娜·哈拉维"，而译作"唐纳·哈拉维"。另一处是cyborg的翻译，本文根据现在的通行译法译为"赛博格"，而未用严泽胜的"赛博"。这是因为赛博更多对应cyber，如将cyborg也译成赛博就会产生歧义。

仍然有些遥远，但手机等几乎无法舍弃的电子设备，难道不是我们身体的一部分，或者说，构成了"我"的一部分吗？

"我们都是赛博格"的宣言，令《黑镜》中看似具有科幻意味的未来想象，具有了某种极为切近的现实维度，这也是《黑镜》溢出"批判媒介"维度之处。无论是《瓦尔多时刻》中虚拟蓝熊对肉身演员的替代，还是《马上回来》中玛莎对虚拟艾什的复杂态度，或是《你的全部历史》中植入记忆芯片后"不会遗忘"的人的"非人性"，都将问题指向了可感知的"后人类"现实。由此可以看到，在拒绝这些"似是而非"的人、超人或人造人的同时，《黑镜》显影出人文主义的立场，但正如反乌托邦叙事的内在张力所显示的，这种显影本身也很复杂——它是既对后人文主义的记录和对抗，也是对人文主义的挽歌，是对一种终将逝去的人的充满激情的悼念。

值得指出的是，《黑镜》的讨论处于较为外在的层面。与之相比，唐纳·哈拉维所尝试提出或描述的后人类主义则有更为深入的一面。正如凯瑟琳·海尔斯（Katherine Hayles）在《我们怎样变成了后人类》（How We Became Posthuman）中指出的，"后人类"并不是"反人类"，而是"标示出一种特定的关于人的观念的终结"，[①] 是对"人"的概念中必然携带的、被生物性所遮蔽的阶级性的拒绝。唐纳·哈拉维则认为，赛博格提示着"一条走出二元论的迷宫的途径"，[②] 推进受制于二元论梦魇的女性主义研究。与这种积极论调相对，后人类受到了另一层面的质疑：在今天的视域内，后人类进程实际上加强了人的物质性，换句话说，如果人在走向后人类的过程中，必然依赖技术革新，涉及资源分配问题，那么人在摆脱其天然携带的二元性、阶级性等之前，恐怕已被更深地编入了一套充满压迫与权力的社会话语之中了。《黑镜》虽开启并映照出了这些极具现实性的问题，但它并没有给出解决的办法。

---

① N. Katherine Hayles, *How We Became Posthuman*: *Virtual Bodies in Cybernetics Literature and Informatics*, Chicago: University of Chicago Press, 1999, p. 286.

② 〔美〕当娜·哈拉维：《赛博宣言：20 世纪 80 年代的科学、技术以及社会主义女性主义》，《生产》第六辑，第 326 页。

其他论文

戴维·莫利与文化研究

章　辉　索　宇*

摘要：在近二十年的学术研究中，莫利以电视为起点，以家庭为中心，从微观到宏观，致力于电视观看的社会学分析，终结了旧式的受众调查以及前此主宰西方媒介研究的使用与满足理论，把受众研究的观念和方法推向了新的视域，推动了文化研究的学术发展。

关键词：文本分析　受众研究　文化权力　人种志

Abstract：In the recent 20 years, Morley has devoted himself to the sociological analysis of family-centered television viewing from both macro and micro perspectives. His new approaches put an end to the old-fashioned audience study and the former dominant theory of uses and gratifications, thus promote the development of Cultural Studies.

Keywords：Text Analysis　Audience Study　Cultural Power　Ethnography

戴维·莫利（David Morley）对电视文本和受众接受的研究，在当代文化研究学术图谱中具有重要的影响和意义。莫利的研究是一个连贯的整体，前后长达近二十年：先是分析"全国"这一电视节目的意识形态和其观看（1978，1980），然后考察家庭环境对于电视收看的影响（1988），分析家庭电视观看中的性别权力，此后，在家庭领域内，研究多种资讯和

---

* 章辉，三峡大学文学与传媒学院"楚天学者"特聘教授；索宇，三峡大学文学与传媒学院硕士研究生。本文为教育部课题"伯明翰学派与媒介文化研究"的阶段性成果。

传播科技的多重使用状况（1989），近期，则扩大研究范围，考察后现代地理空间中，在构建民族国家与文化认同时，媒介所具有的功能（2000，2007）。这一系列研究以电视为起点，以家庭为中心，从微观到宏观，致力于观看的社会学维度的解释，宣布了旧式的受众调查以及前此主宰西方媒介研究的使用与满足理论的终结，把受众研究的观念和方法推向了新的视域。本文选取莫利学术思想的最具代表性的环节来分析，呈现其对当代文化研究的推动力。

一 "全国"的文本分析

《每天电视：全国》是斯图亚特·霍尔（Stuart Hall）主持的伯明翰当代文化研究中心媒介小组，在1975年至1976年的研究成果，两位作者莫利和夏洛特·布里斯顿（Charlotte Brunsdon）是研究小组的主要成员。"全国"是BBC于1966年开播的一档新闻杂志类节目，其特色是关注英国的地域性，主题是地方风俗和生活方式，节目的风格轻快，语言简洁，篇幅短小，每一主题很少超过10分钟。莫利的意图是分析这一节目所扮演的意识形态角色，因为这个节目包含了非常重要的、整套预设的信息，传递了基本的态度与社会观。莫利说："没有什么'纯洁无知的文本'这回事，没有任何节目不值得我们详加严正注意，没有任何节目能够声称自己只是提供娱乐而无愧，因为任何节目都会透露出关于社会的诸种讯息。即便节目的外显内容似乎再零碎细索不过，但情况仍然很可能是这个节目的文本结构，已经含纳了许多关于社会态度与价值的重要讯息。"[①] 这样，要了解潜在的传播内容，我们必须穿越常识层面，需要一套分析方法去追问深层次的东西。

"全国"的新闻是地方性的，面对的言说对象是家庭和个人。"全国"从大众语言中截取术语、短语和常用语，其风格常常是具体的、直白的、有力的，它指向预先存在的知识库存。这套平民主义的口技（ventriloquism）映射和再生产了受众，获得了受众的认同，让受众觉得是他们自己在表达，是为了他们在言说。但是实际上，这种认同被节目本身所否定：主持人显

---

① 〔英〕戴维·莫利：《电视、受众与文化研究》，冯建三译，台北，远流出版事业股份有限公司，1995，第129页。

得就像我们，像普通人，但是他在电视里言说，而我们在倾听。"全国"致力于把电视主持人、电视工作人员与受众构造成一个整体性的"全国人"（nationwideness），但实际上，受众并没有把自己等同于电视团队，是电视工作人员控制和定义了话语，是主持人解释了我们在屏幕上所看到的形象的意义。主持人常常运用受众的常规解码，这就使得受众在理性上是无能的，因为受众不可能知道形象意味着什么，结果就是受众依赖主持人的解释，而主持人的解释构造了节目和事件的优势阅读（preferred readings），即权威意识形态所期望的有倾向性的文本意义。

"全国"主持人以街头凡人的姿态，自认为代表了平常人的观点，其前提是说，所有这些政治议题，都可以从"常识"（common-sense）① 的角度来谈，而且这样的角度最为有效，也最能解决问题。"全国"提供了在现场的证据，以视觉话语构造了对于世界的直接感知，节目自身的生产性工作则不可见，它意指的是常识性的知识储存。莫利等人认为，尽管这个节目把什么都弄成自然而然，把多种现象的关系也说得像是自然而然的，但它们其实是以某种特定的方式，界定了什么才是常识，而它们又认为这样的常识，似乎无关于政治，唯有通过这些无关于政治的东西才能理解日常议题。但，就是这种常识负载着宰制性意识形态，正如霍尔说的，意识形态在这里被理解为不是某种被隐蔽的或被掩盖的东西，而是最为公开的、表面的、明显的、存在于所有人的观点之中的东西，即操作在我们日常经验和普通语言中的东西。② 约翰·菲斯克（John Fiske）说："常识是围绕支配阶级的利益进行的一种共谋的组织化，支配阶级抹去了其生产模式的所有痕迹。它赢得了从属群体对服务于他人利益并因而有助于否定社会差异尤其是权力差异的整套意义或多或少出于自愿的赞同。"③ 这就是说，常识是从属阶级在阶级社会之中从属性地生活的方式，是从属性的阶级对阶级社会现实的接受。镶嵌在语言和常识结构中的给定的意义之网，就是

---

① "常识"这一概念来自葛兰西。葛兰西指出，霸权思想常常把自己打扮成为常识，被统治者把统治者的思想内在化，并把它们理解为共同的关注，而非强加的观念。这样，统治和被统治就不是一种强制的关系，统治阶级的意图就能获得完全的不走样的解读。可参阅拙文《电视话语与阶级斗争》，《学习与探索》2012 年第 2 期。

② Stuart Hall："Culture, the Media and the 'Ideological Effect'," in James Curran, Michael Gurevitch, Janet Woollacott, *Mass Communication and Society*, London：Sage Publications, 1977, pp. 325–326.

③ 〔美〕约翰·菲斯克：《解读大众文化》，杨全强译，南京大学出版社，2001，第 181 页。

"全国"在其上操作的话语领地，宰制性的或优势意义的地形图与这些话语互相构造。

在常识性意识形态中，社会生活理所当然地分裂为外部世界和家庭生活两个对立的领域。这一观念具有漫长的历史，在这一历史过程中，家庭从生产和交换关系中分割开来，变成私人领域，变成维持和再生产劳动力的场所。家庭隔绝于令人厌烦的制造和生产事务，它是人们生产自我的地方，它不仅让我们变成个人，而且是我们能够充分地表达个性的地方。作者指出："由于家庭和经济政治领域被视为理所当然的分离，'全国'就能够把它自己的独特的家庭视角呈现为非政治的和自然的：'它仅仅是常识。'"① 但是，莫利指出，这只是一个幻想，它掩盖了家庭内部的复杂权力关系。工人阶级的再生产和维持，是资本主义再生产的前提条件，它发生在家庭内部，主要是妇女的任务，不断增长的国家干预把妇女圈定在这一工作之中。家庭维持依靠的是妇女的没有工资的工作和她们的持续的附属性，没有她们实际的支持，家庭就不存在了。就是在家庭这个私人领域，通过劳动的性别分工，个体被询唤（interpellate）② 为性别化的主体。"这样，急剧普遍化的家庭和工作之间的分离，需要在理论的层面联系资本的再生产和妇女的从属地位来理解。"③ 在家庭的和平之地的背后，即在这一免除伤害的庇护所的背后，是妇女在社会经济中的不平等地位和依附性。就如同她们的心理—性别（psycho-sexual）的从属地位一样，这种意识形态在家里家外合法化了对妇女的压迫，"全国"就建立在这一意识形态的基础之上。常识是一套意义和价值，它指导社会实践，使得社会现实变得可以理解，可以接受。"全国"的家庭形象建构在男性霸权之上，在此，妇女作为妻子和母亲的角色是自然的、永恒的，她们的形象建立在她们与政治生活的理所当然的分离之上。

"全国"覆盖日常生活，把我们拉进普通人的起居室，展示人们的休闲时光，关注日常生活中的话题，节目把外部的政治经济链接到家庭日常生活之中，通过删除问题的社会维度，把社会问题表现为个体的问题，剥夺

---

① David Morley & Charlotte Brunsdon, *Everyday Television*: *Nationwide*, London: British Film Institute, 1978, p. 92.

② "询唤"是法国后结构主义和精神分析理论的重要概念，意指不同的权力话语将生产不同的主体，主体并非一以贯之的，而是碎片式的、非连续性的。

③ David Morley & Charlotte Brunsdon, *Everyday Television*: *Nationwide*, pp. 77-78.

问题的社会语境，问题背后的社会阶级的结构就被遮蔽了。比如，残疾人的问题，节目诉诸慈善工作、个体志愿者和新科技，这就把社会结构所造成的问题最后归结为实用性的操作，结构性产生的问题就缺乏社会性和结构性的解决。在"全国"的个体性话语模式中，我们所看到的是个体性格的投射，通过这些个体的行为，"全国"构造了英国人民的画像，受众作为地域性共同体的成员被联系在一起，这些不同地域的共同体组成了民族，但阶级、性别和种族的结构缺席了。"全国"所表征问题的具体形式，排除了对于更大范围内的结构性因素的意识，这就不可能去抓住社会结构中的问题。比如，"全国"把政府表征为似乎不受欢迎的公务员和官僚的入侵，他们的入侵侵犯了私人的自由。主持人建议我们采取某种措施对付官僚机构的要求，对付低效率的煤气供应机构和本地的官员，这就排除了阶级、种族、性别关系中的宰制和从属意识，政治被表征为官僚作风、无效率和对个人权力的干涉，而不是权力和控制。概而言之，"全国"呈现的是国家当前的图像，它的话语常常在马克思所描述的"日常生活的宗教"之内移动，停留于表面，忽视了决定性的深层的社会关系。但实际上，即刻性的表面包含了深层次的内涵，它以扭曲的形式呈现这些内涵。"'全国'的话语不仅把注意力从真实的社会关系上移开，它也不解释它们，甚至不直接地否认它们，而是在思想中系统地排除它们，把主导性政治所需要的立场表征为自然的无可争辩的事实，'全国'就这样再生产了宰制性的意识形态。"①

二 "全国"的受众研究

在"全国"的文本分析之后，莫利对"全国"的受众进行了研究，这一项目即是通过人种志的经验性方法，分析不同受众实际上是如何解码"全国"的，以便证实和发展霍尔的编码／解码理论。在莫利做这个项目之际，英国媒介研究领域流行的是"使用与满足"（uses and gratifications）模式。使用与满足理论是由伊利胡·凯茨（Elihu Katz）、杰·布拉姆勒（Jay Blumler）、米歇尔·古雷维奇（Mickael Gurevitch）等学者在 1974 年出版的《大众传播媒体的用途》一书中提出的。这种理论反对媒体内容直接侵入被动心灵的说法，认为人们实际上是吸收、选择和拒绝媒介中的内容。哈罗

---

① David Morley & Charlotte Brunsdon, *Everyday Television*: *Nationwide*, p. 92.

兰（J. Halloran）说："我们必须从媒介对人们做了什么这种习惯性的思维离开，转换到人们用媒介做了什么这种观念上来。"① 使用与满足模式强调受众在构造意义时的角色，但莫利认为，它存在两个方面的问题。

首先，使用与满足理论把信息看作一个刺激物、一个空盒子，解码者可以按照他的喜好任意地使用，这就忽略了传播人员的意志。霍尔指出，专业代码力求有效地传播信息，它会遵循某些规律和符码原则，在文本之内建构优势解读，封闭意义的多元性，这样，在生产过程中，编码环节有一种高度限定性（over-determining）的效果，影响着之后的传播链条中的环节。② 这就是说，使用与满足模式过高估计了信息的开放性，没有意识到文本背后存在着信息编码者的意志，这个意志不仅指专业人员的意志，而且代表了其背后的权力者的意识形态，这就要看信息在传播与建构中，通过哪些机制，产生了足以压倒其他解读的优势解读。

其次，使用与满足理论欠缺社会学认知。使用与满足理论相对于前此的被动受众论是一个重大的进步，但忽视了历史文化和社会结构对个体收视和解读的影响。使用与满足模式强调个体心理结构，试图从中找出需要与满足的根本原因。莫利指出，当然存在着个体性阅读，但我们需要调查的是，这些个体性阅读在何种程度上模仿、复制了文化结构，因为个体的语言承载着意识形态，应该从个体的语言来分析社会的文化内容，这是使用与满足理论没有做到的。受众是亚文化的成员，个体不同的使用方式，并非个体化的心理问题，它是不同亚文化所涉及的个体的差异问题，这些个体有不同的社会经济和文化背景，这些背景提供了不同种类的文化工具和概念框架，我们只有依赖它们才能阐释媒介的内容，如葛瑞汉·默多克（Graham Murdock）说的："我们必须以结构性矛盾这个概念，取代个人需求这个想法；其次，我们必须引入亚文化的概念。"③ 需要做的工作，是找到一种能够链接不同解释与社会经济结构的方法，显示不同群体、不同阶级的成员如何分享不同的文化符码，他们将差异性地解释某个既定的信息，这种差异性不仅基于个人的特质，而且关系到他们的社会经济位置。

---

① David Morley, *The Nationwide Audience: Structure and Decoding*, London: British Film Institute, 1980, p. 12.
② Stuart Hall, Dorothy Hobson, Andrew Lowe and Paul Willis, *Culture, Media, Language*, London: Routledge, 1992, p. 132.
③ 〔英〕戴维·莫利:《电视、受众与文化研究》，冯建三译，第 127 页。

　　因此，莫利的工作，是致力于探究解码在何种程度上契合信息始源时的优势或主导的编码，解码是否为受众所栖居其中的符码和话语所改变，这种改变达到何种程度。此外，还要研究的问题是，解码是如何决定于受众的被社会性操控分配的文化符码的，即受众不同的解码策略和能力范围与其文化符码的关系。这就是说，文本和主体相遇所产生的意义不能从文本特征中直接阅读出来，文本不能孤立于生产和消费的历史条件。一方面，文本镶嵌于环境之中，它要接触其他话语，这种接触会重新建构该文本的意义；另一方面，受众具有哪些话语能力，如知识、偏见、抵抗等，他如何运用这些能力来理解文本，决定了文本意义的建构方式。主体总是被特定社会的话语召唤的，而且，话语召唤"并非既定而绝对的，而是随情境转移的，并且是暂时性的，因为发生在意识形态领域的抗争，就是经由召唤的接合／剥荀（articulation/disarticulation）过程而进行的；……这也就是认为，每一个解读方式，均相当特殊，主体位置的原初结构并不能先行决定之"。① 这就要考察，在多大程度上，个人对于这些节目的诠释，将因为个人不同的社会文化背景而产生系统性变异，社会文化背景究竟为不同团体与个人提供了哪些文化库存。此外，莫利也关注传统社会学的结构变项如年龄、性别、种族与阶级对于意义的决定性作用究竟有多大，因为在社会形构过程中，一个人在这些结构中所占据的位置，可以说决定了他近用（access）哪些话语。具体来说，莫利的研究目标是：（1）建构解码范围之类型学；（2）分析这些解码方式为什么产生变异，有些什么变异；（3）追溯不同诠释方式是怎么产生的；（4）将这些变异情况与其他文化因素的关联性找出来：阶级、社会经济或教育地位，以及文化或诠释素养／话语／符码之间，其吻合的本质为何？② 这就要分析访谈对象的说话形式、使用的词语、隐设其中的概念架构、形构问题的策略及其逻辑基础等，即致力于发现诸种文化素养的表现机制。

　　鉴于人们并不是在同等的程度上使用语言，同样的词语并非指示同样的意义，莫利录制了受访者的谈话，意图分析受访者的词语、言说的方式和媒介的词语、表达方式之间的契合度问题。基于同样的原因，莫利采取的是开放式讨论，而非预先设计好的访谈程序，试图最大限度地不干预访

---

① 〔英〕戴维·莫利：《电视、受众与文化研究》，冯建三译，第99页。

② 〔英〕戴维·莫利：《电视、受众与文化研究》，冯建三译，第146页。

谈，因为受访者对问题次序的安排和对问题的言说本身就是值得研究的问题。从访谈的结果看，学徒群体、男学生和经理人群体接近节目的主导性符码；教师培训学院的学生占据着协商性的阅读；摄影学生和大学生主要接近对抗性的光谱；黑人学生几乎与“全国”话语无任何关联，这个世界他们根本不关心。可见，社会位置与解码并无直接关联，学徒、工会群体、商店店员和黑人学生都处于同一个阶级，但他们的解码方向不同。莫利指出，不能从社会阶级直接推导出解码，社会阶级加上特殊的话语立场产生了特殊的阅读，阅读的差异产生于近用的社会阶级所决定的不同话语。就此，莫利提出了四种解码立场：（1）问题未明言（被视为明显的、自然的、常识性的），话语中的意识形态的前提为解码者的分享。（2）问题中的独特立场被提出和接受。这里编码的立场为解码者所接受，而且他是有意识地表明了这种立场，并反对其他的立场。（3）问题中的独特立场被提出后，但遭到拒绝，但问题自身并没有被质疑。比如，政客对失业原因的说明被拒绝了，但是这个说明中的种族主义并没有被质疑。（4）潜在的问题被有意识地声明和拒绝。①

　　莫利的结论质疑和修正了巴金（Frank Pakin）的关于阶级价值体系的概念，证实和发展了霍尔的编码/解码理论。② 那么如何解释有所变异的解码模式呢？莫利认为，主导意识形态的再生产必须接合它的言说对象的常识和文化的既存形式。也就是说，从属群体并非在不受限制的空间中，不受拘束地生产他们自己的文化生活和形式，人们是在复杂社会所产生的价值范围内，通过选择活动行使其意志。③ 也就是说，个体并非被动地但也不是完全自由地构造意义，这一过程充满矛盾，受制于作为可得资源的文化形式。因此，文本的意义究竟为何，必须考虑它是在什么样的特定环境里接触了哪些话语，且要分析这个接触将会如何重新结构文本的意义。社会位置设定了受众解读的方式和范围，受众所能够近用的话语范围则决定了其解读。受众是个体性地存在着的，但个体又存在于亚文化群体中，分化的社会集团的生存方式和意识形态决定了个体的解读。这样一来，重要的

---

①　David Morley, *The Nationwide Audience: Structure and Decoding*, pp. 146–147.

②　关于巴金和霍尔的这一问题，参阅拙文《电视话语与阶级斗争》，《学习与探索》2012 年第 2 期。

③　David Morley, *The Nationwide Audience: Structure and Decoding*, p. 151.

问题就是，竞争性试图去询唤主体话语的力量关系：没有一种话语或意识形态能够假定具有最终的或完全的对于个体或社会群体的控制能力，电视节目中的主导性意识形态意义，对于受众并非具有即刻的和必然的影响。对于某些受众，节目的符码和意义或多或少地对应于他们已经栖居其中的体制的、政治的、文化的和教育的状况，那么节目中的主导性意义有可能被接受；对于另外一些受众，"全国"中的意义和规定（definitions）会在某种程度上与他们身处其中的体制和话语所产生的意义和规定相冲突——比如，工会会员，或者越轨（deviant）亚文化——其结果就是主导性的意义会被协商或抵制。莫利得出的结论是，个体总是处于交互话语之中，它构造了一个空间，其中不断被质询的主体相互关联，每一个主体都是话语过程的构造物。[①] 主体构造的交互话语的观点、多重和矛盾的质询观点，打开了文本和主体之间的空间，主体不再局限于任何特殊的质询，这样就为主体走向意指链条的其他关系而非"规定性过程"（regulated process）提供了理论空间。因此，莫利指出，文本和主体的关系是经验性的需要调查的问题，而非如银幕理论（Screen Theory）[②] 所认为的，是从铭刻于文本中的理想受众推演出来的先验问题。[③]

在当代文化研究中，受众这一概念区别于读者或旁观者（readership or spectators），它关系到剧院和现场音乐会，也指电影和电视的观看者。受众问题争论的焦点落在其社会构成和传播效果问题上。20世纪70年代的媒介研究，偏重文本及经济结构的分析，预设了文本及经济结构强加给受众的效力。过分集中于文本分析，其消极后果是忽略了文本意义生产的场域，忽视了人们的日常生活；另外一个消极后果是，许多学术性的读本，都隐含着某种精英主义态度。1980年代以来，从文化研究内部发展而来的受众研究，挑战了这种精英主义立场，关注受众的日常文化实践。莫利的《全国受众》的重要意义，在于证实电视文本具有复杂的多义性，以及在文本

---

① David Morley, *The Nationwide Audience：Structure and Decoding*, p. 160.
② 20世纪70年代以电影期刊《银幕》为中心产生的英国银幕理论学派的理论，该学派与伯明翰学派一样同样脱胎于英国新左派运动，代表性人物有史蒂芬·西斯（Stephen Heath）和科林·麦克科比（Colin MacCabe）。受到法国后结构主义影响，银幕理论强调文本的意识形态决定作用，主张电影文本对于受众的宰制性构造功能，这被伯明翰学派批评为文本决定论，忽视了主体的能动作用和文化的抵抗性空间。
③ David Morley：*The Nationwide Audience：Structure and Decoding*, p. 162.

意义决定的层面上文本外部元素的重要性。莫利反对古典马克思主义的分析模式，认为它倾向于独尊生产领域的研究，其弱点是对消费的众多问题熟视无睹，因为唯有放在流通与交换领域，关于生产的研究才能落实。他极力主张，关于消费的研究是完整理解生产所必不可少的。莫利在实证性的研究中反驳了银幕理论，修正了巴金的理论假设，他的结论是，人实际上是积极而活跃地实践文化的，不能从他的阶级、种族、性别与性倾向等方面，直接推论他会如何解读一个特定文本，虽然这些因素可以告诉我们他可以近用哪些文化符码。他的研究也质疑了霍尔的模式，发现社会背景和经验并不必然地决定人们对媒介内容的理解，单一的阶级因素不能充分地解释不同受众的反应，相似阶级背景的人有时会产生不同的反应。在研究中，莫利放弃了简单化的阶级和意义解释之间的对应，引入了其他的社会轴线，如年龄、性别、种族等，并且把人们理解媒介的能力纳入其中。莫利的研究激发了一系列类似的考察某个节目与特定人群接受关系的研究，如霍布森、洪宜安对女性电视受众和女性阅读者的研究、马瑞（K. Marie）基于人种和代际（gap）对十多岁少年的研究。菲斯克这样评价莫利的研究："莫利这部著作有助于把人种学确立为研究电视及其受众的有效方法。人种学研究的是人们如何对待自己的文化。对我们来说，其价值在于：它的研究重点从文本和意识形态结构的主体转向了社会和历史环境中的人。它提醒我们，实际观看和欣赏电视节目的，是真实环境中的真实的人。它承认无论人们的社会构成如何，他们之间是有差异的。"①

莫利的研究产生了很大的影响，但也遭受了很多批评。人种志的经验性研究的可贵之处，是它可以让我们保持对于具体事情的敏感度。经验的具体性，正是生发新知识和典范之所在。但拉德威（Janice Radway）批评说，人种志学研究陷入极度的"窄化环境之中"，研究者专注于某个媒体或媒体类型，没有介入另外一种文化，而只是身陷一个人为的断裂的片段环境之中，这是一个致命的研究缺陷。在现有的研究中，观看电视的实践活动与所有其他活动分割开来，而这些活动才使得观看电视成为具有意义的活动。② 倪婷格尔（Virginia Nightingale）则反对把人种志学应用于媒介研

---

① 〔美〕约翰·菲斯克：《电视文化》，祁阿红、张鲲译，商务印书馆，2005，第 89 页。
② Janice Radway: "Reception study: Ethnography and the Problems of Dispersed Audiences and Nomadic Subjects," *Cultural Studies*, Vol. 2 (Autumn 1988), pp. 359–376.

究，因为人种志学仅仅只是描述对象，而不具有批判性，不适合文化研究的政治目的。而且在这种研究中，将研究员的解读当作真实的解读是不确切的。实际上，受访者对文本经验的描述，是与研究者共同合作的结果。①

约翰·哈特利（John Hartley）认为，受众的分类范畴，只是一种虚构，"全国"受众主要由三种机构发明出来，即以话语方式建构电视的机构，如学术界、新闻界；电视工业，如广播电视网、电视台及制作人员；政府法律系统的相关机构。这些机构以他们的需求为依据，生产出非常不同的受众观点。莫利的受众是从其研究计划中生产出来的隐形虚构，其本身只是学术话语的产物。② 约翰·塔洛克（John Tulloch）也说："实际上不存在受众这样的东西；人们必须记住，受众首先是由具体分析考察所形成的一种话语建构。"③ 也就是说，受众是在特定的环境中基于特定的研究意向所选择的特定群体，这本身就导致了其结论的有限性，如有论者指出："接受分析当前面临着一个方法论上的困境：当它试图对传播过程进行富有意义的研究时，其结果难于重复。事实上，它很难在超越小群体研究的层次上实现理论化。"④

20 世纪五六十年代的美国行为主义研究方法认为，媒介信息的刺激会引起对等的反应。1970 年代出现的使用与满足理论则认为，受众是以积极的方式使用媒介。英国文化研究打破了这种研究传统，研究者的注意力从接受效果转向意识形态分析，借助结构主义和霸权概念，提出受众对于意识形态化信息的反应的可能方式。此后，托尼·本内特（Tony Bennett）质疑了文化研究早期对阶级和霸权概念的强调，菲斯克则借用福柯的权力概念和布尔迪厄（Pierre Bourdieu）的趣味概念，认为受众操控在一个相对自律的文化场域中，用来对抗着媒介产品中的意识形态意义和效果，媒介因此成为制造抵抗性文化身份的场所。麦克盖根（McGuigan）批评菲斯克的乐观主义忽视了媒介所有权和生产问题，文化民粹主义忽视了政治经济学。在鲍德里亚看来，媒介的形象世界和真实世界没有差别，媒介内爆于真实

---

① 〔澳〕格雷·透纳：《英国文化研究导论》，唐维敏，台北，亚太图书出版社，1998，第 185 页。
② 〔澳〕格雷·透纳：《英国文化研究导论》，唐维敏，第 189 ~ 191 页。
③ 〔英〕约翰·塔洛克：《电视受众研究》，严忠志译，商务印书馆，2004，第 47 页。
④ Klaus Bruhn Jensen and Karl Erik Rosengren, "Five Traditions in Search of the Audience," *European Journal of Communication*, Vol. 5 (1990), p. 207.

之中，在这样的世界中，讨论原因和结果、积极和消极的受众就没有意义，媒介受众研究似乎走向了终结。

三　电视观看与文化权力

在前一项目的研究中，莫利把电视观看抽离其产生的自然环境，把节目呈现给选定的受众，分析对其的解读。后来莫利发现，这种设计有悖于电视观看的实际情况，于是他把电视观看放置在现实环境中，这就是《家庭电视：文化权力与家庭休闲》这一项目的研究目的。在这里，电视观看不再被视为孤立的个体的行为，而是被视为社会性行为。在家庭语境中，人们并非被动地看电视，而是主动地使用电视。莫利认为，电视观看建构了家庭关系，在观看电视时，家庭成员常常争论、评价和讨论，观看电视这一行为被一系列其他的行为包围着。围绕看电视，习惯上的程序和仪式、规则和原则所组成的复杂网络形成了。选择看什么、何时看、开关的控制等，都是沿着横切所有家庭权力关系的轴线而分配的，性别是形塑这一领域的最主要原则。[①]

这本书是独立广播机构（Independent Broadcasting Authority）资助的一个试点研究项目，调查不同背景的家庭。这一项目考察两个核心问题：一是在不同的家庭里电视是如何使用的，一是电视节目是如何为受众所解释的。这两个问题在前此的研究中是分开的，一个关系到语言符号学，另一个关系社会学的休闲研究。以前的工作偏重于两个问题的某一方面，实际上，这两个问题相互关联，受众如何理解他们所看到的，与观看活动发生其中的社会语境相关。莫利试图把这两者结合起来，因为电视观看行为只能在整体的家庭休闲活动的语境中得以理解，忽略了这个语境的受众研究，自然就不能了解是哪些重要因素决定了收看的选择及反应，以及白天与晚上的家庭权力、责任与控制分化的问题。看电视绝非个人自由意志的行为，而是关系到客厅的政治学，关系到权力问题。另外，要了解电视的使用，则必须将看电视的行为，与其他竞争而又互补的休闲活动联系起来进行观察与研究，因为人们在看电视之际，也从事这些休闲活动。

[①] David Moreley, *Family Television：Cultural Power and Domestic Leisure*, London：Routledge, 1988, p. 15.

此前大多数的电视研究只是定量地研究什么类型的人、多少人在观看特殊的节目，以及有何种程度的注意度。这种研究方法忽视了电视使用的语境，没有关注个体选择节目的原因，而且，从未提出不同的受众使用电视机的差异。莫利认为，看电视不能被假定为在所有时候对于所有看电视的人是具有同等意义的单维度的行为，看电视必须联系更大的环境如生活风格、工作职位以及广播电视的日常安排等因素，而分析的内容则是，电视观看中的家庭内部成员之间的差异，以及不同社会和文化环境中的家庭的差异。具体说来，这一项目要关注的问题有两项：（1）更完全更灵活地理解受众与电视节目的关联。联系不同种类的观看者的生活方式和文化背景，构造差异性的欣赏指数（appreciation-indexes）。（2）理解个体选择和反应的特殊社会和文化语境，致力于特殊的社会群体的比较研究，察看其频道选择和节目类型的忠诚（commitment）度。① 总之，考察节目类型、家庭环境和文化背景等因素如何与家庭观看行为和反应的动力机制相互影响，构造家庭休闲语境中的观看的行为模式，为更大范围的样本研究提供基础。

1985 年春天，莫利对 18 个家庭进行了访谈。访谈材料显示，性别差异对电视观看具有重要影响，具体表现在节目选择的权力、观看风格、与电视相关的谈话、录像机的使用、喜剧偏爱五个方面。在分析材料之后，莫利得出结论，认为在英国社会中，"性别关系的主导模式是，家庭对于男性来说主要是休息的据点，它区别于他们在家庭之外的工作空间，但家庭对于妇女来说是工作的领地（不论她们是否在外面有工作）"。② 这就意味着，男性能够全身心地看电视，而妇女基于她们的家庭责任感，只能三心二意地带着负罪感看电视，而且，随着公共娱乐的衰退，家庭急剧演变为休闲领地，这种差异就具有更大的意义。

男女在电视观看行为中有诸多差异，性别差异并非基于男女具有的生物性特质，而是基于男女在家庭中的角色。莫利发现，电视观看并非与电视文本前设的意识形态相契合，电视节目的选择很少基于个人，而是基于家庭氛围中的一系列其他的因素，家庭成员并非以同样的方式看电视，对于不同形式的节目，也并非投以相同的关注度，比如，母亲是以管理者或监督者的身份来看电视的，而父亲则以游戏伙伴（playmate）的身份与孩子一起看电视。

---

① David Moreley, *Family Television: Cultural Power and Domestic Leisure*, pp. 16–17.
② David Moreley, *Family Television: Cultural Power and Domestic Leisure*, p. 147.

因此，电视观看与对节目的意识形态立场的接受没有直接关系，甚至无关于对特殊电视节目的喜爱，文本的特征可能是电视观看行为中最不重要的。

家庭折射的是社会结构，唯有透过微观的过程，方有可能复制、再生产宏观的架构，这就是莫利研究家庭的原因，他援引吉登斯（Anthony Giddens）的话说："结构并不是外在于行动之外的东西，而是说，结构乃是透过日常生活的各种具体活动，再生且复制的，我们如果想要分析结构，则必须将它当作历史过程所形成的动态东西，是可以修正的——结构经由行动而建构，一如行动受制于结构。"① 这个项目主要调查的对象是工人阶级和低等中产阶级白人家庭，莫利对调查对象和调查结论的局限性是非常明了的，因为没有其他种族、其他阶级的家庭作为对照，所以无法发现家庭内部看电视时的种族差异和阶级差异，而只有性别差异显示其中，即男性的霸权和女性的从属地位。由此可以看出，事先设想的问题经过调查后并没有完全得到答案。之所以出现这种结果，其原因是可以理解的：理论预设建立在前此研究的基础上，但具体的调查数据限制了理论演绎的方向。但这不能完全成为辩解的理由，因为莫利在研究中并没有按照事先的设想去获取数据和信息，这导致理论预设无法证实或证伪。

莫利的研究表明，看电视这一活动并无统一的、单维度的意义。约翰·朗格（John Langer）说，在莫利的研究之后，"作为具有连贯的身份、不可改变的偏好、单一的观看习性，以及以一致性呈现给电视文本的受众概念都不再存在了"。朗格说，如果说有什么问题的话，那就是莫利没有把电视的家庭使用与更大的历史性的、体制性的文化语境相联系。家庭电视观看再生产了性别权力关系，这固然重要，但是，电视在组织这些关系以及其他的诸如同龄、友谊、代际关系时是如何变得重要的，同样重要。② 魏乐门（P. Willemen）也批评莫利说，莫利建构的抵抗空间、交互话语场域，只是内在于家庭，忽略了此前资本主义文化生产的强大动力，其实这种动力早就发挥了结构性力量，设定了所有重要疆界，限定了人们在这些结构之内的所作所为。③ 马克·赞克维奇（Mark Jancovich）则批评道，"莫

---

① 〔英〕戴维·莫利：《电视受众与文化研究》，冯建三译，第 35～36 页。

② John Langer, "Book Review," in *Journal of Sociology*, Vol. 25 (1989), p. 128.

③ M. Alvarado and J. O. Thompson, *The Media Reader*, London：British Film Institute, 1990, p. 109.

利忽视了各种行为之间的关系，没有看到电视建立社会的、文化的和政治的议程的文本化过程"。① 赞克维奇指出，莫利在做"全国受众"这个项目的时候，他的局限是，他没能在家庭内做访谈，从而不能看出家庭环境影响解码的过程；而"家庭电视"这个项目的局限就是，他并没有集中分析受众对于特殊文本或某类文本的解码，从而不能考察这些受众对于媒介文本的不同意识形态的立场。②

莫利"家庭电视"项目的研究表明，文化文本的效果常常与它们的消费语境相联系，文化分析家不能简单地从文本结构的分析推论这些文本对于受众的意义。这不是要否定文本的结构分析，而是这个分析只能被视为文化分析的一个方面。赞克维奇指出，莫利反对生产优先于消费的观点是正确的，但是在"家庭电视"这个项目中，他有把消费置于生产之先的嫌疑。只有把消费与生产相联系的时候，莫利的工作对于文化研究才是重要的，但这个工作在近来被他自己和其他人忽视了。他指出，"家庭电视"这个项目的问题，是忽视了媒介的宰制或控制的形式，过多地强调了受众行为的重要性。对马克思的机智阅读支持了莫利，但是，在"家庭电视"这个项目里，对这些不同层面的关系的分析是不明确的、模糊的。文化的政治经济学分析和受众研究之间没有必然的冲突，实际上，任何充分的文化政治经济学分析都必须考虑市场被结构和被分割的方式，以及不同受众的文化产品生产方式。③ 在指出莫利的问题并高度肯定了其研究之后，赞克维奇指出，遗憾的是，莫利和其他的受众研究给电视研究之外的媒介研究影响很小。大多数电影和文学研究，抱有的是抽象的受众和读者概念，甚至在读者反应、批评方面也是这样，其原因很多是体制性的，但这些体制性的原因也关系到知识分子文化。最明显的是，这种研究缺乏资金支持，莫利的研究就经常缺乏资金，这种情况还因为人文科学和社会科学的区分变得更加严重。一方面，用历史性的眼光来看，电影和文学研究常被视为人文学科，而电视研究在社会学科中基础牢固。另一方面，人文和社会学科的分析技巧存在区别。人文学科的研究，特别是电影和文学研究，很少需

---

① Martin Barker and Anne Beezer, *Reading into Cultural Studies*, London: Routledge, 1992, p. 136.

② Martin Barker and Anne Beezer, *Reading into Cultural Studies*, p. 139.

③ Martin Barker and Anne Beezer, *Reading into Cultural Studies*, p. 143.

要研究技巧，实际上，人文学科倾向反对社会科学的经验主义方法。文学研究（电影研究模仿它）作为一个专业，把其研究客体定位于文本的语言形成过程，而非文本生产和消费的社会的、政治的和经济的条件，盛行多年的后结构主义批评仍然没有改变这种状况。① 应该说，这方面的问题不仅存在于西方，而且存在于中国当代的文学、电影和电视研究中，研究方法的相互隔绝是相当明显的。

纵观莫利的学术历程，可以发现，他是以文化社会学的方法来做电视观看的意识形态分析的，在经验主义研究中，深化或修正了当代媒介研究的诸多范式，其学术观点、方法及其局限，是中国学界在发展文化研究这一学科时，需要重视的宝贵资源。

---

① Martin Barker and Anne Beezer, *Reading into Cultural Studies*, London: Routledge, 1992, pp. 143–144.

国家控制、民间暴力与铁道游击战

——试论火车几度被拆除的命运

张　杰[*]

摘要：基于铁路对中国领土的空间格局和经济体系可能带来的根本性改变，晚清政府曾拒绝西方列强修铁路的提议，并因此拆毁了英商擅自修建的吴淞铁路。至 19 世纪末，修铁路已是大势所趋，然而铁路似乎的确对民众的生计和传统的风水观念造成了一定的冲击，义和团愤而拆毁铁路。为抗击日军，铁道游击队也曾多次拆除和破坏铁路。这些相似行为的背后有着不同的背景、立场和阐释话语，但总体观之，铁路由西方国家的殖民工具逐渐转为国人抵制殖民渗透的工具。

关键词：吴淞铁路　义和团　铁道游击队　殖民　反殖民

Abstract：Concerned about the fundamental change in the spatial pattern of China's territory and economic system brought by railways, the late Qing Dynasty refused the proposal of building railways in China made by the Western powers, and therefore demolished the unwarranted Woosung Road built by British businessmen. To the end of 19th century, the trend of building railways had been irreversible. It seemed that railways had produced great impacts on common people' livelihoods and the traditional concept of Fengshui, however, and then the angry Boxers demolished some railway lines. The magical Railway Guerrillas also damaged and wrecked railways in

---

* 张杰，天津理工大学汉语言文学系讲师。

order to fight against the Japanese army. There were different backgrounds, standpoints and interpretations behind these similar activities, but all in all, railways have been gradually changed from the tool of colonization to the tool of anti-colonization.

Keywords：Woosung Road　Boxer Railway　Guerrillas Colonization Anti-Colonization

一　吴淞铁路

　　1876 年 7 月 3 日，从吴淞至上海的吴淞铁路正式通车运营，这是在中国正式通车运行的第一条铁路，引人注目。在历史上，这条铁路的特殊性还在于它是英国铁路公司以一种欺骗性的手段擅自建成的。1874 年，由英国驻上海领事麦华佗出面，以建筑"一条寻常马路"为幌子，帮助吴淞道路公司向上海地方当局购买了从上海租界以北到吴淞间的地皮。之后，麦华佗又致函上海道台，将运来的钢轨和机车冒称是"供车辆之用"的器材，请求免税。1876 年 1 月铺成路基并开始路面工程；2 月 14 日，通行料车。此时，修建铁路而非马路的事实方才彻底为人所知。以李鸿章、冯焌光为代表的清政府官员在意识到被欺骗之后，几经交涉，无果。6 月 30 日，上海至江湾段工程试车成功，吴淞铁路初步告成。为挽回局面，在一系列艰难的谈判之后，清政府与英在同年 10 月达成协议，铁路拟归中国买断，包括所有地段、铁路、火轮车辆、机器等项，共计 28.5 万两白银；以一年为期，价银付清后，一切"均即点交中国承管，行止悉听中国自主"。[①] 于是在 1877 年 10 月协议期满之时，吴淞铁路转由清政府接管；两个月之后，吴淞铁路被拆除，各种器材被运往台湾。

　　拆除吴淞铁路事件呈现了在中国发展铁路的艰难：（1）铁路由外国人擅自在中国领土修造，积贫积弱的清政府不但无法自主创办和管理，而且无法有效阻止，这或许意味着未来中国的铁路事业将会继续面对来自他国的干预；（2）为了彻底防止他国催促中国使用铁路、电线等"奇异之法"，清政府可以摒弃对经济损失的权衡，而将政治意义放在首位，这是清政府在此次以及之后很多事件中所表现的原则；（3）铁路被视为一种极具威胁

---

　　① 宓汝成：《中国近代铁路史资料 1863–1911》第一册，中华书局，1963，第 55 页。

性的物质，不但在经济领域，而且可能在意识形态和文化领域成为一种固定的禁忌。可以说，英商的欺骗手段从一开始就恶化了清政府对铁路这种先进交通工具的想象和认知，而拆除铁路则造成了一段绝对排斥铁路时期的来临，并在某种程度上为日后人们对铁路的态度做出了一种行为上的示范。

事实上，晚清时的人们并不都是反对铁路和火车的。1839 年林则徐主持编译的《四洲志》、1844 年魏源编撰的《海国图志》以及徐继畲于 1848 年编著的《瀛环志略》，都介绍过外国的铁路和火车。徐继畲认为这种以煤为动力的"火轮车""可谓精能之至矣"。太平天国时，干王洪仁玕在《资政新篇》（1859）中指出，必须在全国范围内进行大规模的交通建设。他认识到近代交通工具对建设国家和巩固政权的重要性，鼓励人民制造"如外邦"的"火轮车"，"用火、用气、用风"作为车辆的动力，"可朝发夕至"，平时传送书信，沟通朝野，若有"小寇窃发"，也不难迅速荡平。① 这是国人初识火车的阶段，有识之士以直觉想象这种交通工具在未来的可推广性、压缩空间和提高军事能力的巨大前景。

而他们或许还没看到的是，"文化，尤其是在日益强调物品的生产与再生产的现代社会里，就是物品与社会之间一种有意义的关系，这种关系总会突破物品自身的功能性，总在导致更大的社会效应"。② 火车在西方产生时就引发过巨大的震惊体验，并对传统的社会观念、社会形态、阶级结构及生产关系等起到解构和重建作用。它以前所未有的速度削弱了时空两种因素对经济贸易的限制性，以各等级车厢并行的运输方式一定程度上消解了前维多利亚时期阶级结构的严格框架，以机器的不知疲倦、对利益永不停息的追逐，解构了传统的价值观，以贯穿全国的交通网络连接了城市与乡村、英国与欧洲大陆，甚至是英国与世界。靠着《布拉德肖的大陆火车和轮船航程丛书》，费雷亚·福格先生环游世界仅用了 79 天：从伦敦乘火车到欧洲大陆，从意大利乘船至苏伊士，再乘船到孟买，在印度境内乘火车几经周折到加尔各答，从加尔各答坐船到香港，再从横滨到旧金山，之后在中央太平洋铁路和联合太平洋铁路线上横穿广袤的美国国土到达纽约，

---

① 金士宣、徐文述：《中国铁道发展史》，中国铁道出版社，1986，第 6 页。
② 徐敏：《鸦片和轮船：晚清中国的物质、空间和历史叙述》，《清华大学学报》（哲学社会科学版）2009 年第 3 期。

然后坐船到爱尔兰的昆士敦港，再在欧洲大陆乘火车到柏林，转汽船到利物浦，雇特快专车返回伦敦。虽然中间发生过恶劣天气、火车脱轨、印第安人抢劫、误车误船等意外事件，没有完全跟上预订的时间表，但福格先生依然赢得了这次赌注。世界上所有海运国家都可以借助轮船相互往来，而印度、美国和欧洲大陆内部铁路的通行确保了环球之旅完全可以有计划、有条理地顺利实现。基于这种超强地跨越时空的运载能力，铁路这种现代技术、火车这种现代物质，从一开始就会突破单纯作为交通工具的功能限定，将其产生地的社会关系、文化观念拓展到它的铁轨所到之处。福格先生在走马不观花的紧张旅途中竟然还有时间解救了一位印度女子艾达，她非常漂亮，皮肤白嫩，不但完全符合欧洲人的审美观点，而且受过英国式的教育，生活习性和气度修养同欧洲人一样。亲眼看到美丽的艾达即将在族人逼迫下为丈夫殉葬，一贯冷酷镇定的福格先生产生了伸张仁慈正义之心。"难道还允许这么粗暴的习俗在印度蔓延，英国人就不管制一下吗？"[1] 他后来果真成功地解救了这位女子，并许诺要帮她脱离苦难，永获自由。最后他将她带回英国并与之结婚。

这是儒勒·凡尔纳在 1872 年对全球旅游做出的想象。而这种想象部分地与当时正在印度大陆上的铁路建设紧密相关。铁路作为社会生产部门，属于第一部类，也就是属于生产生产资料的部类。"但它又不像第一部类的其他部门那样生产生产资料，它的生产活动在于提供运输能力。它的生产结果不增加商品量，却有助于扩大市场，把商品从生产地运送到从前无法达到，或难以达到的地方。"[2] 铁路因此能够缓和资本所具有的扩大再生产的无限要求同有限消费能力之间的矛盾。从 19 世纪 40 年代开始，西方发达国家就开始谋求在亚非等贫弱国家开辟铁路线，最富成效的成就就出现在印度。在"铁路保证制度"下，铁路由英资私人公司建筑、经营，由政府免费提供所需土地并决定铁路的路线、坡度和建筑，且政府保留在一定时期后将铁路赎归国有的权利。于是，修筑铁路逐渐成为英属印度的一项国策，自 1849 年起，大印度半岛铁路公司和东印度铁路公司分别在西海岸的孟买和东海岸的加尔各答地区修筑铁路。英国资本开创了印度的铁路时代。对此，马克思在 1853 年就指出："英国的工业巨头们之所以愿意在印度修

---

① 〔法〕儒勒·凡尔纳：《环游世界八十天》，孙亚娴译，长城出版社，1999，第 55 页。
② 宓汝成：《帝国主义与中国铁路 1847–1949》，导言，上海人民出版社，1980，第 4 页。

筑铁路，完全是为了要降低他们的工厂所需要的棉花和其他原料的价格。"① 结果的确如此，"英国起先是把印度的棉织品挤出了欧洲市场，然后是向印度斯坦输入棉纱，最后就使这个棉织品的祖国充满了英国的棉织品"。② 印度铁路因此在最直接、最现实的意义上促成了资本主义生产力和生产关系对印度传统手工业的瓦解。20世纪甘地在领导非暴力不合作运动时，其中一项不合作的措施就是，他经常长途步行，并且亲自用印度传统的手纺车织布，拒绝穿英国的洋布做成的衣服。

　　同是幅员辽阔、资源丰富的亚洲国家，英政府自然希望将中国纳入其殖民地和产品倾销的市场范围之内。自1842年鸦片战争结束后，中国成为英国"最后一个新的市场"，与此同时，英商同样面临交通运输的困境，于是有人提出修筑滇缅铁路，经云南进入中国内地市场，也有人私自勘测北京至大沽和北京至天津的线路，以期能够充分开发中国的煤炭等资源，同时向中国输入羊毛等英国产品。1863年，曾经在印度设计铁路的著名工程师斯蒂文森来到中国，为清政府制订了一个综合的全国铁路系统计划，"它不仅要满足中国的需要，而且要使中国靠了铁路交通与外界联系起来"。③ 该计划被清政府束之高阁。同年，英法美三国领事直接向清政府递交照会，拟修建苏沪铁路，后来又呈请李鸿章，希望通过他获得特许权——此时苏州虽被太平军占领，但叛乱即将平定。李鸿章断然拒绝，他明确地通知领事团："只有中国人自己创办和管理铁路，才会对中国人有利；并且中国人坚决反对在内地雇佣许多外国人；而一旦因筑路而剥夺中国人民的土地的时候，将会引起极大的反对。"他更直率地拒绝把任何属于这一类的建议奏报朝廷。他甚至还说，他有责任反对外国人追求铁路让与权的企图，因为这种让与权将使他们在中国取得过分的势力。④

　　李鸿章的回答基本体现当时清政府在铁路问题上的态度：其一，害怕"失我险阻，害我田庐，妨碍我风水""占我商民生计"。这是对国家地理面

---

① 马克思：《不列颠在印度统治的未来结果》，《马克思恩格斯全集》第9卷，人民出版社，1965，第249页。
② 马克思：《不列颠在印度的统治》，《马克思恩格斯全集》第9卷，人民出版社，1965，第146～147页。
③ 宓汝成：《中国近代铁路史资料1863-1911》第一册，第6页。
④ 宓汝成：《中国近代铁路史资料1863-1911》第一册，第4页。

貌和经济、就业结构变化的担忧。曾国藩在 1860 年曾上书《复陈购买外洋船炮折》，提出"购买外洋船炮，则为今日救时之第一要务"，尚不为社会普遍所容，① 更不要说铁路涉及占用民地和坟墓，开凿山川与荒野。如果说蒸汽轮船只是航行于中国领土边缘尤其是东南方的江河湖泊之上，它无法在物理意义上深入陆地，② 因此不涉及对内地政治、文化和社会关系的侵犯，那么铁路恰能弥补轮船之不足，以蒸汽机车的浩浩声势疾速穿行于广袤的密密麻麻的陆路之网中，从而摧毁既定的时空关系，切断人与土地的传统感情纽带，对经济、政治、文化、思想信仰等各方面造成全面而深刻的影响。其二，担心在以太平天国为代表的"内地股匪未靖，伏莽滋多"之际，修铁路乃为"惊世骇俗之举"，如匪徒乘机煽动，作梗生端，天下将无法太平。③ 自从英国以鸦片战争打开中国国门以来，南方地区就出现了大量的失业人群，"军兴以来，中国之民久已痛深水火，加以三五口通商，长江通商，生计日蹙。小民困苦无告，迫于倒悬"。而自太平天国起义后，政府对失业与叛乱之间的关系才变得格外敏感，因为很多起义者就来自失业的船工、苦力，另外还有赤贫的农民以及无产的游民。曾国藩认为，一旦再听任外国修通铁路，则"车驴任辇旅店脚夫之生路穷矣"。④ 以后的事实证明，"1900 年破坏北京至汉口、北京至沈阳铁路线的人中就包括一些原先在通州附近以船为生的人，他们因为铁路的出现而生计无着"，⑤ 尽管铁路并不是义和团起义的主要原因。其三，经历过两次鸦片战争后，自以为天朝上国的清政府对列强已经退让太多，如再将铁路让与外人兴筑，中国将颜面无存，且更加受制于列强。因此在铁路问题上，清政府从一开始就表态，要自主创办和管理铁路，并且声明要把这期限尽量向后推移，即"或

① 1821～1861 年，至少有 66 人赞成中国必须采办这种军舰和枪炮，其中包括道光帝、政府高级官员和著名学者。〔美〕费正清：《剑桥中国晚清史》下卷，社会科学文献出版社，1985，第 177 页。
② 1869 年 10 月 23 日中英签订《阿礼国协定》，中方同意，外国人可用自备的中国式木船在内河航行；准许汽轮船在鄱阳湖航行。中国内地使用各式传统交通工具，如大车、手推车、驮畜或者搬运工。外国人的轮船集中在通商口岸，不可在内河航行。〔美〕费正清：《剑桥中国晚清史》下卷，第 94 页。
③ 宓汝成：《中国近代铁路史资料 1863-1911》第一册，第 20 页。
④ 宓汝成：《中国近代铁路史资料 1863-1911》第一册，第 24 页。
⑤ Ralph W. Huenemann, *The Dragon and the Iron Horse: The Economics of Railroads in China 1876-1937*, Harvard University, 1984, p. 59. 同样还可参考黎仁凯《论义和团运动高潮的主要标志》，《河北大学学报》（哲学社会科学版）1999 年第 6 期。

待承平数十年以后"。①

　　无论后人如何批评清政府保守、顽固、僵化，这些担忧都不无道理，铁路遇到的阻碍较轮船更多，是因为这些所谓顽固保守的人清楚地意识到，铁路是对中国土地的一种深入而广泛的地理性占有，是一种去疆界化和再疆界化的过程，它在运输物质产品的同时必将在自然面貌、人文、经济等各方面引发巨大的流动性、可变性以及不可预测性。或许可以说，接受坚船利炮、创建各种兵工厂与造船厂只是将其拿来为我所用，它们大部分位于战争的前线、国家的边界，而铁路却要对中国的腹地、经济体系或许还有社会形态造成根本性冲击，它实际上是要催促清政府像西方国家一样全面实现资本主义工业化。马克思在谈到印度铁路时说过："只要你把机器应用到一个有煤有铁的国家的交通上，你就无法阻止这个国家自己去制造这些机器了。如果你想要在一个幅员广大的国家里维持一个铁路网，那你就不能不在这个国家里把铁路交通日常急需的各种生产过程都建立起来，这样一来，也必然要在那些与铁路没有直接关系的工业部门里应用机器。所以，铁路在印度将真正成为现代工业的先驱。"② 19 世纪后半期，是否修建铁路取代了是否造轮船而成为中国面对世界资本主义经济体系和现代化时的焦点问题。这种现代技术和交通工具给晚清中国带来至今仍然无法洗刷的耻辱和指责，它不仅是经常导致列强冲突和团结的导火索，也是形成西方和中国的殖民与被殖民关系的重要物质媒介；它对清朝的最终命运具有非常重大的政治意义，而且它的确在问题产生之初就已经预设了它未来在中国的发展趋势，即中国的铁路必须在西方的帮助下才能得以修建：西方不仅要将这种强悍的、能致国富民强的技术应用到中国，还要将它的人、制度、产品、观念一并借着这些蜿蜒的铁轨倾销到中国的每一个角落。

　　整体上，在 19 世纪 70 年代之前，英方只是提出铁路修筑设想，寄希望于清政府自行办理。不过为了进一步劝说清政府认识到火轮车这种"新法"的好处，1865 年 7 月，英人杜兰德在京师永宁门外铺设了一条小铁路，"以小汽车驶其上，迅疾如飞"。1872 年，在天津也有英商新置土路火车，请诸多华人包括天津道台试坐，道台还为其赠名"利用"。此后，

---

①　宓汝成：《中国近代铁路史资料 1863–1911》第一册，第 26 页。
②　马克思：《不列颠在印度统治的未来结果》，《马克思恩格斯全集》第 9 卷，第 250 页。

还有英商欲借同治大婚献给皇帝一条短短的铁路，期望从此能使铁路在中国流行。"商界的主要野心是想使中国进入铁路时代，一半是为有投资的场所，一半是为深入内地市场。"① 而当所有这些请求毫无结果，试验性的小铁路被拆卸之后，最急于图利的英国终于采取了一种欺骗性的手段。西方人做出结论，中国是不具备这种自我发展的主体能动性的，必须由西方人采用一种强加的方式给这个还未被驯服的民族上一课，于是"便有这样一种想法，先正式买地，然后突然把铁路建造起来，也许能受到〔中国当局的〕容忍；而且还可以把这样一条铁路作为一个范例去教育中国人"。②

赛义德说过："社会空间之下是疆域、领土、地理版图，这是帝国及其文化争夺的实际的地理基础。想想那些遥远的地方，使它们殖民化，使它们人丁兴旺，或使它们荒无人烟，这一切都与土地有关，在土地上发生或因土地而发生。对土地的实际地理占有是帝国的最终目的。当真正的控制与强权恰好一致时，当关于某个地方的设想与实际地方一致之时，帝国之战就开始了。"③ 基于此，吴淞铁路被拆除乃是清廷与英商背后的英国政府进行权力斗争后的必然结果。前者对铁路与火车有着自己的政治、文化想象与阐释话语，在此基础上经济利益是次要的；而对后者来说，铁路这种物质与技术将要激发的经济利益和对中国领土秩序的重新构建是首要的，其背后所携带的文化观念、政治制度或许暂时是相对次要的。在洋务与守旧、维新与保守、发展与落后的二元对立中，清政府宁肯甘居后者而忍受西方的不解与在意识形态上的批评与贬低，或许这正是因为它拒绝这种被去疆界化和再疆界化的"变局"，拒绝这种所谓的"教育"背后的资本主义工业化和被这一经济体系纳入其中的意图。它其实明白，"交通，是现代性社会的核心生产力要素之一"，④ 只是想在适当的时机自己掌握、运用这种技术的主动权，而不愿意使自己一味从属西方的生产方式和生产力。但这种民族骨气直到 1909 年京张铁路全

---

① 宓汝成：《中国近代铁路史资料 1863–1911》第一册，第 29 页。
② 宓汝成：《中国近代铁路史资料 1863–1911》第一册，第 36 页。
③ 爱德华·W. 赛义德：《赛义德自选集》，谢少波、韩刚等译，中国社会科学出版社，1999，第 239 页。
④ 徐敏：《汽车与中国现代文学及电影中的空间生产》，张晶主编《交叉与融通》，中国传媒大学出版社，2006，第 317 页。

线通车时才得以暂时伸张，① 作为一种本应处在社会发展先行位置的技术，它迎来的却是"满清"的末日。

二　义和团

对坟墓、风水遭到破坏的担忧绝非空穴来风。这种恐惧感在官方中就很普遍，比如，曾经跟随郭嵩焘出使外洋并担任副使的刘锡鸿，在 1881 年上奏："西洋专奉天主、耶稣，不知山川之神，每造铁路而阻于山，则以火药焚石而裂之，洞穿山腹如城阙，或数里或数十里，不以陵阜变迁，鬼神呵谴为虞。阻于江海，则凿水底而熔巨铁其中，如磐石形以为铁桥基址，亦不信有龙王之宫、河伯之宅者。我中国名山大川，历古沿为祀典，明祀既久，神斯凭焉，倘骤加焚凿，恐惊耳骇目，群视为不祥，山川之神不安，即旱潦之灾易召。"② 他在西方亲身感受此"绝世之巧术""亦乐其便"，但是他仍然认为因为宗教信仰差异，在西方的土地上可以只知"尚力"而不"敬天"，但中国的山水之神会因造铁路而被惊扰。这种"我中国"与"西洋"在和山川关系上的区分，包含着一种正统儒家知识分子在道德和哲学观念上的优越感，因此，"火车实西洋利器，而断非中国所能仿行也"。

民众对风水遭铁路破坏反应不一。的确，有人为铁路危及住宅和祖坟而强烈反对，也有人只为得不到合理的地价而不满，还有人为与铁路有关的恐怖故事而惊慌。在莫言的小说《檀香刑》里，德国修建胶济铁路途经高密，引发了一场与义和团结合的群众性反抗运动。"火车一响，黄金万两"，群众并不盲目拒绝因为火车通行而给自家带来损失的高额经济赔偿；只是祖坟被毁后，人们远远没有得到应得的赔偿。丧失了祖先魂灵的保佑，本已经得不偿失，再加上民间流传这样一些传说，德国人将中国男人的辫子剪去后压在铁路下面，"一根铁轨下，压一条辫子。一条辫子就是一个灵魂，一个灵魂就是一个身强力壮的男人……那火车，是一块纯然的生铁造成，有千万斤的重量，一不喝水，二不吃草，如何能在地上跑？不但跑，

---

① 这一在中国铁路历史上极为重要的事件在《剑桥晚清中国史》中被称为"这个不重要的例外"。原文如下："北京至张家口的 199 公里铁路是中国的工程师主要用北京—沈阳铁路线的利润建造的，除了这个不重要的例外，民国以前的中国铁路主要受外国贷款的资助和由外国特许权持有者建造。"〔美〕费正清：《剑桥中国晚清史》下卷，第 71 页。

② 中国史学会：《洋务运动》（六），上海人民出版社，1961，第 156 页。

而且还跑得飞快?"① 火车这么大的力量是从哪里来的呢? 不知情的人们想当然地就认为，火车汲取了高密男人的魂灵和精魄。在高密人的信仰中，高密东北乡还是未来的京城，一条巨龙正潜藏在地下，然而沉重的胶济铁路压在它的脊背上。巨龙艰难地把腰弓起来，固然颠覆了火车，但也弄断了龙腰，高密东北乡的龙脉就这样被破坏了。于是，被破坏的风水，无法得到的经济利益，还有火车摄取男人生命力的诡异传说，都加强了人们对铁路的恐惧和反感。

这种恐惧与反感，在当地人听到德国铁路技师正在市集上公然欺辱小说主人公孙丙的老婆时，立即变成了强烈的愤怒与仇恨。这坚硬、横行无忌的铁路在地理形态上"把高密东北乡柔软的腹地劈成了两半"，外观上本就不具有审美意义——义和团称铁路为"铁蜈蚣"——而现在修建它的鬼子还要公然强暴高密的女人。孙丙在愤恨之中无意打死了铁路技师，而德军则杀死镇上 27 人以示报复，这中间就包括再次羞辱孙丙的妻子，并将她和两个孩子活活地投入河中。技师和德军的这些无耻行径强化了铁路的丑陋性，人们对铁路更加恐惧，因此出现了农民阶层自发的汹涌澎湃的反击浪潮。"在殖民世界建立秩序的整个过程中充满了暴力，它不停顿地敲击着有节奏的旋律，使土著的社会形式解体，并毫无保留地打碎了经济、服饰习俗和外部生活的关联体系。而一旦土著人决定亲自来创造历史时，他们将会诉诸这同样的暴力，潮水般冲进到了那些禁区之中。"② 于是，农民们运用欧美侵略者所运用的策略，潮水般地掀起了大规模的反抗。孙丙在曹州接受义和拳"刀枪不入、水火不侵"的训练后，回乡领导着老百姓，"扛着锨、镢、二齿钩子，举着扁担、木叉、掏灰耙"，包围了德国人的铁路窝棚。"他们打死了一堆二鬼子，活捉了三个德国兵。他们剥光了德国人的衣裳，绑在大槐树上，用尿滋脸。他们拔了筑路的标志木橛子烧了火，他们拆了铁轨扔下河。他们拆下了枕木扛回家盖了猪窝。他们还把筑路的窝棚点上了火。"③

以上这些暴力行为可以说是义和团的经典反抗形式。义和团民谣里虽唱"烧铁路，拔电杆，海中去翻火轮船"（或为"挑铁道，把线砍，旋再毁坏大轮船"，或为"拆铁道，拔线杆，紧急毁坏火轮船"，等等），但由于义

---

① 莫言:《檀香刑》，作家出版社，2001，第 190 页。
② 〔法〕弗朗兹·法农:《全世界受苦的人》，万冰译，译林出版社，2005，第 7 页。
③ 莫言:《檀香刑》，第 26 页。

和团主要发生在京津保和东北地区，团民真正实践的只是前两者，对轮船则鞭长莫及。义和团对铁路的这种破坏行动一度被认为是愚昧势力对现代化的阻碍，在后人眼里成为一种耻辱，正是因为义和团带有一种排外的绝对性。他们称洋人是"大毛子"，称中国教徒或那些从事"洋务"的人为"二毛子"，称那些用洋货的为"三毛子"，其他一切与洋人、洋学有关系的人被称为"四毛子"，如此类推，直至"十毛子"。所有的"毛子"或所有跟洋人沾边的事物都要被消灭干净，更不要说铁路。而其时，铁路在欧美包括日本等国家都被赋予了头等重要性，在西方人眼里，它是"伟大的文明传播者"，是一种具有普适价值、放之四海而皆有益的技术和物质，于是破坏这种技术和物质的人就自然被视为不具有普遍人性的野蛮生灵。这种愚昧野蛮无知的"拳匪形象"从此在西方人心中或为对中国人本性的整体想象，① 外国人甚至"动辄以义和团之名加诸中国人民的所有团体运动"，比如，1925 年五卅运动，② 比如，1999 年中国学生大规模游行抗议中国使馆遭以美国为首的北约轰炸。③ 西方站在所谓的道德优势和文化优势的立场上，对中国人反帝国主义精神的这种东方主义式偏见，一直影响着中国进步的知识分子，以陈独秀为代表的中国知识阶层就曾以普遍"排外为野蛮为耻辱"。不过也正是他们发掘和重新释义义和团的爱国主义精神，才使这种"拳匪"形象的正面、积极色彩为世人所知。④

　　与之相反，民间却自有一种所谓粗俗的技法来应对西人，或者说妖魔化西人。在《檀香刑》之前的《丰乳肥臀》中，高密农民相信德国人没有膝盖、不会弯曲，相信人粪尿就能把有洁癖的他们熏死，因此设计了沙陷和拉粪尿罐等方式。按赛义德的说法，这恐怕要被称为"西方学"思维，长期处于自我封闭和超稳态结构的弱势文化，在遭遇另一强大的文化侵袭时自然而然地要采取一种丑化、妖魔化、类型化对方的策略。这种策略往往不会成功，就如同高密农民悲壮而必败的结局。但在莫言的小说里，义和团破坏铁路的暴力行为具有完全的合理性：风水危机为前意识，生存困境为根本，男性魂灵丧失为正在面临的危险，女性被羞辱为导火索。通过

---

① 姚斌：《拳民形象在美国——义和团运动的跨国影响》，世界知识出版社，2010，第 160 页。
② 〔美〕柯文：《历史三调：作为事件、经历和神话的义和团》，杜继东译，江苏人民出版社，2000，第 213 页。
③ 姚斌：《拳民形象在美国——义和团运动的跨国影响》，第 205 页。
④ 〔美〕柯文：《历史三调：作为事件、经历和神话的义和团》，杜继东译，第 202~211 页。

猫腔、巫术尤其是神灵附体等民间技术，农民展示了空前的精神能量和战斗精神。田贝说，"它们（铁路）会让中国人熟悉外国人，让他们看见与外国人交往的好处"。① 的确，因为坚船利炮和铁路、电报全面入侵其生产方式、生存方式、精神信仰和家庭生活，中国人"熟悉"了外国人；于是，他们就采用了这些手段的对应物——人心来对抗。作为领头人，孙丙知道，神灵附体不是真实存在的，喝神符，设祭坛，撒羊血这些令旁观者不解的行为，对人心的鼓舞和凝聚也远远不能抵挡技术和武器，但这些能在瞬间成就一个盲目而勇敢的灵魂。

三 铁道游击队

铁道游击队是历史上又一个拆除、破坏铁路的团体，车站和铁道线成为他们杀敌的好战场。这群游击队员主要由煤矿工人、小摊贩、铁路工人和无业游民组成，他们从小就居住在铁路线附近，日常生计主要依赖铁路，有相似的社会地位，有关于铁路的共同语言，因此他们热爱铁路，对铁路有很深厚的感情，对铁路的每一部分都非常熟悉。正是因为对铁路的这种熟悉、依赖和喜欢，游击队队员个个练就神奇而高超的"扒车"技巧，"扒上飞快的火车，像骑上奔驰的骏马"；他们能够熟练驾驭火车，有的甚至就是司机或司炉出身，对火车结构、机件性能等了如指掌，对铁道设施以及一些内部工作人员非常熟悉。他们以这些本领和超强的斗志抢夺日本的军用物资，破袭日军的交通和通信设施。有资料证明，从 1941 年 2 月到 1942 年年底，"计破坏敌机车 8 辆、车厢 30 余节，炸毁桥梁 3 座，拆毁铁路道轨近 20 次，长达 50 里"。另外，"他们还锯断电线杆近千根，将导线和木杆及时运往根据地"。② 这些行动迫使敌人交通多次瘫痪，交通中断，从而延迟了敌军行动，为后方抗日军民反扫荡做出了很大贡献。刘知侠的《铁道游击队》是在大量个人采访和与英雄人物实际交往、生活的基础上创作出来的，其中著名的情节如血染洋行、打票车、劫布车等都是真实的历史故事。小说中多次写到铁道游击队队员拆除铁路，比如，第九章《票车上的战斗》，游击队将票车上的日兵全都消灭后，将火车停在三孔桥。日军铁甲

---

① Charles Denby, *China and Her People*. Boston: L. C. Page, 1906, p. 41.
② 张广太：《抗日战争中的"铁道游击队"》，《党史文汇》1995 年第 8 期。

列车紧急追赶，但是队员们在远远的地方拆了两节铁轨，从而为分散旅客和缴获物资争取了时间。在最后的受降仪式上，日军铁甲列车司令小林向以刘洪为代表的游击队投降。小林说："你的铁路干活的！我的也是铁路干活的！几年来，你的拆拆，我的补补……"① 这句话非常戏剧性地揭示了两者的角色和功能，作为外来者的日军必须控制、利用中国的铁路交通线输送自己的军队、物资，因此它千方百计要保全、修补铁路线；而作为土著的游击队队员只有通过拆除铁路这种快捷、有效的手段才能拖延、牵制或者破坏日军强大的军事力量，给后方大部队积蓄实力。因此，日军铁甲车上只好随时配备工兵，以便随时抢修被拆毁的铁轨。

　　与这些神奇的游击队队员相比，义和团的成员绝大部分是农民，对铁路有着强烈的抵触心理。他们大多没坐过也没见过火车，享受不到因铁路修通而带来的各种经济利益。对他们来说，铁路就是一种充满神秘性、破坏性和异己性的物质和技术，"只要那洋鬼子把铁路修成，咱们的日子就不得安生。听说那火龙车跑起来山摇地动，咱这些土坯房非塌即崩"。② 于是，将部队训练好后，孙丙先带人去攻打德国人的筑路窝棚，民众对铁路的仇恨已经达到必欲摧之而后快的程度。孙丙被俘、遭受了奇特酷烈之极的檀香刑后，袁世凯要求刽子手让孙丙活到 20 日胶济铁路通车典礼。对德国人来说，这意味殖民势力在山东地区得以稳定；对孙丙来说，这是比受刑还要大的羞辱；对百姓来说，它意味着高密的末日即将来临。

　　抗日战争胜利后，按照《波茨坦宣言》规定，日军须就地投降，向附近驻军缴出武器。国民党的大批军队迅速向各根据地和解放区集结，准备接管这些地区，而在此曾经与日军浴血奋战过的共产党的八路军、新四军等军队就处于被边缘化的危险中。为了阻止国民党军抢占抗战胜利果实，很多铁路被破坏了。"敌人受降后，共产党对收复区各路，又加破坏……"③ 在山东地区，铁道游击队队员彻底炸毁了整个津浦路，这段历史同样被反映在小说里。不过，队员们的破袭方式和感情发生了变化。过去他们不管是割电线、锯电线杆，还是拆铁轨，都是使用简单的机械工具手工卸载，现在则使用炸药这种速成的危险品直接爆破；过去拆毁铁路只是

① 知侠：《铁道游击队》，上海文艺出版社，2005，第 453 页。
② 莫言：《檀香刑》，第 209 页。
③ 宓汝成：《中华民国铁路史资料（1912–1949）》，社会科学文献出版社，2002，第 839 页。

短暂地使其失去功能，敌军"补补"就能用，而今炸毁却是对其彻底的清除与放弃。① 在打日军时，破铁路、撞火车他们都毫不心疼，但在即将迎接和平的前夕要再次破坏这为他们提供生计的铁道，他们的心情变得杂乱而痛苦。这一方面显现游击队以及八路军力量的逐渐强大，另一方面表明铁路线上的战斗在以后的解放战争中将居于次要地位。

结　语

吴淞铁路的拆毁，源自清政府在面对各帝国欲对其腹地实行经济殖民时所做出的政治考量，其举动出乎意料，但使列强认为最近几年内在中国不可能修建铁路。对民众来说，是铁路的铺设而非领土的被侵，更多地挑起他们的不满。义和团捣毁铁路首先是为应对生存危机，其次是为了阻止清政府和列强运兵镇压。这两者都被认为是愚昧无知（清政府和农民）的表现，阻止了中国现代化的进程。大约四十年后，这些由殖民势力修建的铁路继续被拆除，施行者变成了一些非常熟悉铁路的游击队队员，他们看起来与前两者相似，但他们的实际破坏力度更大、范围更广、程度更严重的破袭行为，重新改写了中国与铁路的关系、落后与先进的关系。在以弱敌强的严峻形势下，铁路和火车重要而敏感的军事价值空前提升，被殖民的中国人已经学会娴熟地运用这种带有强烈殖民色彩的物质和技术（比如，津浦铁路虽为英德所修，而且在1931~1945年日本侵略军所到之处，铁路随之被接管），反过来对付这些强大的殖民力量。游击队队员以不足百人的力量破坏敌方主交通干线，牵制了敌人成千上万的兵力，"就像一把钢刀插入了敌人的胸膛"。这些游击队队员的活力和机智表明，无论是在操控技术上，还是在实际运营铁路上，中国已经完全具备足够的力量将铁路作为反殖民的和民族战争的工具。拆毁它，不再是因为仇恨和反感，而是为了更好地利用它；炸掉它，是为了将来能够以自我的力量重新修建它。由此，这个神奇的铁道游击队改变了日本乃至西方对中国在铁路运作上一直落后的认识，张扬了我们的民族智慧。在风驰电掣的火车面前，他们飘然而至，倏忽而逝，可以说是神出鬼没，比义和团的神灵附体更真实、更具有杀伤

---

① 事实上，拆除铁路后，很多靠铁路吃饭的人就没有了生活来源，这还导致了铁道游击队甲级战斗英雄徐广田叛变。知侠：《〈铁道游击队〉创作经过》，《铁道游击队》，第489页。

力。铁路本是西方国家用来进行经济、政治和军事殖民的工具，但在铁道游击队队员的神技中，它转而成为国人进行反殖民的工具，由此终结了近代中国在铁路发展史上的屈辱。在此过程中，以政委为代表的党的教育力量的潜移默化，使这些一度只为养家糊口而"扒火车""偷鬼子"的无业游民成长为一支机智勇敢、行动敏捷、纪律严明的八路军游击队。铁路线是国民党军与日军最重要的运兵工具，而在后方作战的共产党军队则很少使用铁路运兵（第一次是在1937年七八月份，平型关大捷之前），游击队炸毁铁路的行为预示了共产党军队将要从抗战的边缘走向抗战的中心，从政治参与者走向政治主角。

民族想象与身份认同：
《舌尖上的中国》透视

阎景娟　任傲尘*

摘要：电视纪录片《舌尖上的中国》使用了许多新鲜的视觉影像元素，但整体上仍然是在主流话语框架中的言说。其中虽有许多对个体的展现，但仍然属于宏大叙事。本文从解说词、叙事、视听语言编码等方面入手，分析此片的意义建构过程。本文认为，《舌尖上的中国》的解说词使用了大量结论性、论断性的句式，以及最高级比较句式，字词、句式、文体风格上都显示了权威性，在视觉编码上，再现并调动了公众记忆中熟悉的国民形象。片子还通过所选的众多美食地点，用编排构成的时空跨越方式，对祖国幅员辽阔、物产丰美的一贯表述进行了重申，并顺便赞美了地方性、本真性，为在现代化、工业化进程中生活同质化的国人提供了抚慰性愉悦，完美地达到了纪录片预期的目的，即对外建立中国形象，对内促进国人的民族想象和文化身份认同。

关键词：《舌尖上的中国》　民族想象　身份认同　纪录片

Abstract：The documentary series *A Bite of China* employs many new visual techniques, including micro-focus shots and poetic montage, but it is still in the framework of dominant ideology. It includes many individuals in the show, but still belong to meta-narrative. This paper tries to analyze its semantic formation through its commentary, narrative strategies and cinema

---

* 阎景娟，北京林业大学人文学院教授；任傲尘，北京林业大学人文学院硕士研究生。

language. The commentary of the series contains various self-evident conclusions by using decisive or superlatives sentences to excess, by which its discourse authority is reached. Its visual encoding, on the other hand, is inspired by mass images represented repeatedly in various visual arts in the past sixty years that are familiar to the cultural memory of the Chinese people. The series underlines the vast territory and abundant resources of the country by photography of over 70 places and time-space traversing montage. It also praises provincialism and authenticity, which soothes the audience disappointed by the fakery in modern life. With all of these, the series achieve the goal of promoting the national image and cultural identify perfectly.

Keywords：*A Bite of China*　National Image　Cultural Identity　Documentary Series

《舌尖上的中国》（以下简称《舌尖》）的播出是 2012 年的一个重要文化事件。这部大型纪录片一经播出，就引发了一系列效应：收视率超过同时段的电视剧，片中提及的美食在淘宝网上交易激增，微博刷屏爆表，各种"舌尖体"仿作在网络上盛行，美食旅游团走起，海内外华人"喜大普奔"。[①] 2014 年 6 月，《舌尖》第二季在人们的期待中开播，又引发了新一轮的波澜。

两季《舌尖》，赢得了全国上下普遍赞誉，这是多年来官方媒体与普通大众之间少有的一次两情相悦、言笑晏晏的相聚。对于国家来说，它对外宣传了文化软实力，既"展现中国的文化历史"，也"反映当下中国人的生活和急速发展的中国社会"，是"向全世界表达中国的一张张影像名片"。[②] 对普通观众来说，高清镜头下的美食至少可以让人按图索骥，一饱口福；美食后面的故事，也总是让人感到温暖而不刺痛，可以温和地流泪，情感滋润恰到好处。总编导陈晓卿说："这个片子不完全是美食纪录片，而是通过美食这个窗口更多地展现中国人和食物的关系、人和社会的关系。

---

① 网络伪成语，指"喜闻乐见、大快人心、普天同庆、奔走相告"。
② 罗明先生语。参见罗明《以国际水准打造中国名片——〈舌尖上的中国〉研讨会纪要》，《电视研究》2012 年第 7 期。

通过吃食的故事展示普通中国人的人生况味。"① 《舌尖》完满地做到了这些，并且走得更远。有学者从传播学角度指出，《舌尖》完成了国家柔性形象的大众化、人性化传播，② "完成了一次以国家认同为主题的主流意识形态价值的传播"。③ 我们想进一步指出，国家形象、民族想象、身份认同，不是铁板一块。所谓的"传播"，其实是意义的生成或构建过程。在建立国人的民族想象，促进国人的文化认同方面，《舌尖》表现得十分老练和完美。

一 宏大叙事中建构中国形象

中央电视台（简称"央视"）内部有一个口号，叫"全台办一套"，这一理念是中央电视台台长胡占凡提出的，它促成了 2012 年 4 月 16 日《魅力·纪录》栏目在综合频道的开播。从栏目标题可知，《魅力·纪录》播放的是纪录片。其实早在 2011 年伊始，央视就设立了纪录频道（CCTV-9），专门播放纪录片。但就影响力来说，没有哪一个频道能超过 CCTV-1。作为官方媒体旗舰，央视一套是党和国家的喉舌，最具权威性，也拥有最多的受众。什么样的纪录片能在综合频道播放，可以想见。《舌尖》是这个栏目开播以来播放的第二部片子。一部好看的纪录片在黄金档位播出，已经成功了一大半。

从片名上看，"舌尖上"只是一个限定语，"中国"才是中心词。讲述美食在其次，传播国家形象、弘扬中国文化才是首要。《舌尖》中看似细碎的叙事正是关于中国的一个宏大叙事。

宏大叙事，是一种关于这个世界的恢弘、浩大的理论和哲学。在描述社会历史的所谓"规律"或"趋势"和社会生活的"概貌"时，宏大叙事忽略了大量对个人来说细微的、断裂的、更重要的历史记忆，也抹去了人们对历史和社会的切身体验。因此，在后现代理论中，宏大叙事是需要质疑和解构的。

---

① 陈晓卿：《带着对食物的敬意拍摄〈舌尖上的中国〉》，新浪传媒访谈，2012 年 5 月 15 日。
② 张书瑞：《〈舌尖上的中国〉：国家形象柔性传播中的一次成功尝试》，《电视研究》2012 年第 10 期。
③ 于炜：《从〈舌尖上的中国〉看国家认同的意识形态构建》，《北京社会科学》2012 年 6 期。

宏大叙事也可说成"辉煌叙事"，后者特别适合描述《舌尖》的叙事雄心和效果。从精心设计的美食地图可以见出，在挑选美食、采访美食制作的过程中，该书目照顾到了各种因素。其周到程度，与历年《春节晚会》如出一辙。比如，坚持政治观点正确，有代表性的省份一定要提及，如宝岛台湾是祖国的一部分，《舌尖》展现了台湾的乌鱼子和小吃夜市。比如，颂扬了民族大团结，展现了藏族人民的酥油奶茶，苗族的腌鱼和腊肉，朝鲜族的泡菜，白族的乳扇，蒙古族的奶食，侗族、苗族和壮族居住地的糯米，展现了我们这个多民族国家人民的和谐生活。普通百姓是纪录片的主角，而片子的生产制作者就顺理成章地充当了人民的代表或代言人。在每集末尾，总有本集中出现过的人物手捧食物正视镜头的笑脸，这个特写很像平常百姓家中所收藏的影集中的一张照片，是全家福式的摆拍照，成为与团聚、亲情、重大时刻有关的影像证明。这让我们想起帕特李西科·古兹曼说过的一句被频繁引用的话："一个国家没有纪录片，就像一个家庭没有相册。"这些精心描绘的人民形象，就是一种宣称：这个国家的人民有信仰，有追求，他们朴实善良，勤劳肯干，是丰衣足食的鲜活的中国人。

宏大叙事还体现在颇为雄辩的解说词，以及解说员字正腔圆、语重心长的旁白上。《舌尖》播出后，一大批"舌尖体"仿作在网上涌现，"舌尖上的母校""舌尖上的故乡"，网友的仿作深得《舌尖》要旨。"舌尖体"其实不是一种体裁，而是一种叙事风格。它底气十足、郑重其事，谋篇造句上有这样的特点：以判断句、结论式的句子增加表述的权威性，用排比句增添气势（"这是大自然的馈赠""这是时间的味道……这也是……"），字词上，常常用最高级来强调重要性。

第一季的解说词总字数约为 1.15 万个字，第二季约为 3.31 万个字。下列表格显示了某些字眼在第一季和第二季出现的次数。

字　词	中国	中国人	最	极	每	秘密	美味	人们	自然	智慧	生命
第一季次数	43	36	49	4	29	13	10	21	18	5	3
第二季次数	73	25	172	27	69	11	29	20	15	7	10

这份简单的统计印证了我们对《舌尖》的印象和感受。出现次数最多的两个字眼是"中国"和"最"。"中国"的频繁使用——甚至不用"南

方"，而是用"南中国"这样的外交字眼——相当于以第三人称叙事，设定了一个上帝般俯察一切、洞悉一切的客观立场，仿佛它所看到的和所描述的事物原本如此，且只能如此。同时还表明，此片的目标受众包括相当一部分外国人，对外传播中国形象是此片的主要用意之一。"最"在使用时，其后鲜有"之一"。第一季 49 次"最"中，只有 2 次带有"之一"。第二季 172 次"最"中，只有 3 次带有"之一"。每季 7 集，平均下来，第一季每 7 分钟出现一次"最"；第二季"最"的出现更是频繁，平均每 2 分钟就出现一次"最"。

仔细看来，这些"最"很多时候并不那么具有排他性，比如，"糜子，又叫黍，是中国北方干旱地区最主要的农作物""泡馍是最土生土长的西安主食""嘉兴，正处于中国最古老的稻作文化区之中""饺子是中国民间最重要的主食""要一尝最为原始古朴的面香，只有等到麦收的季节"等。这些表述中，"最"其实没有多强的比较意思，但很显然，"最"的使用每次都底气十足，成为带着主观情绪的一次激情诱导，起到了强调、渲染作用，迎合了国人的喜好。时不时地，《舌尖》还将"最"与"中国"或"中国人"关联使用。比如，"中国人，这个全世界最重视家庭观念的群体""中国拥有世界上最富戏剧性的自然景观"，等等。此外，代表程度的"极"和表示频率的"每"的使用也十分频繁。

"最""极""每"的频繁使用，那些高清晰度画面的配合，加上那些故事片里才爱用的特写、虚拟镜头，以及气势磅礴的音乐，这一切颇有钟鸣鼎食、生活富足的味道。《舌尖》在此展示将天下美味一网打尽，将美好生活一揽入怀，将优质极品囊括无遗的央视霸气。一个"最中国"，也在唯美的画面、激昂的音乐和权威的解说中建立起来，造就了《舌尖》红透天下的成功。《舌尖》赞美了普通人的生存智慧和他们努力工作的辛劳，告诉我们应对自己文化感到自豪。但这些娴熟的再现是文化领导权的又一次胜利，获得了国人的高度赞同。这同时也泄露了它浮夸、自大、逃避问题的官样作风，助长了国人的虚荣心。对于纪录片来说，太多的解说词不能算作优点。但是第二季的解说词长度几乎是第一季的三倍，显然，第一季中的某些东西——有人说是"人文情怀"——在第二季中被刻意强化了，"生活化"的倾向让故事占了更多的篇幅，解说词成倍增长，使画面成为附庸，沦为文字图示，片子显得浮夸毛糙。观众们敏感地体会到了这一点，有人说："《舌尖上的中国》已经由纪录片变成故事片《舌尖上的中国故事》。"

言多必失,一些故事显得造作牵强,难以服人,让这个美食纪录片有主题偏离之嫌,引起部分观众不满。

第二季的重心失衡是制作者用意急切的结果。这也说明了,虽然描写和呈现的对象常常是普通劳动者,但是《舌尖》的叙事/话语中,藏匿着一个隐形的、强有力的主体央视,《舌尖》也延续着国家媒体旗舰央视一套的一贯口吻。对外,《舌尖》是中国国家形象的宣传片,对内"简直就是爱国主义教育片"。它让爱国主义者十分惬意,至少第一季就是这样。

二 菜单上的民族想象

纪录片和神话、史诗、传说、故事、小说、戏曲、影视作品等一样,是一种社会性的符号象征活动。人们就是凭借这些符号象征活动,想象自己属于一个民族国家。鲁迅曾说过:"我们国民的学问,大多数却实在靠着小说,甚至于还靠着从小说编出来的戏文。"① 在图像时代,那些在媒体中经常跳动着的与国家形象或本土特色相关的画面,如《新闻联播》片头的长城、故宫、天坛,地方宣传片中的影像,明信片上的风光,都起着引发、诱导和促进民族想象的作用。就《舌尖》来说,它的生产创作手段、对观众观看的解读活动、美食地点带来的领土感等,共同完成了国人的民族想象。

(一) 美食制作和享用过程的仪式化再现

传统上,纪录片的视听语言倾向于质朴无华,但《舌尖》走的是华美路线,大量微焦拍摄、高清晰度的面画,使食物的呈现唯美、诱人。更重要的是它的叙事策略和表现风格,从食材的选取到制作、享用的过程,都进行了仪式化再现。无论中外,最早的仪式都和宗教活动相关,与仪式相连的,是虔诚、敬畏、严肃、庄重等气氛和意义。《舌尖》的仪式化再现,不仅仅表现在对具有仪式性的节日餐饮(如藏族望果节的青稞,嘉兴端午节的肉粽)的记录上,而且表现在镜头语言和解说词上,如壮族新米节中的长街宴,场地上晾晒的大片鲜红的辣椒,仰拍镜头中蓝色天空衬托

---

① 鲁迅:《华盖集续编·马上支日记》,《鲁迅全集》第三卷,人民文学出版社,1981,第334页。

下高高挂起的面条，等等。解说词对仪式化再现更是郑重其事，如第 7 集中所说："这是人们对自然的恩赐表达敬畏和感恩的重要时刻……祭台上，铺满青稞粉的手印被赋予了强大的精神力量，人们相信祈祷的声音可以直达天宇。"仪式化呈现使普通的日常饮食具有了重大意义，既亲切又神圣。加上图像和文字本身就具有美化现实的潜能，作用略同于为画作做的装裱，透过摄影机镜头的观望，原本寻常的场景或情境变得如诗如画、可歌可泣。

（二）观看、解读的仪式性

按照安德森的说法，民族"是一种想象的政治共同体"。[①] 想象不是虚幻，而是一种对世界的认知方式。在《想象的共同体：民族主义的起源与散布》中，安德森指出，印刷资本主义的发展使想象民族成为可能。用地方语言写成的报纸，如早报和晚报，被同一地域的人阅读，这些人清楚地知道（想象）有许多人在进行相同的活动。这几乎成了一种沉默而遥瞩的仪式，每个人由此觉得自己属于一个想象共同体。如果用安德森的思路来考察中国数以亿计的观众在同时收看《舌尖》的情形，就可以看到，"同时阅读（消费）"产生的仪式感和民族想象，比阅读报纸来得更真切，更容易。仪式产生集体在场、共同瞩目、精神集中的现场感。在共有的文化、习惯、共享的意义和共同的认知模式下，人们在共同观看一部纪录片时，民族想象不需要刻意诱发而是时时俱在。

斯图亚特·霍尔曾用"编码—解码"这个术语来分析电视节目的生产和接受活动。《舌尖》的编码虽然有很多新鲜之处，但它仍然是在主流媒体的知识框架和生产关系中，运用独有的技术设备生产的作品，其话语也为绝大多数中国人所熟悉。新中国成立以来，在绘画、摄影、影视等视觉文化领域，父亲布满皱纹的笑脸、田野里姑娘们黝红的脸庞、劳动者粗糙的双手、领导人坚毅的表情和孩子们单纯的笑容，都是图像艺术作品的主要符码，也都是中国人群体记忆中的形象。在《舌尖》中，劳动者忙碌的身影、做虾酱的老奶奶落寞而又坚毅的表情、小学徒认真专注的样子，都呼应着人们记忆中的人民形象。这些画面本身又成为一个个文化符号，代表

---

① 〔美〕本尼迪克特·安德森：《想象的共同体：民族主义的起源与散布》，吴叡人译，上海人民出版社，2003，第 5 页。

着亲情、团聚、记忆、感动。人们常说，"好厨师一把盐"，这些文化符号就是提味的"那把盐"，不仅提出了整部纪录片的中国风味，还提出了"家乡的味道""儿时的味道"，让中国观众不断获得久违而又熟悉的亲切感。观众的观看、接受过程是《舌尖》的一个重要方面。凭借网络媒体，《舌尖》成为共有话题，人们热衷于发帖、回帖，积极参与各种讨论。《舌尖》展现的都是寻常食物，而"美味"——如前面表格所示，"美味"一词，在第一季中出现 10 次，在第二季中出现 29 次——最大程度上调动着人们共同的食欲爱好，可以轻松抹平社会身份的差别，观众、网友们心领神会，理解无碍，彼此之间颇有平等、默契之感。正如安德森所说，"尽管在每个民族内部可能存在普遍的不平等与剥削，民族还是总被设想为一种深刻的、平等的同志爱"。① 《舌尖》促进了国人积极的交流，在观看和讨论中，自己属于一大族群的感觉不断袭来，这是一种舒适和满足的感觉，也是一种民族认同的感觉。

（三）美食地图包含的领土感

民族通常与拥有主权的国家联系在一起。在民族想象中，领土是一个重要的因素。领土上所具有的景观，为人们的民族认同提供了重要的空间维度。《舌尖》所描画的美食地图，为中国观众提供了对于民族国家想象的依据。它一方面说，"这个农耕民族精心使用着脚下的每一寸土地，获取食物的活动和非凡智慧无处不在"，另一方面又一次宣称祖国地大物博，食材丰富。第一季的解说词称"为了得到这份自然的馈赠，人们采集，捡拾，挖掘，捕捞"，这种表述给人以俯拾即是的感觉，它没怎么强调耕耘、播种、照料等获取食物时的基本劳作。创作方称，他们对 70 多个地点，进行了 13 个月的拍摄。地点纵穿南北，横贯东西，不同的食材、做法，不同的风味，连同与这些美食相关的文化习俗，共同打造出了一幅中国美食地图。这种时间和空间的跨度在片中被有意拉大，镜头可以随时摇出去，在山南海北辽阔的疆域中穿行，又凭借蒙太奇手法，在美食的名义下，将人们的生活从四面八方汇集于一处，让观众能身处斗室而心驰国土。有海外媒体评论说，《舌尖》"雄心勃勃地致力于神话制造，它一方面尝试把中国烹饪

① 〔美〕本尼迪克特·安德森：《想象的共同体：民族主义的起源与散布》，吴叡人译，第 7 页。

建构为一种可以与法餐媲美的、炉火纯青的厨艺风格，另一方面，则更为重要，是为亿万民众创建一张关于现代中国的心灵地图"。① 这个评论很中肯，如果我们从罗兰·巴特的意义上去理解"神话"的话，就可以明白，作为一套言说方式，《舌尖》十分老练地完成了主流话语的变奏。

《舌尖》中菜单的遴选也不简单。对外，它成功地建立了国家形象，即一种"中国画报"式的中国人形象和丰富的地方色彩，《舌尖》建立起来的这个"他者"，带给外国观众迷人的异域风情。对内，它一次又一次描摹并唤起了民族想象。来自国内烹饪界的文章说道，"中国饮食文化成为主流文化"，这真是让人不知是该骄傲还是该惭愧。

三　用舌尖促进身份认同

《舌尖》意在为观众提供"我是中国人"这样一种身份认同。中国人是怎样的一个群体？这个问题没有固定的答案。从英国传教士写的《中国人的素质》，到台湾作家写的《丑陋的中国人》，从梁启超、鲁迅等人谈论的"国民性"到现代新儒家爱谈的"中华性"，别人眼中的中国人与我们承认的中国人特性总是大有差异。但是，说中国人爱吃讲吃，饮食丰富，烹饪独特，恐怕没有太大的争议。"吃"是一个永远的共有话题，又是文化认同的一个重要因素。在最浅显的层面上，《舌尖》为人们的口腹之欲提供了替代性满足。由于展现的都是普通馔食，这就弥合了阶级之分、贵贱之别，打造了一个没有边界的美食平台，一场消除了排他性的集体狂欢。由于人人都知道众口难调，好吃与否只关乎个人口味，因而人们会带着最大的宽容和善意来观看片子、参与讨论。

《舌尖》的成功因素之一，是采用了"讲故事"的策略。正如业内人士所指出的，故事化纪录片是纪录片的生存之道，② 是中国近年的纪录片好看起来的主要原因。《舌尖》介绍的是美食，却不以传播精确的食谱、展现高超的厨艺为目的，而是意在讲述和引发包含在食物生产、制作、食用过程

---

① Editorial，"China TV Series Seeks to Put Cultural Identity on the Menu，" *The China Post*，June 26，2012.

② 参见单正平为《纪录片也要讲故事》作的序；〔美〕伯纳德：《纪录片也要讲故事》，孙红云译，世界图书出版公司，2011。

中的人的故事。《舌尖》再现了一群普普通通的中国人的生活。每一集都选了几组人物，以美食生产制作者的行动为叙事线索，并适度穿插其他叙事，使之成为有点有面的叙事。从这些人物形象身上，观众们看到了亲人、老乡、朋友的身影，也看到了另一个自己。不少人口水与泪水齐飞，就是因为看到了荧屏上的生活跟自己十分贴近，他们在异地生出一种如在家乡的回归感。

中国近二三十年来经济社会飞速发展，一个消费社会正在形成。在中国一线城市不断国际化的过程中，同质化也成为一个倾向。生活习惯、文化习惯、价值观念都走在同质化的道路上。在现代大都市讨生活的人们，会不断放弃从家乡带来的观念，逐步变得"现代"。工业化生产模式下的快餐，让远离家乡的人们格外想念家乡的味道，《舌尖》是一道扒开的闸门，"那些被伪现代生活弄得灰头土脸的都市年轻人将它看作对本真性的颂歌"，① 唤起的是家乡的记忆和对地方性、本真性的向往。

《舌尖》对美食包含的本真性和地方性非常重视。多个地点的拍摄，使整部片子呈现着食品的独特性和多元性，展现多样丰富的中国美食大观。同时，这些穿插展示，让观众沉浸在美食制作及食用场景的再现中，体会到多民族中国在饮食习惯、生活方式、价值追求等方面的"和而不同"，为这种饮食多元文化和谐共生的景观感到新鲜和惊奇。这是一种整合，丰富的饮食文化被整合进中华民族共有的文化中，引导国人广泛的文化身份认同。《舌尖》将我们熟视无睹的日常餐饮转化成一个个镜头、一串串文字，当看见熟悉的场景出现在荧屏时，我们会想象着万人瞩目、同时观看的场景，这种文化身份认同可以在瞬间被激发出来，在拥有相同文化的人群中产生强烈共鸣。《舌尖》成功地促进了文化认同，并间接地发挥了促进政治认同的作用。

不是所有人都会对《舌尖》做霍尔所主张的"主导-霸权式"解码，即不少人会全盘接受其用意，做出生产者所期待的反应。但也有不少观众对《舌尖》做了"协商式"或"抵抗式"解读，他们以《舌尖上的另一个中国》为题，或著文评论，或制作视频节目，表达对食品安全的焦虑和担忧。《舌尖》是温暖的、积极的、正面的，是让人感到温馨、舒适和感动的。但

---

① Peter ford, "Chinese Food Like You've Never Seen It Before," *The Christian Science Monitor*, June 26, 2012.

是，当我们收起口水与泪水后将视线旁移时，就能发现，对餐桌上将要入口食物的安全疑惑和担心并未稍减。《舌尖》在唯美、浮华的光影之下，一点也没有触碰在中国表现尖锐的食品安全问题，以及蔓延在社会各层面的信任危机。《舌尖》提供的，只是一种抚慰性的愉悦。它看上去和美、舒适、健康、积极，对于一部致力于建构国家形象的纪录片来说，我们不能对它期待更多了。

论数字艺术生产中的四类非义行为

马立新　屠沂星[*]

摘要：数字艺术是一种基于人工智能技术的新型艺术形态。在人工智能机制的作用下，数字艺术生产秩序较于原子艺术发生了重大而深远的变化。这一机制极大扩张了数字艺术主体的生产创作权利，但这种扩大的生产权利的行使也引发了日益广泛的数字艺术产品质量的安全问题，突出表现在四个方面：一是以网络游戏为典型代表的致瘾性极强的互动型数字艺术生产；二是以"抗日神剧"为典型代表的虚假艺术生产；三是以"占用"和"剽窃"为基本创作模式的自由数字艺术生产；四是大量的低俗淫秽数字艺术生产。这些数字艺术产品的生产不同程度地侵犯了艺术消费者的身心健康权、财产权或知识产权，超越了艺术伦理的界限，构成了法理上的非义行为，亟须从法理上进行规范。

关键词：数字艺术生产权利　权力僭越　人工智能技术

Abstract：Digital art is a new kind of art form based on the artificial intelligence technology. Under the action of artificial intelligence mechanism, the digital art production order has been changed profoundly compared with the atomic art. It greatly expands the authors' rights, but also causes increasing problems in terms of quality and safety, which is outstanding

---

*　马立新，山东师范大学传媒学院教授；屠沂星，山东师范大学传媒学院硕士研究生。本文为国家社科基金艺术学项目"数字艺术伦理学研究"、教育部人文社科规划项目"数字艺术德性研究"的阶段性成果。

performed in four aspects: first, represented by online games, the interactive digital arts are easy to be addictive; second, represented by anti-Japanese dramas, the illusory arts are artificial; third, the free production of the digital arts mainly by the way of occupation and plagiarism; forth, the production of a large number of vulgar digital art and obscene digital art. The production of these digital arts has prejudiced the health right, property right and intellectual property right of the art consumers in varying degrees and has been beyond the boundaries of art ethics. It has constituted an injustice act on jurisprudence, and needed to be regulated urgently.

Keywords: Production Right of Digital Art　Power Trespass　Artificial Intelligence Technology

数字艺术是 20 世纪 90 年代以来随着互联网的兴起，在人工智能技术支持下，逐渐应运而生的一类新型艺术形态，它包括互动型数字艺术和非互动型数字艺术两大类：前者包括网络游戏、网络文学、QQ 互动软件、微博、微信、视频网站等新媒体艺术；后者包括数字化影视艺术、数字动画艺术等类传统媒体艺术。数字艺术从产生到现在，在短短 20 余年的时间内建构起了一个迥异于原子艺术①的新生态秩序，这种新的艺术秩序一方面呈现生产方式的无与伦比的自由化、民主化、多样化、多向度化和平等化，另一方面也呈现日趋严重的致瘾化、低俗化、虚假化和功利化等"高碳"② 特征，这些生产行为在很大程度上已经逾越了艺术伦理，不同程度地侵犯了各类艺术主体的健康权、财产权或知识产权，因此对其进行法理学关照和探讨就显得非常必要。

---

① 即数字艺术产生之前的传统艺术，因其以原子实体的形式构成，为区别于以"比特"形式存在的数字艺术，故将其形象地称为原子艺术。

② "高碳""低碳"这两个概念早已在当代社会中引申出更普遍的意涵，即"不健康、污染、有害"和"健康、绿色、环保"等。实际上，频繁见诸当代传媒的"低碳生活""高碳生活"等称谓正是借用了它们的引申义。下文的"高碳艺术""低碳艺术"两个概念也是借用了它们各自的引申义。具体参见马立新《"低碳人"论》，社会科学文献出版社，2014。

一

"人工智能技术急剧扩增了数字艺术主体的生产权利，也相应带给了艺术主体同等数量的义务"。① 生产权利的扩增从某种意义上说是数字艺术主体的大解放，也是艺术生产力的大解放，但是如果这些权利在行使的过程中有所僭越或者未能同步承担其相应的义务，那么这两种情况都会造成艺术生产行为在法理上的违法。但现在的情况的确有些尴尬，由于当前世界各国尚未有专门的数字艺术法条，因此，这里所探讨的数字艺术生产行为，无论是权利行为，还是义务行为，都不过是法理上的概念，尚不具备真实法律意义上的权利和义务资格。另外，由于源于传统社会秩序的基本法律体系对原子艺术系统来说原本就不具有特定性，因而对于当下人工智能社会中应运而生的数字艺术系统同样不具有特定性。

虽然我们所界定的数字艺术生产权利尚不具备真实的实践上的资格，但从客观上讲，当下急剧扩大的数字艺术生产活动的确又是一种具有实质性意义的权利行为，因为今天的社会毕竟已是法治社会，其基本法律体系是健全的（尽管是非特定的），也就是说，数字艺术系统的所有行为都可以或多或少地套用这些非专门法的基本原则或判例。当然，这样说在很大程度上依然只是一种理论上的推演，在现实的法律实践中真要将数字艺术行为诉诸法律行动，我们将面临许多技术性障碍，毕竟数字艺术生产是一种专业性极强的社会职业行为，熟悉和通晓一般民法和刑法的法官在面对专业性极强且如万花筒般的数字艺术生产行为时，很可能变得一筹莫展、方寸大乱。正因为如此，我们就更有必要首先从法哲学上探索性地对数字艺术生产格局中的种种可能的权利僭越行为进行厘定和考察，为后续的数字艺术立法、执法和司法实践奠定学理基础。所谓权利僭越指的是，数字艺术生产主体在行使生产创作权利的过程中超出法理限度侵犯他人权利的行为。为了便于说明数字艺术生产权利的僭越行为，我们以一则典型的网络游戏案例来说明。

据 2014 年 4 月 8 日的《成都商报》报道，4 月 4 日下午，广元市

---

① 马立新：《扩大的权利与扩大的义务》，《政法论丛》2014 年第 4 期。

实验中学 16 岁的明明在放学后并没有回家。当晚 10 时许，母亲朱秋莲在龙吟路超时空网吧里找到他，两人发生口角。母亲哭喊着："你上网我管不好你了，那我就去死。"这位悲愤的母亲投入嘉陵江，试图唤醒沉迷网络的儿子。可悲剧并没有停止！父亲孙广明赶到河边怒踢儿子，这名 16 岁的少年也随即投江失踪。直至昨日，失踪 3 天的母子二人仍未找到。孙广明和妻子以前都是农民，家庭贫困。后来两口子开了一个养猪场，经济好了起来。2012 年，孙广明在上西坝买了一套房子。但这时，一个烦恼降临了：儿子迷上了打网游，老师不断打电话到家里来，说娃娃翻墙去上网，甚至钻下水道去上网。为了戒掉儿子的网瘾，两口子将娃娃带至广元市实验中学就读，但娃娃仍然经常跑出去上网。而明明上小学时成绩很好，常常参加学校的演讲比赛。为此，两口子还专门花 1000 多元，给孩子买了一套西装。孙广明说："我是农民，没得文化，也不会上网，只晓得儿子爱打一款叫《英雄联盟》的游戏。"在广元龙吟路上的这家网吧，昨日大门紧锁。在网吧的醒目位置上贴着"禁止未成年人入内"的牌子。但是据孙广明描述，这个月，妻子从该网吧内 4 次找到了儿子。①

笔者长期从事网络游戏研究，根据多年的调查数据可知，因沉迷网络游戏而发生的类似悲剧绝非小概率事件，具有一定的普遍性和典型性，所不同的只是悲剧程度与具体情节的差异。网络游戏是一种典型的数字艺术形态，是人工智能技术的直接产物，是一种典型的数字艺术知识产权。在当下人工智能社会，任何人只要愿意或感兴趣，都可以自主设计一款类似的网络游戏。人工智能所创造出的这种数字艺术生产创作权利作为一种新型的扩大的权利是值得尊重的，但网络游戏上网运营后导致了大规模的玩家上瘾和沉迷，其结果是玩家已经无法对自己的日常行为进行理性调节和管控，正如新闻中的明明一样，成为网络游戏的奴隶，不仅学习受到了严重影响，而且最终引发了个人悲剧和家庭悲剧。人们不难判断，明明的悲剧与沉迷网络游戏有直接关系，但要想进一步说清楚其中可能隐含的法理关系并不容易。

首先，悲剧的终极原因是网络游戏的生产。没有这种生产就没有网络

---

① 梁梁：《母亲网吧内拽出儿子后两人相继投江》，《成都商报》2014 年 4 月 8 日。

游戏；没有网络游戏就无法传播；没有传播明明就不可能接触到网游；不接触网游明明就不会沉迷其中；不沉迷其中就不会学习成绩下降；学习不受影响他母亲就不会为此投江溺水而亡；母亲不溺水而亡，明明也不会跟着选择投江溺水而亡。因此，悲剧的源头可追溯到网络游戏的生产行为。然而，网络游戏是一种典型的数字艺术，数字艺术生产创作权利乃是数字艺术系统特有的普遍的权利，说这种权利本身具有原罪性或非法性，无论如何都是没有根据的。而事实上，并非所有的数字艺术生产行为都像网络游戏生产一样，给消费者个体权益或社会利益造成如此明显而直接的损害，比如，多数网络文学、网络视频、数字音乐等数字艺术的生产并没有给消费者或社会造成明显的危害。这就表明，数字艺术生产创作权的行使，在多数情况下是无害的。显然，问题不在于数字艺术生产权利本身，而在于这种权利的行使结果。这种生产权利行使的结果无非就是艺术产品的生产，也就是说数字艺术产品的质量与生产权利的行使之间具有直接的关系。在上述案例中，引起明明一家悲剧的不是别的数字艺术产品，而是一款特定的网络游戏《英雄联盟》，从这一角度来看，它的质量问题才是导致明明个人悲剧和家庭悲剧的最核心、最关键的因素。具体来说，正是这款网络游戏的强烈致瘾性造成了其高风险性和高危害性。由此我们首先得出一个基本结论：数字艺术产品的质量安全问题是导致明明个人悲剧和家庭悲剧的直接原因和根本原因。

那么，是谁造成了网络游戏产品的巨大安全隐患呢？当然是其生产者。数字艺术生产者有权利生产创作各种类型的数字艺术产品，前提是这些产品不得对消费者身心健康有损害和腐蚀作用；换言之，艺术家不得生产创作具有损害消费者权益的艺术产品。一旦生产出这种害他性质的产品，并在社会上公开传播，这本身已经侵犯了他人的正当权利。具体到本例来说，网络游戏所侵犯的实际上是明明的人身权或生命健康权，除此之外还可能涉及明明的财产权，如果明明不是免费玩游戏的话。另外，网络游戏生产中的这一越权行为还进一步造成了重大的次生伤害，即明明和他母亲的死亡及其父亲的巨大痛苦。因此从法理上讲，网络游戏的生产行为已经不是一般性质的违法行为，而是严重的犯罪行为。

坦率地说，这样定性上述侵权行为的性质很可能让很多人感到困惑，因为这种事件经常发生在当下社会现实之中，但很少见到对这类侵权行为进行法律诉讼的报道，更极少见到某种艺术生产涉嫌犯罪的法律判案。造成上述困惑的原因与其说是相关法律的缺席，不如说是人类传统艺术思维惯性的制约。如果我们换一种语境来看，比如，某个消费者因为购买了质量有问题的食品导致了中毒或死亡，在这种情况下，消费者会毫不犹豫地认为这种食品的生产行为是一种严重的违法犯罪行为，必须承担法律上的后果。对本例而言，消费者的困惑源于潜意识中的"艺术无害"惯性思维的制约，或者说，今天的人们对精神健康权利的保护意识远远落后于对生理健康权利的维护。

当然，在上述所有情况中，我们还要考虑一个极为重要的行为心理因素，这就是行为人的直接意图。所谓意图，从法理上说就是行为人实施某一行为的打算或目的，如有人创作艺术作品的意图是为了赚钱，有人则是为了自我娱乐。根据边沁的说法，"意图的原因是动机"，① 人的行为动机被边沁分为"善恶"两种。由此可以看出，动机是人类行为的最原始的动力和最根本的心理动因，而意图则是在动机的作用下生成的某一具体目标。很容易理解行为目标不同于行为结果，两者不是一回事。行为结果可能有很多原因造成，而某种具体行为的意图则是具体和明确的。不过动机既然是意图的原因，那么它与意图在方向上就是一致的。当意图与行为结果一致的时候，我们将这种行为定义为意图行为或故意行为；当意图与行为结果不相符不一致时，则将这种行为称为无意行为。比如，大部分交通肇事行为都是无意实施的；而强奸、盗窃、诈骗等行为从法理上讲根本不存在无意的情况。阐明意图与行为结果的关系对于判定某一害他行为的性质及其相应的制裁方式具有重要的意义。鉴于人类的意图或动机是一种秘而不宣的心理存在，虽然它们在决定行为性质上具有重要意义，但这种因素在实践上存在着很多难以判定的情况。因为一个人即使出于某种邪恶动机实施了某种有害行为，在被追诉的时候他也不会愿意承认这种动机。所以在行为动机难以判定的情况下，通常应更加重视行为结果的实际状况。

具体到上述案例中，当法院根据自诉或公诉来追究网络游戏生产者的侵权责任时，会遇到两个至关重要的问题：第一，法官需要证明当事人明明的死亡及其母亲的死亡是否与他玩网络游戏有直接相关；第二，网络游戏生产者生产的这款网络游戏产品是否有故意损害消费者身心健康的动机

① 〔英〕边沁：《论道德与立法的原则》，程立显、宇文利译，陕西人民出版社，2009，第 68 页。

或意图。要证明第一个问题相对容易，因为行为结果是个无法否认的客观事实。但网络游戏生产者面对这个客观事实时很容易如此抗辩：这款网络游戏的消费者不止明明一人，为什么其他人没有发生这样的结果呢？其实，从法理上讲，网络游戏生产者的这一抗辩是很难站得住脚的。法官只要根据当下的客观事实就足以对其侵权行为进行定性，不必再依据其他的间接证据。换句话说，网络游戏生产者要想证明其他网络游戏消费者的身心健康未受到损害，同样是一个非常专业性难题。另外，其他网络游戏消费者没有同时控告生产者并不意味着他们的身心健康就没有受到损害。针对第二个问题，生产者很可能会断然否认存在损害消费者身心健康的动机或意图。然而，鉴于这一行为结果的严重性，生产者否认存在故意意图的抗辩同样也很难站得住脚，并不值得采信，因为在这里，行为真实地导致了不以生产者的意志为转移的严重害他性结果，而且网络游戏普遍而强烈的致瘾性是一个公认的客观事实，网络游戏生产者和研发者作为高级专业人员理应较之一般社会大众更了解和掌握自己所开发产品的属性，这其中的道理正如鸦片生产商、香烟生产商不可能不知道吸食鸦片和吸烟对人体有毒害一样。

二

也许有读者会说，上述案例属于数字艺术生产中危害特别严重的侵权或越权行为，不具有普遍性，单独就此来探讨数字艺术生产的法理问题理由不够充分，那么我们再来考察是否还存在其他性质的具有法理学价值的数字艺术生产侵权行为。比如，我从盛大文学网站上看到一首不错的诗歌，就把它复制下来放进自己正在创作中的一篇小说里，因为我知道即便我这样做，这首诗歌的原作者也不会知道；再如一个影视艺术专业大学生为了完成老师布置的创作课作业，从腾讯网找到一部符合要求的作品，下载下来后通过编辑软件将原作者的名字删掉，然后署上自己的名字，将之交给老师，这一行为并未被老师发现。在现实中，诸如此类的行为在大学生中可谓司空见惯，非常普遍。

这种行为同上述案例相比，的确在情节危害程度上要轻很多，但发生率较前者则高得多。之所以说情节危害轻微是指这类做法对当事人的权利影响不是很大，且在这里的被侵权主体是数字艺术生产者而不是数字艺消费者，就此而言，其侵权行为与上述案例性质并不相同。上述案例是涉及数字艺术产品质量问题的侵权行为，而这里则是一种"剽窃"或"盗用"他人知识产权的侵权行为。我们之所以加上引号，是因为这种行为究竟是否属于法律意义上的剽窃行为或盗用行为，会引起一些争议。在现代法律意义上，只要某人在未征得当事人同意或允许的情况下，或者在当事人未知情的情况下部分或全部地使用或占有当事人的知识产权，就构成事实上的剽窃或盗用行为。但在数字艺术秩序下，基于人工智能技术的自由机制，这种"剽窃"或"盗用"变得异常容易和普遍，甚至很多这样的行为发生时，其主体完全没有意识到自己的行为已经侵害到他人的权利。从法理上看，一种行为是否合法关键看这种行为是否侵犯了他人的正当权利或中止了应当承担的具体义务，而与这种行为所依附的物理条件无关，即不能说在数字艺术秩序中，因为技术条件的方便，这种占有或使用行为就具有了合法性或正当性。因为一旦这样的技术逻辑成立，每个人在数字艺术创作中都可以自由使用互联网上的一切艺术资源，也就是所有网上的资源都具有了公共性和共享性，那么谁会愿意创作这种没有产权或产权不受保护的艺术作品呢？如此一来，数字生产就失去了固有的动力，扩大再生产也就难以为继。

　　因此，无论从哪个方面讲，利用互联网自由机制任意占用他人的数字艺术知识产权的生产行为都不应具有合理性。除非是这样的情况：使用或复制行为事先征求了产权所有人的意见并获得了当事人的同意或授权，无论是何种形式的同意。不过不合理是否也同样不合法呢？这里主要是指法理上的合法，而不是成文法意义上的合法，因为迄今为止，尚没有此类专门的成文法出台。从上述分析来看，这种行为的性质是明显损害了他人的生产权益，尽管其损害程度算不上严重。对这种侵权情况的处理真正难点在于，是用伦理尺度来规范还是用法理尺度来界定。

　　哲学家们普遍认为，伦理学和法理学具有共同的功利基础——不损害他人，但对于破坏这一基础的人类行为的定性则研究得不够深入。一般认为，对他人权利危害程度轻微的应用伦理尺度来调节，危害严重的则划入法理调节的范畴。前者一般采用社会舆论谴责的方式来惩治；后者一般采用法律制裁的方式来惩罚。但何为轻微损害，何为严重损害？两者之间的界限是什么？哲学家对这些问题则语焉不详。某人不孝顺父母可以说是一种伦理行为；如果此人虐待父母则可是一种犯罪行为。消极应付工作可以说是有违职业伦理；利用工作之便谋取私利，则明显是一种违法犯罪行为。路上看见有人受伤而不救助可以说是伦理行为，如果趁机抢劫受伤者的财产则是明显的犯罪行为。这样看来，任何对他人利益构成损害的行为都应用法理尺度来调节，无论这种损害程度如何。打别人一巴掌跟致人死伤的区别仅仅是违法犯罪程度的区别，而不是伦理与法理的区别。消极工作与玩忽职守性质是不同的，前者可定义为伦理行为，原因在于并没有给公共利益或私人利益造成明显损害；但工作中的玩忽职守则一定会损害公共利益或他人利益，因此是一种违法行为，它跟以权谋私的区别是危害程度的区别，而不是行为性质的区别。因此，对于数字艺术生产创作中的任何侵权行为，哪怕其损害程度十分轻微也应认定为法理行为而非伦理行为。

三

第三类数字艺术侵权行为是虚假艺术作品生产行为。从法理上看，虚假艺术作品跟冒牌艺术作品是两个不同的概念，后者实际上就是上文刚刚讨论的艺术生产创作中的剽窃、抄袭或复制等行为，是一种典型的产权侵犯行为。虚假艺术作品跟劣质艺术作品的内涵也不同，后者存在明显的质量问题，对消费者的身心健康的损害作用更为明显，更为直接，更为快速。这种情况实际上相当于本文网络游戏案例所涉及的那种生产行为。那么，什么是虚假艺术作品呢？为了更清楚地阐明这个问题，我们还是从其他专业领域的虚假产品谈起。比如，假化肥从法律上讲就是其有效化学成分达不到行业法定标准或者不符合行业生产规程以次充好的肥料；假奶粉就是蛋白质含量达不到法定质量标准或者不符合行业生产规程以次充好的奶粉。虚假产品如果单纯从理化指标上看也许并不低于法定标准，但其营养价值明显低于按照规范的行业生产规程生产的产品。虚假产品从外观上几乎完全等同于标准产品，甚至它们的外观形式更加吸引人。相信多数读者都认同我对虚假产品的界定，但要理解虚假艺术产品则不那么容易。

要弄清什么是艺术虚假，首要的前提是先弄清什么是艺术真实，也就是怎样的艺术作品才是质量合格的艺术品。一般来说，相对于其他人类创作物，艺术品在社会中的合法性体现在其独特的审美价值。然而，我们承认艺术品的这种独特的审美价值并不意味着这种审美价值就是纯粹的正价值、正能量，正如人类生产的其他物质产品也同样存在着价值和质量上的高低优劣一样；而就艺术能够给予人类主体的正价值、正能量而论，它们本身也不是整齐划一的。那么，对于艺术作品来说，其质量优劣的尺度或标准究竟是什么呢？我们固然可以拿有益于人类身心健康这个总原则作为一切人类创作物或创作行为是否具有合法性的评判尺度，但人类的身心健康显然具有多元的诉求，不仅有物质需要和精神需要，而且还有直接需要和间接需要，等等。仅凭每个人的切身体验我们就足以认识到，对于人类身心健康来说，不同的产品其质量标准也是不尽相同的，小麦、鸡蛋、猪肉各有各的营养成分，住房、汽车、衣服各有各的技术指标，但它们在质量上都有一个公认的不言自明的共同标准——不得造假和掺假。这个标准也同样适用于艺术产品。小说、电影、音乐是三种不同的艺术形态，各有各的艺术形式和内容，对于社会大众来说，这些不同的艺术类型和艺术产品各有各的营养价值，不能彼此替代，但它们拥有一个共同的美学标准，这就是艺术真实。从某种意义上说，每一门社会学科都是对人性某一领域的科学探索，艺术的独特之处就是用形象的表达方式向我们呈现或揭示真实人性的奥秘。当然，我们不否认艺术也可能具有一定的教化功能、历史认识价值，但艺术在这些方面远不如哲学、伦理学和历史学，这些学科更有资格胜任上述作用，否则，这些社会学科门类早已被艺术所取代了。事实上，艺术不能被哲学和其他社会科学取代的最本质的东西，就是对真实人性的形象再现和表现这一美学机制。这就是艺术真实的本质内涵。

由此可见，艺术真实包含两层内涵：一是对真实人性的深刻把握；二是对真实人性的真实艺术再现或表现。前者是一种基于艺术内容的真实，主要通过审美主体的理性来把握，它所激发的是一种陶冶型自由情感，通常被称为客观真实；后者是一种基于艺术内外形式的真实，主要通过审美主体的生理感官来感知，它所激发的主要是一种感官型自由情感，包括直观真实、主观真实和超现实真实类型。四种艺术真实之间的关系是：第一，客观真实不能独立存在于低碳艺术文本中，它或者以直观真实（含超现实真实）为手段，或者以主观真实为条件。第二，直观真实和超现实真实都隶属形式真实范畴，所不同的是前者是一种与生活逻辑和历史逻辑相关的、基于艺术客体外在形式和内在形式的真实；后者则是一种基于人工智能的纯粹形式的奇观。直观真实和超现实真实在艺术文本中具有独立价值；它们可以单独存在，也可以并存同一艺术文本中。当它们独立存在于艺文本中的时候，这样的艺术构成快餐型艺术。① 只有当直观真实和超现实真实与客观真实并存于同一艺术文本中的时候，这种复合型的艺术文本才构成低碳艺术，② 即从直观真实或超现实真实到客观真实是建构低碳艺术文本的一条基本路径。第三，主观真实是由艺术文本中一种特殊修辞结构的恰当运用而产生的，它以陌生化的艺术形式传达艺术家真实的主观情感，因而主观真实纯粹从艺术文本形式上就可被识别和感知。另外，主观真实跟客观真实在艺术文本构成中没有明显的相关性，它也可以单独存在，具有独立美学价值。只有当主观真实与客观真实共存于同一艺术文本中的时候，才能构成低碳艺术文本。从主观真实到客观真实是建构低碳艺术文本的第二条路径。第四，直观真实与主观真实相对立，两者无法并存于同一艺术文本中。

至此，四种艺术真实之间的区别与联系以及它们与低碳艺术文本建构之间的关系已被充分阐明，现在我们尚需追问的是，既然它们同被放置于艺术真实这一范畴内，那么它们之间是否存在某种共同的、更为一般性和普遍性的联系呢？答案是肯定的。四种艺术真实之间的确存在着这种联系，其中之一是因果律。因果律是宇宙间一切事物的本质和必然的联系，也是人类直观、认识和理解任何客体的普遍法则。叔本华认为："一切直观以及一切经验，自其初步的和全部的可能性说，都要依赖因果律的认识；而不是反过来，说什么因果律的认识要依赖经验"。③ 因果律在不同的事物上有不同的表现形式，社会有社会的因果逻辑，历史有历史的因果逻辑，人类生活有必然的生活逻辑。作为人类生活的一个分支，艺术创造也同样要遵循这些基本的因果逻辑。具体来说，一切艺术设计要么遵从事理逻辑，要么遵从情感逻辑（或称为人性逻辑）。事理逻辑包括物理化学逻辑、生活理性逻辑、历史理性逻辑等；而情感逻辑就是指人性本能冲动和情感活动的非理性逻辑。只有符合因果逻辑的艺术创造才能更好地为人们所认识和把

---

① 快餐型艺术以三种艺术真实为美学特征，能激发审美主体感官型自由情感，适度欣赏可愉悦精神，缓解压力，但容易产生审美疲劳，且对心灵的滋养价值有限，其审美价值介于低碳艺术和高碳艺术之间。

② 所谓低碳艺术就是在文本构成上以客观真实为主要特质，以直观真实、超现实真实或主观真实为基础条件，在与审美主体互动中能够激发陶冶型自由情感，从而促进审美主体身心双重健康的艺术文本。

③ 〔德〕叔本华：《作为意志和表象的世界卷》，韦启昌译，上海人民出版社，2011，第16页。

握。亚里士多德在《诗学》中将因果律称为"必然律"。另一条是"可能律"或"或然律"。亚里士多德认为，"诗所描写的事带有普遍性，历史则叙述个别的事。所谓'普遍性的事'，指每一个人按照或然律或必然律会说的话，会行的事"，① 可能律指的是艺术所描写的事件或行动在特定的环境中具有普遍发生性，而不是偶然发生性。符合可能律的艺术再现和表现才能再现和表现人性的一般性和普遍性。这两条铁律的总和刚好构成人性的全部活动规律。人在社会中生存和生活几乎是交替表现为理性主导和非理性主导两种基本意志状态。纯粹的理性状态和纯粹的非理性状态都是不可能存在的，这正是人性机制的极端复杂性的体现。前文已证明，客观真实本质上是一种人性真实，再结合前面分析的那些案例可知，我们无论是从阿 Q 身上还是从爱德华国王身上所体悟到的那种人性，就仿佛从我们自身所体验到的人性一样，它既没有将我们实际所体验到的人性拔高，也没有将其贬低，因此我们才感同身受，才会产生真实可信的认同感，这才是一切情感共鸣的人性基础。这其中的逻辑，无论是艺术家遵循的人性逻辑，还是我们据此评判内容真实与否的逻辑都是基于因果律和可能律的。同样，基于艺术内外形式的直观真实、超现实真实和主观真实，虽然在形式选择上各有不同，但在文本建构上都遵循这两条铁律。

既然低碳艺术的本体特征在于艺术真实，而艺术真实的本体特征在于遵循因果律和可能率，那么一切在美学上违背因果律或可能律的艺术建构就是本文所定义的艺术虚假。很容易推断，艺术虚假就是艺术文本构成中不具备上述四种艺术真实中的任何一种，也就是说这些艺术文本的建构既不符合因果律，也不符合可能律，纯粹是艺术家凭空杜撰、胡编乱造的产物。显然，任何在美学建构上存在艺术虚假的艺术文本都属于高碳艺术② 的范畴。

真正算得上艺术虚假的是当代艺术格局中以影视艺术和网络文学为代表的数字艺术品种。当代艺术中的艺术虚假主要呈现为下列几种典型形态。

一是情节虚假。流行于抗日"神剧"中的手榴弹炸飞机，三男二女深入日军兵营轻松战胜无数日军，小股民间游击队挑战日本正规军，单手撕

---

① 亚里士多德：《诗学》，罗念生译，上海人民出版社，2005，第 39 页。
② 高碳艺术泛指一切对审美主体身心健康有损害作用的艺术文本，主要包括致瘾性极强的互动型数字艺术、虚假影视艺术和淫秽色情艺术三大类。这类艺术所激发的是沉浸型自由情感，对审美主体有毒害作用。王彬：《禁书·文字狱》，中国工人出版社，1992，第 5 页。

鬼子等场景都是典型的情节虚假。宫斗剧中众嫔妃围绕皇帝整日无所事事、钩心斗角的情节设计也是不折不扣的情节虚假。各种穿越剧打着艺术合理想象的招牌，或者借口科幻作品的逻辑，所设计的"时空穿越"情节更是荒诞不经、虚假透顶。这类艺术文本跟那种以象征或隐喻为主要艺术手法所创作的科幻作品、魔幻作品、动画作品具有不同的本质。还有很多所谓戏说历史剧，在戏说的名义下，不顾基本的历史本来面目和基本的历史逻辑，随意杜撰和篡改历史，目的只是满足和迎合观众的猎奇心理，这同样是彻头彻尾的情节虚假。以金庸武侠小说及其影视作品为代表的艺术文本突显离奇的情节和华而不实的武打场面，同样是另一种形式的情节虚假。

二是人物性格虚假。第一种表现是人物性格在塑造上的极端性、类型化、理想化和概念化。"文革"文艺中的"高大全"人物当然是这方面的典型代表，但当代影视艺术中此类性质的人物性格依然比比皆是。李云龙、姜大牙、许三多、姚木兰、葛二蛋等影视形象都明显不符合因果律和可能律，却被很多人认为是成功的艺术形象。

三是表演虚假。这种虚假首先是演员在影像中的言行举止夸张、做作，与人物性格、现实环境不符，像《乡村爱情》系列中多数演员的表演都具有明显的人为痕迹，纯粹是为搞笑而搞笑，无论是从人性逻辑上，还是从事理和生活逻辑上，都完全不符合可能律和因果律。其次是演员台词和对话在设计上雷同化和同质化。无论是从艺术本身的美学要求来看，还是从生活实际考量来看，每一个人的说话内容和说话的方法、腔调都打着深刻的性格烙印，这种烙印本身就构成人物的一种性格特征。可是绝大多数影视作品向我们展现的都是一口标准的普通话。除了这种台词、对话在形式上雷同化之外，还有一个容易被观众所忽略的内容同化。一部作品中无论有几个主要角色，仔细比较、斟酌他们的对话内容就会发现，这些对话中内容存在着严重的同质化和雷同化现象。显然，这里所谓的同质化并不是指各个人物都说大致相同的话，而是指他们的对话没有身份、地位、出身、文化甚至种族的区别，对话逻辑清晰、表达流畅、内容丰富，这同现实人性一对照就知道非常虚假。

四是场景设计和奇观设计虚假。其中存在的比较突出的问题有三个：第一，有相当数量的影视奇观设计粗糙、形式虚假。这种虚假的奇观设计大量出现在战争题材类影视作品中的烟火爆炸场景中。第二，奇观设计清晰度差，有欺骗观众的视觉之嫌。中国古装战争题材类影视作品中普遍存在这样的瑕疵。这主要体现在影视作品千军万马对垒厮杀的场景设计上，如电影《关云长》中，曹操与袁绍两军对阵搏杀的宏大场景的数字特效就非常模糊，根本看不清具体的士兵和战马，更不用说更细小的兵器和动作了，观众看到的是模糊混乱的一大片，非常像大片蝗虫起飞的感觉。第三，奇观内容失真，这尤其表现在中国绝大多数武侠影视作品中的武打动作设计上。

这些不同形式的虚假的艺术文本，明显不符合可能律和因果律，只是打着艺术的幌子，最大限度地挖掘和满足了人性中的猎奇心理和窥探欲望，蒙骗了为数众多的艺术修养不深的社会大众，严重误导和影响了社会大众尤其是青少年的历史观、自然观、社会观、人生观和价值观，成为社会大众的精神鸦片，是典型的高碳艺术。

其实，阐明当代影视艺术中的种种内容虚幻与形式虚假并不困难，将这些艺术虚假行为规定为艺术生产侵权行为也符合法理，真正困难的是普遍提高社会大众和国际社会在艺术有可能损害人类精神健康方面的法理意识和维权意识。的确，如果在衣食住行等生活用品的假冒伪劣生产传播现象上，人们不会有太大的甄别困难，维权意识也不会有太大的问题，它们都关乎自身的身体健康或者说生理健康，但对于自身的心理健康或精神健康问题，一般的社会大众则非常不敏感，几乎处于一种集体无意识状态中，有些人因为惧怕某些社会偏见，甚至还会对自身的精神健康问题进行刻意隐瞒，或对精神问题特别忌讳。加之长期以来原子艺术秩序中，艺术虚假问题并未特别凸显，因此，在政治层面和社会层面，人们往往仅对其中的淫秽色情问题比较敏感，而对艺术虚假问题则缺乏重视；甚至学术界也从未对此做过精深的学理和法理研究。这就造成即使在今天数字艺术虚假问题非常严重的情况下，人们对此依然无所认识，更不会意识到艺术虚假问题在本质上是一个事关精神健康的法理命题。因此，提高当下人们的精神健康维权意识就成为解决数字艺术虚假问题的前提条件。

四

最后一种数字艺术侵权行为，相对来说比较容易理解，是各种淫秽色情数字艺术产品的生产和一切违反宪法和其他现行法律的数字艺术产品的生产。关于淫秽色情艺术品的生产行为的侵权性质，无论古代社会还是现代社会都对此高度敏感，始终采取严厉的法律制裁措施。但在当代社会，由于互联网的自由机制，数字艺术领域中淫秽色情艺术作品生产行为极其猖獗，管控难度极大。涉及违宪违法的艺术作品虽不是很常见，但是此类艺术作品所涉及的范围很大。这些艺术作品往往被政治定义为"异端"，涉及的主要领域有意识形态、宗教信仰和民族文化。关于这类艺术创作行为究竟是否应当归入侵权行为中，尚存在法理上的争议，值得我们进一步探讨。

图书在版编目（CIP）数据

文化研究．第 22 辑，2015 年．春/陶东风，周宪主编．—北
京：社会科学文献出版社，2015.7
ISBN 978-7-5097-7625-4

Ⅰ.①文⋯　Ⅱ.①陶⋯　②周⋯　Ⅲ.①文化研究-丛刊
Ⅳ.①G0-55

中国版本图书馆 CIP 数据核字（2015）第 130886 号

文化研究（第 22 辑）（2015 年·春）

主　　编／陶东风（执行）　周　宪
副 主 编／胡疆锋　周计武

出 版 人／谢寿光
项目统筹／宋月华　吴　超
责任编辑／吴　超

出　　版／社会科学文献出版社·人文分社　（010）59367215
　　　　　　地址：北京市北三环中路甲 29 号院华龙大厦　邮编：100029
　　　　　　网址：www.ssap.com.cn
发　　行／市场营销中心（010）59367081　　59367090
　　　　　　读者服务中心（010）59367028
印　　装／北京季蜂印刷有限公司

规　　格／开本：787mm×1092mm　1/16
　　　　　　印张：17.75　字数：294 千字
版　　次／2015 年 7 月第 1 版　2015 年 7 月第 1 次印刷
书　　号／ISBN 978-7-5097-7625-4
定　　价／79.00 元